KB117918

경제의 길

KI신서 9989
경제의 길

1판 1쇄 인쇄 2021년 11월 22일
1판 1쇄 발행 2021년 11월 30일

지은이 권남훈, 박정수, 전현배, 박형수, 양재진, 손재영, 황세진, 민세진, 김용성, 김영철
펴낸이 김영곤
펴낸곳 (주)북이십일 21세기북스

출판사업부문 이사 정지은
인문기획팀 양으녕 최유진
디자인 제이알컴
출판마케팅영업본부장 민안기
마케팅2팀 엄재욱 이정인 나은경 정유진 이다솔 김경은
출판영업팀 김수현 이광호 최명열
제작팀 이영민 권경민

출판등록 2000년 5월 6일 제406-2003-061호
주소 (10881) 경기도 파주시 회동길 201(문발동)
대표전화 031-955-2100 **팩스** 031-955-2151 **이메일** book21@book21.co.kr

(주)북이십일 경계를 허무는 콘텐츠 리더

21세기북스 채널에서 도서 정보와 다양한 영상자료, 이벤트를 만나세요!
페이스북 facebook.com/jiinpill21 　 **포스트** post.naver.com/21c_editors
인스타그램 instagram.com/jiinpill21 　 **홈페이지** www.book21.com
유튜브 youtube.com/book21pub

서울대 가지 않아도 들을 수 있는 **명강**의! 〈서가명강〉
유튜브, 네이버, 팟캐스트에서 '**서가명강**'을 검색해보세요!

한국경제를 정상궤도로 돌려놓기 위한 혁신전략

경제의 길

한국경제가 당면한 문제와 해결방안
9개의 경제정책 어젠다

권남훈 · 박정수 · 전현배 · 박형수 · 양재진 · 손재영 · 황세진 · 민세진 · 김용성 · 김영철 지음

저성장을 극복하기 위한 길

지속 가능한 국가 재정 전략의 수립

한국 복지국가의 현재, 도전, 그리고 개혁 과제

디지털 전환 시대의 혁신역량 강화

주택 시장 정상화, 해법은 무엇인가?

금융 산업, 서비스업 경쟁력 제고의 선봉장 될 수 있나?

선진적 노동시장으로 가는길: 걸림돌과 과제는?

공정거래 정책의 역할은 어디까지여야 하는가?

'초'저출산 사회의 도전과 과제

21세기북스

차 례

경제의 길을 찾아서

권남훈(건국대)

2021년 8월의 어느 날, 필자는 땀을 뻘뻘 흘리며 책을 나르고 있었다. 새로 이사 간 집에는 책을 둘 만한 공간이 크게 줄어들었기 때문에 그나마 여유가 있는 학교 연구실로 책을 옮기기 위해서였다. 원하던 곳으로 간 것은 아니었지만 그래도 계약 기간에 맞춰 적당한 집을 찾아서 다행이었다. 아파트 한 단지에 전세 매물로 나온 집은 고작 한두 곳 정도였고, 그나마 4년 전 이사할 때에 비해 가격이 두 배 가까이 올랐기 때문이다. 아이도 다 커서 학군을 걱정할 필요도 없고, 오랜 맞벌이 생활로 경제적 안정도 얻었다고 생각했는데 그런 필자에게도 쉽지 않은 여름이었다. 쌓아놓은 것이 없는 청년이나 서민들이야 말할 것도 없으리라.

2020년 7월 '임대차 3법'이 국회를 통과한 이후 전·월세 시장은 대혼란에 빠졌고 이 책이 탈고된 시점에도 현재진행형이다. 앞선 부동산 매매 가격의 폭등을 겪으면서 국민이 시장의 혼란과 충격에 이미 둔감해졌다는 것이 위안 같지 않은 위안이라 할 것이다. 임차인을 보호하려고 도입된 임대차 3법이 정작 임차인에게 도움이 되지 않을 것이라는 경고는 충분히 있었다. 법 통과 직전 국회 연설에서 경제학자 출신의 윤희숙 의원은 이 법이 부작용을 충분히 고려하지 않았고, 전세의 소멸과 시장 붕괴를 가속화할 것이라고 웅변하였다. 하지만 소용은 없었다. 문재인 정부 4년 동안 25차례의 부동산 대책이 나왔지만, 모두 전문가들의 의견을 무시하고 규제와 세금 강화만 고집함으로써 결국 '미친 집값'으로 이어지게 된 것과 똑같은 상황이었다.

사실 문재인 정부가 들어서면서 핵심 경제 비전으로 제시한 '소득주도성장' 정책부터 이런 경향은 두드러졌다. 최저임금을 급격하게 인상하면 가계 소득과 소비도 늘어날 것이고, 결과적으로 경제 성장으로 이어질 것이라는 주장을 들고 나왔을 때 필자를 비롯한 많은 주류 경제학자들은 당황하였다. 그동안 배우고 연구한 경제학 이론과는 상당히 동떨어진 내용이었고 실증적 근거도 없었기 때문이다. 하지만 의구심을 제기하는 목소리는 작고 힘이 없었다. 그로부터 몇 년이 지난 지금 소득주도성장론은 잘못된 정책의 대명사로 인식되고 있으며, 정권의 핵심에서조차 이를 외치는 목소리를 더는 찾아보기 어렵다.

이처럼 전문가들을 무시한 무리한 경제 정책이 이어지는 이유는 무엇일까? 여러 원인이 있겠지만 경제학자들 자신의 책임도 적지 않을 것이다. 주류 경제학은 오랜 역사 동안 도전과 적응의 과정을 거치면서 형성되었고, 경제를 이해하고 운용하는 데 가장 튼튼한 이론적 기반을 제공하는 학문이다. 하지만 한국의 주류 경제학자들은 학문의 세계적 조류를 따라가는 데 급급하여 한국 경제 자체에 대한 관심은 오히려 부족한 편이다. 학술 논문집과 세미나 장소를 벗어나서 일반 대중에게 좀 더 가까이 다가가려는 노력은 더욱 부족하였다.

이 책은 이러한 반성을 바탕으로 기획되었다. 먼저 한국 경제의 미래를 좌우할 아홉 가지의 주제를 선정하였고, 전문적 식견을 가진 열 명의 학자들을 찾아서 현실에 대한 진단과 함께 정책적 과제를 제시해줄 것을 요청하였다.

이 책에 실린 내용은 학술적 관점에서 보면 완전히 새로운 것은 아니고, 저자들 각자가 그동안 연구해온 내용에 기초하고 있다. 하지만 다양한 주제의 내용을 하나로 묶어서 대중에게 더욱 다가갈 수 있는 언어를 이용하여 전달해보려고 노력한 것이 이 책의 특징이다. 마침 2022년 3월의 대통령 선거를 앞두고 후보들은 물론 유권자들이 좀 더 현명한 선택을 하는 데 조금이나마 도움을 제공고자 하는 희망도 작용하였다.

물론 주류 경제학자들은 평소에 독자 친화적 글을 쓰는 훈련이 모자란 사람들이다. 이 책의 내용이 여전히 딱딱하게 느껴진다면 그 책임은 독자에게 있기보다는 저자들에게 있으며, 앞으로 계속 노력하겠다는 말씀을 드리고 싶다.

본문에 앞서 전체적인 책의 구성과 각 장의 내용을 간단히 소개하고자 한다. 먼저 제1장과 2장은 성장의 엔진을 어떻게 다시 점화할 것인가를 다루고 있다. 누가 뭐라고 해도 경제 성장은 삶의 질을 향상하기 위한 가장 중요한 수단이다. 소득주도성장론의 문제점은 소득 재분배 정책을 펴면서 이와는 연결 고리가 약한 '성장'을 내세웠다는 것이다. 바꾸어 보면 그만큼 성장이 중요하다는 것을 인식하였다는 뜻이다. 기차를 이용해 비유하자면 성장은 열차를 앞으로 움직이는 힘이고, 소득 분배는 열차의 앞칸과 뒷칸 사이의 거리라고 할 수 있다. 멈춰버린 기차에서 앞칸으로 나아간들 그 효과에는 한계가 있다.

제1장에서 박정수 교수는 우선 소득주도성장론이 한국 경제에 대한 잘못된 상황 진단에서 출발했다는 점을 지적한다. 재분배가 성장으로 이어지는 과정의 이론적 문제점과는 별개로, 그동안 성장의 과실이 저소득층에게로는 제대로 흘러가지 않았다는 진단부터 잘못되었다는 것이다. 예를 들어 임금 상승이 1인당 생산량의 증가에 못 미쳤다는 주장은 엉뚱하게도 소득 분배와 무관한 생산자 물가와 소비자 물가의 차이가 만든 착시 현상이었다. 자본가에 비해 노동자의 몫이 줄어들고 있다는 주장 역시 자영업 비율이 높은 한국의 특성을 제대로 반영하지 않고 비교해서 얻은 결과다.

잘못된 진단에서 출발한 정책 처방이 제대로 된 결과로 이어질 가능성은 작다. 박정수 교수는 그보다는 우리 경제의 구조적 문제점을 직시하고 생산성을 높일 방법론을 찾아야 한다고 역설한다. 한국 경제는 소수의 선진적 대기업과 대다수의 영세 중소기업으로 이루어져 있으며, 양자의 생산성 격차는 갈수록 심화하고 있다. 임금 격차와 소득 분배 악화를 설명하는 가장 큰 요인 역시 규모에 따른 기업 간 생산성 격차다. 그렇다면 성장 정책의 초점도 명확해진다. 중소기업이 생산성과 규모를 키워나갈 수 있는 환경을 제공해야 하는 것이다. 하지만 지금까지의 중소기업 정책은 상생협력과 보호, 생존에 주로 초점을 맞춤으로써 기업 생태계를 왜곡시켜왔다. 따라서 이제는 규제 완화와 성장 가능성 제고 중심으로의 전환이 필요하다고 결론을 맺고 있다.

　　제2장에서 전현배 교수는 4차 산업혁명과 디지털 전환 시대를 맞아서 어떻게 혁신역량을 강화할 것인지를 살펴본다. GDP 대비 연구개발 투자 수준이나 특허 출원 수 등으로 본 한국의 평균적 혁신역량은 세계 최고 수준이다. 문제는 한국의 혁신역량이 반도체, 자동차 등 일부 고기술 제조업 분야의 대기업에 집중되어 있으며, 서비스 업종 및 중소기업의 혁신 투자 및 역량은 크게 뒤떨어져 있다는 것이다.

　　특히 혁신역량 못지않게 이를 활용하는 능력도 중요한데, 서비스 업종과 중소기업의 디지털 기술 활용 수준 역시 OECD 국가들에 비해 크게 낮은 편이다. 더 나아가 비과학 연구개발, 경제적 역량 등 넓은 범위의 보완적 자산까지 확대해서 보면 전체적으로도 역량이 떨어진다. 이러한 진단은 서비스업과 중소기업을 타깃으로 한 디지털 전환 및 혁신역량 강화 정책의 필요성을 제시한다. 전현배 교수는 특히 연구개발과 인력 양성에 집중된 지원 정책을 무형자산 투자 및 디지털 활용 능력 강화로 확대하고, 혁신역량을 극대화하는 규제 완화와 함께 디지털 전환 과정에서의 갈등 요소 해결에도 힘쓸 것을 제안하고 있다.

제3장과 4장은 우리나라가 장기적 관점에서 해결에 나서야 할 재정 및 복지지출 계획의 문제를 다루고 있다. 코로나19로 인한 경제 피해에 대응하는 과정에서 세계 각국의 정부 지출은 크게 늘어났다. 하지만 박형수 원장은 코로나19 이전에도 이미 우리나라의 국가 재정은 악화되기 시작했다고 제3장에서 지적한다. 정부 지출은 급증하고 정부 수입은 정체되어서 그림을 그려보면 마치 '악어의 입'처럼 벌어지는 현상이 2019년부터 시작되었다는 것이다. 정부의 중기재정계획에 따르면 코로나19가 극복될 2022년 이후가 되더라도 100조 원이 넘는 재정적자가 지속되고 국가부채 비율이 크게 상승하는 구조적 문제가 지속될 예정이다.

보다 장기적으로 보더라도 인구 고령화에 따른 복지지출 증가로 국가채무가 지속적으로 증가할 전망이라는 점에서 이는 매우 우려되는 일이다. 박형수 원장은 재정 건전성의 회복을 위해 2060년까지 국가채무를 GDP의 100% 이내로 유지하고, 복지지출 상승과 그에 따른 국민부담 증가를 감당 가능한 수준으로 관리하는 장기적 국가재정운용 전략을 수립, 추진해나가야 한다고 역설한다. 또한 6가지의 세부적인 재정총량 관리방안과 3가지의 예산사업 관리방안을 시행할 것을 제안하고 있다.

제4장은 초저출산과 초고령화 시대에 복지국가로서 한국이 감당해야 할 도전과 과제를 다루고 있다. 양재진 교수는 필진 중 유일하게 경제학 전공자가 아니지만, 사회복지 분야 전문가로서 감당 가능한 비용 하에서 최대의 편익을 이끌어내는 경제 원칙에 충실한 진단과 처방을 제시하고 있다. 한국의 복지 비용 설계에는 장기적 시각이 반드시 요구된다. 아직은 국민연금을 타는 사람보다는 내는 사람이 더 많고, 고령화의 효과도 피부로 느낄 수준은 아니지만, 상황이 급격하게 바뀔 예정이기 때문이다. 현 제도를 그대로 유지하더라도 30년 안에 최고의 사회보장 국가인 스웨덴의 현 수준을 능가하는 GDP 대비 복지지출을 하는 나라가 된다.

따라서 OECD 국가들보다 복지지출 비중이 크지 않은 현 상황을 이야기하면서 복지 확대를 주장하는 것은 무책임한 일이다. 지속 가능한 복지를 위해서는 재정의 안정성 확보를 위해 수입과 지출 구조를 효율화하면서도 청년과 근로 계층을 뒷받침할 수 있는 생산적 구조를 설계해야 한다. 연금, 의료, 인적 자본 투자, 사회 안전망에 이르기까지 종합적인 개혁이 필요하다. 특히 양재진 교수는 민간 기업의 퇴직연금과 국민연금, 기초연금을 묶어 빈틈이 없는 노후 소득 보장 체계를 설계하는 방안을 제시한다. 또한 고위험 질병 치료 중심으로 의료보험을 개편하고, 복지 제도가 노후 보장에만 머무르지 않고 근로 연령대의 역량을 강화하는 역할을 하도록 공보육 및 가족 정책 강화, 고용 안전망 확대, 국민 취업 제도 등 적극적인 정책적 접근을 주문한다.

제5장에서 7장까지는 좀 더 미시적 접근으로 정부의 규제 정책이 시장에 큰 영향을 미치는 세 분야를 중점적으로 살펴보았다. 우선 문재인 정부의 대표적인 실패 사례가 되어버린 부동산 정책이 빠질 수는 없을 것이다. 제5장에서 손재영 교수와 황세진 박사는 주택 정책 실패의 원인을 짚어보고 시장을 정상화하는 방안을 제시한다. 사실 정책 실패의 원인은 단순하다. 주택 시장도 다른 시장과 마찬가지로 서로 유기체적으로 연결되어 있으며, 시장의 원리가 충실히 적용된다는 사실을 망각하거나 애써 무시했다는 것이다. 두더지 잡기 놀이처럼 여기저기 규제를 강화하면 문제가 해결될 것으로 믿었고, 다주택자를 시장 참여자가 아닌 투기 세력으로 몰아갔으며, 충분한 근거도 없이 이미 OECD 최상위 수준에 달한 부동산 세금을 더 높여야 주택 가격이 안정된다는 주장을 밀어붙였다.

저자들은 주택 시장의 정상화를 위해서는 주택 정책의 목표를 가격 안정보다는 주거 수준의 향상과 사회적 약자에 대한 주거 복지 확충으로 전환해야 한다고 보고 있다. 이를 위해 시장의 기능이 더 활성화되어야 한다. 과중하고 왜곡된 세금 체계를 개편하고, 부동산 금융 시스템을 안정화해서 거래를 활성화하며, 시장 참여자의 예측 가능성을 높여야 한다. 임대 사업자 규제, 재건축·재개발 규제, 토지 거래 허가제 등 시장을 억누르는 규제는 줄이고 정부는 시장의 힘을 적절히 활용하면서 취약 계층과 최초 주택 구입자 등을 지원하는 정책에 힘을 쏟아야 한다는 것이 저자들이 제시하는 처방이다.

제6장은 금융 산업이다. 우리나라의 서비스 산업이 제조업에 비해 발전이 부진하다는 것은 잘 알려진 사실이다. 금융 산업은 대표적 서비스 산업일 뿐 아니라 국가 경제의 순환을 뒷받침하는 중요한 산업이다. 그렇지만 한국의 금융 산업 경쟁력은 낮은 편인데 그 이유를 민세진 교수는 다음과 같이 제시한다. 채권이나 주식 등 자본 시장의 발달이 미흡하고, 투자은행의 역량이 낮으며 대출 중심의 영업이 이루어지고 있다. 동북아 금융 허브 구축을 내세웠지만 정작 규제와 노동 경직성으로 인해 글로벌 금융 회사에 외면받고 있다. 국민은 다양한 금융 투자 기회를 갖지 못하고 부동산에 편중된 자산 구조를 유지하고 있다. 최근 인터넷 전문 은행 설립 등 디지털화를 통한 경쟁력 상승이 모색되고는 있지만, 기존 사업자와의 갈등과 규제의 벽을 넘기가 쉽지 않은 상황이다.

민세진 교수는 금융 산업의 빠른 발전을 위해서는 결국 외국계 투자은행을 적극적으로 유치·활용하는 것이 필요하며 이를 위해서는 합리적이고 유연한 노사 관계를 구축하는 것이 급선무라고 보고 있다. 아울러 가계 자산 중에서 금융 자산의 비중을 늘리는 노력이 필요한데 이를 위해 자산 운용 능력을 높이고 연금 수익률과 운용 효율성을 높이는 조치를 강구해야 한다. 관치 금융의 오명을 벗어나 규제의 형태를 포괄적이고 신산업 포용적으로 변화시키는 것도 시급한 당면 과제라고 보고 있다.

제7장은 공정거래 정책을 다루고 있으며 필자가 담당하였다. 공정거래 정책은 시장 경쟁의 질서를 뒷받침하는 토대 역할을 한다. 일반적으로는 경쟁 당국이라고 불리면서 경쟁 활성화와 독과점 폐해 방지를 목표로 하지만 우리나라에서는 재벌 총수의 전횡을 억제하고 갑을 관계를 개선하는 추가적인 역할도 담당한다. 문제는 이 추가적 역할들이 경쟁 활성화와는 반드시 일치하지 않으며, 임시적 조치의 성격이 강함에도 불구하고 경쟁 활성화보다 더 중요한 공정위의 기능인 것처럼 역할이 전도되는 경우가 많다는 것이다. 한국적 경제 현실을 반영한 것이라고는 해도 이러한 기능의 혼재는 바람직하지 않다. 시장 질서에 대해 사법적 재판소에 가까운 역할을 하는 공정위가 일반 행정기관처럼 사전 규제 기관화의 추세를 보이는 것도 바람직한 일은 아니다. 한편 전속 고발제 폐지 추진 등 공정위의 중립성과 독립성에 대한 의심에서 비롯된 논란 역시 해결할 필요가 있다.

사실 재벌의 전횡에 대한 억제나 갑을 관계의 개선 등의 역할은 선진국이라면 주주의 견제나 민사적 분쟁 해결 절차에 의해 해소되는 것이 바람직하다. 한국적 상황에서 단시간에 그러한 환경을 조성하는 것이 어렵다 하더라도 중장기적으로 그러한 방향으로 나아가는 노력이 필요하다. 이를 위해서는 주주의 권리와 견제 수단을 제시하는 상법적 접근과 공정거래법 접근을 통합적으로 고려하는 개선 노력이 필요하다. 아울러 갑을 관계와 같이 민사적 분쟁 성격이 강한 경우에는 규제에 앞서서 당사자 간의 조정을 활성화할 필요가 있다. 전속 고발제는 섣불리 폐지하기보다는 보완하는 것이 바람직하며, 공정위의 중립성과 독립성을 강화하는 방안들도 검토될 필요가 있다.

제8장과 9장은 일자리와 저출산의 문제에 어떻게 접근해야 하는지를 다룬다. 제8장에서 김용성 교수는 노동시장의 문제를 크게 세 가지로 제시한다. 첫째, 고학력화하고 있는 청년층이 원하는 일자리는 고임금과 안정성을 지닌 공기업과 대기업인 반면 현장의 수요는 비정규직, 저임금 및 경력직 중심이 되면서 부조화가 커졌다. 둘째, 고령화로 인해 인적자원의 양과 질이 모두 하락하고 있는데 이에 대한 대응은 부족한 상태에서 비자발적 조기 퇴직 경향은 강화되고 있다. 셋째, 정규직과 비정규직으로 나뉜 노동시장의 이중구조 문제는 실은 대기업과 중소기업의 양극화에서 기인한 측면이 큰데도 이를 고려하지 않고 비정규직 보호만을 추구하는 정책을 추진함으로써 효과를 거두지 못하고 있다.

이를 해결하기 위한 정책 방향으로 필자는 경제 원리에 충실하면서도 유연성과 포용성을 갖춘 미래 지향적 노동시장 정책이 필요하다고 제언한다. 생산성을 반영하는 임금 체계는 수용하되 생산성 자체를 높일 수 있도록 교육 훈련을 지원하고, 비정규직의 보호에만 관심을 둘 것이 아니라 규제 완화와 산업 역동성 확대를 통해 자연스럽게 노동시장의 순환이 이루어지도록 해야 한다는 것이다. 노동의 유연성과 두터운 사회 안전망의 조합을 추구하되, 사회 안전망이 닿지 못하는 부분에서는 고용 안전망의 역할을 강화하는 식의 보완적 균형과 조화도 필요하다. 정책 수요자의 니즈(needs)에 맞는 효율적 재원 투입으로 재정 부담을 최소화하는 노력도 기울여야 할 것이다.

마지막 제9장은 저출산 문제를 다루고 있다. 김영철 교수는 우리나라가 인류 역사상 선례를 찾기 힘든 초저출산국이 되고 있으며, 흔히 제기되는 청년층의 경제적 어려움이라는 요인 말고도 결혼에 대한 인식 및 가치관의 급격한 변동이 주요 원인이 되고 있다고 지적한다. 여성의 적극적 사회 진출과 경제활동 참여와 맞물려 전통적인 결혼 제도와 가부장적 가족 문화 자체를 청년층이 거부하기 시작하였고, 그 결과 비혼 독신을 유지하고자 하는 비율이 크게 늘고 있다는 것이다. 문제는 비혼 가정 및 출산에 대해 부정적인 한국의 문화와 제도 하에서는 비혼 선호가 출산율의 급락으로 이어지는 것이 당연한 귀결이 된다.

저자는 이를 해소하기 위해 '동반 가정 등록제'라는 상당히 도전적인 처방을 제시한다. 비혼 인구라 하더라도 가정을 꾸리고 출산과 양육에 곤란함이 없도록 제도적 틀 안에 포용할 필요가 있다는 것이다. 나아가 자녀에 대한 교육 지원, 의료보험, 세금 납부 등에서도 차별이 없도록 제도를 개선하자고 역설한다. 물론 기혼 가정의 출산율 하락도 큰 문제이고, 여기에는 교육비 부담이 큰 역할을 한다. 따라서 교육비 부담을 낮추기 위해 대학 서열 체제 및 채용문화 개선이 필요하고, 학력 인구의 변동에 상응한 교육 재정의 효과적 배분을 위해 '지방교육재정교부금' 제도를 개편하는 등의 노력이 필요하다는 점도 강조하고 있다.

이상의 내용과 정책적 제안들은 분야와 저자에 따라서 원론적인 것들도 있고 상당히 구체적인 것들도 있다. 그러나 공통적인 줄기는 시장경제와 민간 자율의 기능을 회복하고 정부는 통제보다는 뒷받침하는 역할에 충실해야 한다는 것이다. 주류 경제학자 중에서도 정부가 더욱 큰 역할을 해야 하고 재정의 건전성이나 시장의 효율성 등에 대한 고려는 덜 중요하다고 믿는 이들이 없지는 않다. 코로나19 발발 이후 각국에서 정부의 역할이 증대되고 적극적인 재정 및 통화 정책에 대한 거부감이 약화된 것도 이러한 흐름에 일조하고 있다.

하지만 경제의 기본이 일시에 달라지는 것은 아니다. 최고의 선진국들은 시장경제의 틀 안에서 자유롭고 창의적인 민간 활동을 극대화함으로써 그들의 위치에 도달할 수 있었다. 정부가 시장경제가 활성화되도록 보완하는 역할을 넘어서 개입의 수준을 높일수록 역효과가 커지는 것도 분명하다. 과거 국가 주도의 압축적 산업화에 성공한 이후 한국 경제의 과제는 늘 선진국형 시장경제를 어떻게 정착시킬 것인가였다. 21세기에 들어 한국 경제에는 곳곳에 정체와 위기의 징후가 나타나기 시작했으며, 문재인 정부 5년은 잘못된 진단과 방향 설정을 함으로써 이러한 흐름이 오히려 가속화된 시기였다는 것이 필자들의 생각이다. 이제라도 시장경제와 민간의 자유를 중심에 놓고 정부는 보완의 관점에서 접근하며 안정성과 예측 가능성을 높여가는 것이 한국 경제가 가야 하는 길이다.

이 책의 출간 과정에는 많은 도움이 있었다. 필자와 저자 중 1인인 민세진 교수는 2021년 1월부터 경제사회연구원이 제공하는 유튜브 방송 '경제사회TV'의 한 코너인 〈권남훈·민세진의 경제 이야기〉를 진행하고 있다. 우리와 이 책의 다른 필자들과는 이미 학계에서 교류가 있던 사이다. 하지만 이들을 모아 한국 경제의 현황을 진단하고 정책적 방향을 제언하는 책을 집필해보자는 생각은 경제사회TV에 이들을 초청하여 이야기를 들어볼 기회가 없었다면 쉽게 떠올리지 못했을 것이다. 이 책의 기획을 처음부터 후원하고 진행 과정을 도와주신 경제사회연구원의 여러분들, 특히 안대희 후원회장, 이상민 이사장과 신범철 원장, 조창주 사무국장께 감사를 드린다. 아울러 급한 출판 일정에도 불구하고 성심을 다 해주신 21세기북스의 관계자분들, 특히 양으녕 팀장께도 감사를 표한다.

제1부

성장의 엔진을
어떻게 다시 켤 것인가?
성장과 혁신

01

저성장을 극복하기 위한 길[1]

박정수(서강대)

1) 한국의 저성장과 저생산성

저성장과 생산성 개선의 둔화

우리나라의 경제성장률은 외환위기 이후 빠르게 하락하고 있다. 경제성장률은 2000~2010년 동안 연평균 4.7%에서 2010~2019년 연평균 2.9%로 하락했으며 국민 생활 수준의 개선 정도를 나타내는 인구 1인당 GDP 증가율은 두 기간 중 4.1%에서 2.5%로 하락했다. 왜 이런 일이 벌어졌을까? 인구 1인당 GDP의 변화는 전체 인구 중에서 얼마나 많은 사람이 일을 하느냐(취업자 비중)와 그 사람들이 얼마나 많이 생산을 하느냐(취업자 1인당 실질 GDP

<그림 1-1> 1인당 GDP 증가율의 구성(연평균)

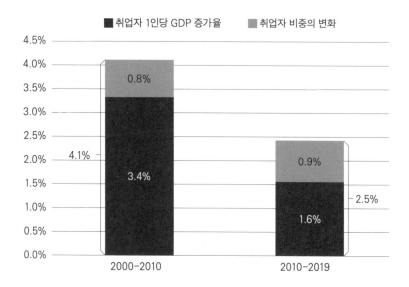

출처: 한국은행. 국민계정; 통계청. 경제활동인구 조사.

증가율)가 결합한 것으로 생각해볼 수 있다. 그런데 인구 대비 취업자 비율은 두 기간 중 각각 0.8%와 0.9% 꾸준히 증가한 반면에 취업자 1인당 실질 GDP 증가율은 3.4%에서 1.6%로 급격하게 하락했다. 취업자 1인당 GDP 증가율을 전체 경제의 노동생산성 지표로 볼 때, 결국 노동생산성의 하락이 1인당 GDP 성장률을 낮추는 주요인이었던 것이다.

문제는 향후 고령화가 진전됨에 따라 전체 인구에서 취업자가 차지하는 비중 역시 낮아질 것으로 보인다는 점이다. 우리나라는 2018년 고령 인구 비중이 14.3%를 기록하여 고령 사회로 이미 진입하였고, 2026년에는 고령 인구 비중이 20%가 넘는 초고령 사회로 이행할 것으로 예상되는 등 고령화가 빠르게 진행되고 있다. 이렇게 되면 전체 인구에서 취업자가 차지하는 비중이 늘어나기가 점차 어려워질 것이므로 1인당 GDP 증가율은 결국 취업자 1인당 실질 GDP 증가율에 근접할 것이다. 결과적으로 향후 국민 생활 수준의 개선은 현재 꾸준히 낮아지고 있는 노동생산성 증가율에 의해 좌우된다는 의미다. 이처럼 생산성 개선의 둔화가 저성장의 가장 본질적인 부분이므로 이를 해결하지 않는 한 우리나라 경제 성장의 재점화는 어려울 것으로 보인다.

2) 현 정부의 잘못된 진단과 정책 실패

경제 진단의 오류와 잘못된 처방

지난 몇 년간 현 정부는 우리 경제가 직면한 저성장 문제를 소득주도성장이라는 비전통적인 방법으로 해결할 수 있다고 주장했다. 그 내용은 다음과 같다. 우선 저성장의 근본적인 원인이 소비성향이 높은 저소득층의 소득이 늘지 않아 소비가 활성화되지 못하는 데 있다고 진단했다. 그 근거로서 2000년 이후에는 노동생산성의 증가율에 비해 실질 임금의 증가율이 낮았고, 전체 국민소득 중에서 노동으로 배분되는 몫이 상대적으로 줄어들어서 저소득층의 소득 증가가 부진했다는 일부 학자들의 자료가 활용되었다. 현 정부는 이러한 자료에 근거하여 소득 배분을 시장에만 맡겨두면 임금 근로자와 저소득층의 소득 개선이 부진하여 성장을 제약한다고 판단했다.

정부는 최저임금을 크게 인상하면 분배 문제를 해결하는 동시에 저소득층으로 가는 소득을 높여서 경제 성장을 이끌 수 있다고 주장했다. 이러한 판단 하에 최저임금을 2018년 16.4%, 그리고 2019년 10.9% 등 큰 폭으로 인상하였는데, 이는 이전 5년간의 연평균 인상률 7.2%를 크게 뛰어넘는 수치였다. 하지만 이후 4년 동안 정책이 의도한 소비 진작, 투자 활성화, 성장 효과는 결국 현실로 나타나지 않았다. 오히려 최저임금 대상자가 몰려 있는 영세한 중소기업과 소상공인들은 급격한 인건비 상승으로 심각한 피해를 입었으며, 소비와 투자는 둔화했고, 고용 증가율은 감소하는 등 대부분의 경제학자가 우려했던 바가 그대로 현실화되었다.

현 정부 정책이 실패한 이유로 우선 경제에 대한 진단이 잘못되었다는 점을 들 수 있다. 임금 증가율이 노동생산성 증가율에 미치지 못했다는 일부의 주장은 임금과 노동생산성을 비교할 때 실질화하는 과정에서 서로 다른 물가지수를 적용하여 나타난 착시 현상일 뿐이었다(박정수, 2019).[2]

경제 전체의 노동생산성을 실물 단위로 측정하는 과정에서 일반적으로 취업자 1인당 GDP는 생산 물가지수인 GDP 디플레이터로 나누어 구하는 반면 임금을 실물 단위로 변환할 때는 명목 임금을 소비자 물가지수로 나누어 구한다. 이렇게 구한 실질 노동생산성과 실질 임금의 변화 추이를 비교한 것이 〈그림 1-2〉의 A에 제시되어 있다. 2008년 이후 두 지표 간 괴리가 발생하여 실질 임금이 노동생산성을 크게 밑도는 것처럼 보인다.[3] 하지만 물가지수의 변화에서 오는 차이를 제거하고 화폐 단위의 명목 기준 노동생산성과 임금의 변화 추이를 구하면 〈그림 1-2〉의 B와 같이 두 변수 간 괴리가 사라진다. 즉 임금은 노동생산성과 똑같이 올랐지만, 실질화의 과정에서 서로 다른 물가지수가 쓰였기 때문에 차이가 발생한 것이다.

예를 들어 1인당 부가가치가 10% 증가했을 때 임금도 10% 올랐다고 하자. 만약 같은 기간 우리가 생산한 물건 가격은 적게 오른 반면 우리가 소비할 물건의 가격은 크게 올랐다면 실물 단위로 판단했을 때 임금으로 살 수 있는 재화의 개수는 우리가 생산한 물건의 양에 비해 상대적으로 적게 증가한다. 결국 임금의 분배 구조에서 문제를 찾은 진단이 잘못되었던 것이다.

한편 우리 경제가 창출하는 부가가치 중에서 노동의 몫이 작아졌다는 진단 역시 부정확한 계산에 기초한 것이다. 국민 경제의 생산 주체는 법인과 자영업으로 구분되고 여기서 창출되는 소득 중 임금 근로자에게 돌아가는 총임금을 노동의 몫으로 계산한다. 그런데 자영업자는 스스로 노동자이면서 사업주이기도 하기 때문

〈그림 1-2〉 취업자 1인당 GDP와 임금

A. 실질 기준

취업자당 실질 GDP vs. 실질 임금(2000=1)

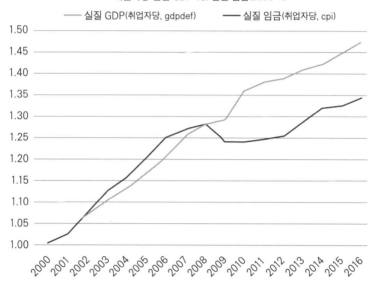

B. 명목 기준

취업자당 명목GDP vs. 명목 임금(2000=1)

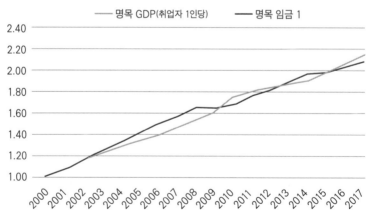

출처: 박정수(2019).

에 이의 소득 중 노동의 대가에 해당하는 부분을 어떻게 파악할지에 대해 늘 논란이 있다.

　노동의 몫을 계산하는 기존 방식(조정 노동 소득 분배율)은 이런 문제를 전체 부가가치(GDP)에서 자영업 잉여를 제외한 나머지 중에서 임금 소득이 차지하는 비중을 구하는 방식으로 해결하고자 한다. 하지만 이 방식의 문제점은 직원을 둔 자영업이 있는 경우 자영업 잉여를 제외했으므로 여기서 발생하는 임금 소득도 제외되어야 나머지 부문에 대한 정확한 노동 소득 비율이 계산되는데 그러지 않아 왜곡이 생긴다는 점이다.

　통계청 「2015년 자영업 현황 분석」에 따르면 등록 사업자 중 1인 자영업자가 393만 명이고 직원을 둔 자영업자는 86만 명인데 여기에 고용된 피고용인은 무려 336만 명에 달한다. 이처럼 자영업 부문에도 임금 근로자가 다수 존재하는데 이를 간과하면 노동의 몫 계산에 상당한 왜곡을 만든다. 이 경우 실제 노동 소득 비중의 변화가 없더라도 직원을 둔 자영업의 생산 비중이 줄어들수록 기존 방식으로 계산된 노동 소득 비중은 기계적으로 하락하는 왜곡이 발생한다.[4]

　〈그림 1-3〉은 기존 방식으로 계산한 노동 소득 비중(기존 결과)과 자영업 부문 문제를 적절히 고려하여 계산한 노동 소득 비중(교정 결과)을 보여준다. 짙은 선으로 나타낸 보정된 결과를 보면 1980년 이후 노동 소득 비중은 하락하지 않았다(박정수, 2020). 그뿐

<그림 1-3> 노동 소득 비중(조정 노동 소득 분배율) 계산 비교

출처: 박정수(2020).

만 아니라 그 비중이 75%에 달하는 수준을 유지하고 있는데 이는 경제협력개발기구(OECD) 20개국의 평균보다 높은 것이다. GDP 대신에 기업 단위 미시 자료를 보더라도 인건비 비중은 점차 증가한 것을 확인할 수 있다.[5]

　결론적으로 말하면 현 정부 정책 기조의 근거가 된 주요 주장들은 사실과 다른 통계에 기반한 것이고, 국민소득 중 노동자에게 배분되는 몫의 비율은 변하지 않았다. 이처럼 잘못된 진단을 근거로 취해진 정책들이 기업에 과도한 인건비 부담과 경쟁력 후퇴를 초래하고 수익성 낮은 중소기업과 자영업자들에게 큰 충격을 줬을 것이란 점을 쉽게 짐작할 수 있다.

중소기업의 영업이익률은 2016년 3.85%에서 2018년 3.45%로 하락했다. 고용원이 있는 고용주 자영업자 수는 2019년 한 해만 11만 6,000명 감소해 외환위기 이후 최대 감소 폭을 보인 반면, 꾸준히 하락하던 1인 자영업자의 수는 9만 7,000명 증가하였다. 이러한 결과들은 자영업이 생존의 어려움을 타개하기 위해 스스로 규모를 줄인 것으로 해석할 수 있다.

3) 저생산성 구조와 성장의 걸림돌

성장 회복을 위한 생산성 향상의 필요성

우리나라가 성장의 동력을 다시 회복하기 위해서는 경쟁력, 즉 생산성을 높이는 것 이외에는 방법이 없다. 현 발전 단계에서 생산성을 높인다는 것은 과거 추격 경제에서와는 다른 의미다. 과거 개발 연대 시기에는 현존하는 제품을 좀 더 낮은 비용으로 생산해 내는 것만으로도 성장이 가능했고, 자본의 축적을 통해 양적 측면의 노동생산성을 개선시킬 여지가 있었다. 하지만 현 발전 단계에서 노동생산성과 임금을 높이기 위해서는 새로운 생산방식을 개발해 도입하거나 질적으로 우월한 고부가가치 제품을 창출해야 한다.

선진국과 치열한 경쟁에 직면해 있는 우리나라에 필요한 생산성 제고는 혁신적이고 대체하기 어려운 차별화된 제품과 서비스를 끊임없이 창출하는 것을 의미한다. 이는 과거에 추구해오던 성장 방식의 틀에서 탈피해야 이룰 수 있기에 기업과 정부 모두에게 일하는 방식의 전환이 요구된다. 정부가 과거와 같이 앞장서서 산업 정책으로 주도하는 것이 아니라 혁신과 투자가 활성화되는 기업 환경을 조성하고 경제 주체 간 갈등을 조정하며 경제의 구조적 문제를 해결해주는 내실 있는 기여를 해야 하는 상황이다.

기업 간 생산성 격차 확대

그러면 노동생산성을 높이려면 어떠한 처방이 필요할까? 먼저 우리 경제의 구조적 문제점을 파악할 필요가 있다. 한 경제의 노동생산성에 대한 분석은 주로 생산 요소와 혁신 요소의 기여를 구분하여 살펴보는 거시경제 측면과 산업 분포의 변화 추이를 살펴보는 산업적 측면의 분석이 주를 이룬다. 여기에서는 이와는 달리 기업에 초점을 맞추어 거시경제를 구성하는 기업들의 역량과 분포의 변화를 살펴보고 시사점을 이끌어내고자 한다.

기업의 역량은 상당 부분 규모에 의해 제약을 받는다. 노동생산성이 기업 규모와 비례한다는 의미다. 통계청 기업 활동 조사에 따르면 대기업은 중소기업에 비해 자본장비율, 연구개발, 무형 자산, 혁신역량, 인적 자본 측면 모두에서 뚜렷한 우위에 있다. 이러한 생산 여건 및 규모의 경제에 따른 격차로 인해 작은 기업들은 일반적으로 노동생산성도 낮은 편이다. 〈그림 1-4〉는 기업 규모에 따

〈그림 1-4〉 사업체 규모별 노동생산성과 임금 추이(300~499인 사업체=1)

노동생산성 추이

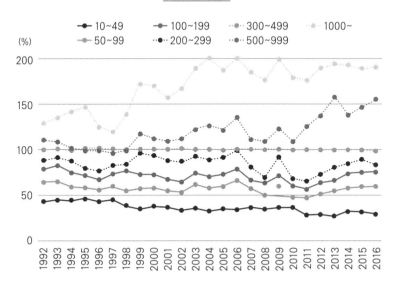

임금 추이

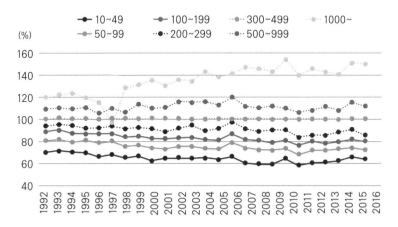

출처: 통계청. 광업·제조업 조사.

른 노동생산성과 임금 격차를 나타낸다. 이를 보면 규모 간 성과의 차이가 확연히 존재하고 지난 20년간 그 격차가 더 확대된 것을 확인할 수 있다.

기업 분포의 영세성

한편 주요 OECD 국가 중에서 우리나라의 규모별 기업 분포는 가장 영세하다. 2016년 10인 이상 기업들로 국한한 기업 데이터베이스(OECD SDBS)를 보면 우리나라 제조업은 10~49인 소기업의 고용이 41%를 차지해 29개 OECD 국가 중에서 가장 영세하다. 또한 도소매, 숙박, 음식, 정보통신, 건설, 전문 서비스업 등 비제조업의 경우에도 소기업 고용 비중이 52%이어서 역시 23개 OECD 국가 중에서 가장 영세하다.[6]

이처럼 영세한 규모의 기업 비중이 지배적임에도 불구하고 우리나라 1인당 국민소득이 OECD에서 중위권을 차지하고 있는 것은 그만큼 소수의 대기업의 성과가 타 국가 대기업에 비해 상대적으로 높아 노동생산성 평균을 높여주었기 때문이다. 우리 경제는 대기업 주도로 성장해왔고 현재에도 경제 성장이 대기업 성과에 크게 의존하고 있다는 것은 사실이지만, 또 한편으로는 대부분의 고용이 규모가 작은 기업들에 집중되어 있다는 점 또한 사실이자 우리의 고민이다.

〈그림 1-5〉 기업 규모별 고용 비중: OECD 국가 비교

A. 제조업

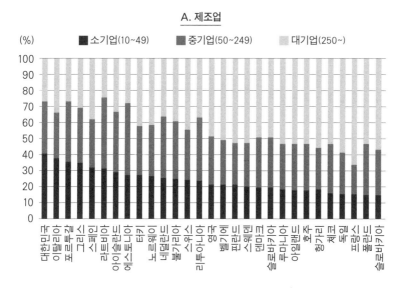

B. 비제조업

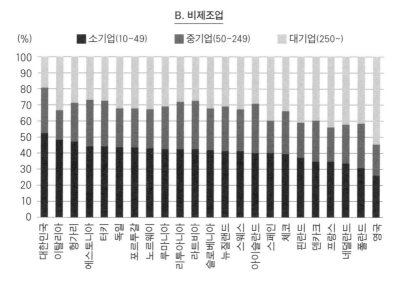

주: 제조업은 2017년 자료, 비제조업은 2016년 자료이며 도소매, 숙박, 음식, 정보통신, 건설, 전문 서비스업을 포함했다.
출처: OECD. SDBS.

기업 규모 영세성의 심화

지난 20년간 소기업이 차지하는 비중은 점차 확대되어 평균적으로 기업의 영세성과 저생산성은 더욱 심화되었다. 통계청 「광업·제조업 조사」 자료를 살펴보면 〈그림 1-6〉에 나타난 바와 같이 10~49인 사업체의 제조업 고용 비중은 1996~2016년 기간 동안 33.6%에서 41.3%로 늘어났고, 부가가치 비중은 19.0%에서 22.9%로 확대되었다. 통계청 「경제활동인구 조사」에 따르면 이 기간 고용의 상당 부분이 제조업에서 비제조업으로 이동하여 비제조업 고용 비중이 56.5%에서 70.7%로 늘어났다. 비제조업의 경우 기업 규모가 제조업에 비해 상대적으로 영세하고 생산성 수준도 낮으므로 경제 전체의 영세성과 저생산성은 더욱 심화된 것으로 짐작할 수 있다. 이처럼 우리 경제의 구조적 문제는 저생산성 영세 규모 기업이 산업 전반에 지배적이고 그 경향이 강해지고 있다는 점이다.

결과적으로 기업 전체 분포에서 저생산성 영세 규모 기업 비중이 확대됨과 동시에 기업 규모에 따른 성과의 격차가 더 벌어지고 있어 전체 경제의 생산성을 높이는 것이 더욱 어려운 상황이 되어가고 있다.

임금 격차가 소득 분배에 미친 영향

기업 규모에 따라 생산성과 임금 격차가 점차 확대되고 영세 구조가 심화되면 경제 전체의 임금 격차와 소득 분배에도 악영향

〈그림 1-6〉 사업체 규모별 고용 및 부가가치 비중의 변화 추이: 한국, 제조업

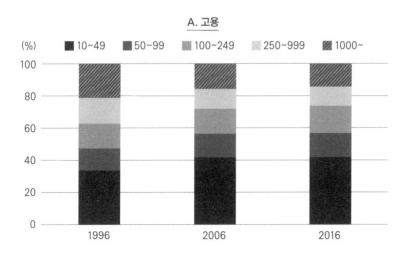

A. 고용

(%) ■ 10~49 ■ 50~99 ▨ 100~249 ▨ 250~999 ▨ 1000~

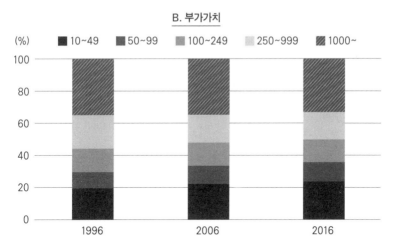

B. 부가가치

(%) ■ 10~49 ■ 50~99 ▨ 100~249 ▨ 250~999 ▨ 1000~

출처: 통계청. 광업·제조업 조사.

을 줄 수 있다. 최근 연구들은 기업 간 성과 격차의 확대가 임금 격차 확대에 영향을 끼쳤음을 보여준다. 임금 근로자 간 임금 격차(임

금 지니계수)는 2000년부터 2010년까지는 가파르게, 그 이후는 완만하게 커졌다. 최근 연구들은 이처럼 임금 격차가 확대된 원인이 근로자의 어떤 특성에 기인하는지 임금 자료를 통해 살펴보았다. 그 결과 각 임금 근로자들이 속해 있는 사업체 규모가 그 주된 원인이라는 것을 알아냈다(고영선, 2018; 박정수, 2022).[7] 즉 앞서 확인된 기업 규모 간 임금 격차 확대가 임금 근로자 간 임금 격차 확대에 가장 큰 원인이 되었다는 의미다.

한편 임금 근로자 간 임금 격차가 확대되면 각 근로자가 속한 가구 소득에 영향을 주므로 경제 전체의 가구 간 소득 불평등에 변화를 준다. 일반적으로 가구 간 소득 불평등의 변화는 각 가구 구성원들이 버는 각종 소득과 취업 여부에 의해 좌우된다. 세전 소득 기준 소득 불평등지수(시장 소득 기준 지니계수, 2인 이상 가구 표본)는 1996년부터 2006년 사이에 0.270에서 0.312로 가파르게 상승했고 그 이후 2016년까지는 완만하게 상승하여 0.323에 이르렀다. 최근 연구는 이 기간 소득 불평등이 심화된 주된 원인이 이 기간 배우자(여성)가 노동에 참여한 비율이 증가한 점과 임금 소득 격차가 확대된 점에 있음을 지적한다(박정수, 2022).[8] 결국 기업 간 성과 격차의 확대와 기업 규모 영세성의 심화가 소득 불평등에 악영향을 주었음을 알 수 있다.

4) 생산성 둔화를 타개하기 위한 정책 제언

지금까지 살펴본 바를 요약하면 다음과 같다. 우리 경제는 성장의 둔화를 겪고 있고, 그 근본적인 원인은 생산성 개선의 속도가 둔화되고 있기 때문이다. 이러한 생산성 부진의 중요한 원인은 기업 규모의 영세성이 확산하고 있기 때문이다. 기업 규모의 영세성 확대는 저성장을 초래할 뿐 아니라 소득 분배 악화의 원인이 되고 있으므로 이를 해소하는 것이 현시점에서 우리 경제에 주어진 주된 과제다. 이러한 도전에 대응하여 이하에서는 기업 규모의 영세성 해소와 기업 환경의 정상화를 위한 정책과 함께 우리 경제의 전반적인 생산성을 높여주는 구조적인 변화를 이끌기 위한 방안을 모색해볼 것이다.

상생협력과 공정거래 정책의 한계

그동안 정책 당국은 중소기업 성장을 가로막는 주된 원인이 대기업과의 불공정거래에 있다고 보고 대·중소기업 상생과 공정거래 정책으로 이를 해소해야 한다는 시각에서 정책을 운용해왔다. 경쟁적 환경을 조성하기 위해 공정거래 확립은 필요한 정책이고 대·중소기업 상생 노력도 어느 정도 도움이 될 것이다. 하지만 기업 데이터를 살펴보면 이러한 정책 운용만으로는 경제 전반에 걸친 기업 규모의 영세성 문제가 근본적으로 해결될 것으로 보이지 않는다. 그 이유는 대기업과 접점에 있고 직거래하는 중소기업의 비중이 의외로 작기 때문이다.

한국기업데이터(KED)의 기업거래 자료와 통계청 기업통계등록부의 매출액 자료를 분석해보면 2014~2018년 기간 동안 외감기업(외부감사 대상 기업)에 해당하는 중소기업들의 매출액 중에서 동종 산업 대기업에게 직접 판매한 거래액 비중은 연평균 8%에 불과한 것으로 추정된다.[9] 외감기업의 규모를 10~49인으로 제한하면 이 비중은 6%로 하락한다. 이와 유사한 규모에 대부분의 중소기업들이 몰려 있고, 이들은 비외감기업이므로 그 비중이 낮을 것으로 기대할 수 있다. 이처럼 중소기업의 매출 중 대기업에게 직접 판매하는 거래액 비중은 매우 작다. 그러므로 일반적인 시각과는 달리 대기업과의 상생과 공정거래 이슈가 전반적인 중소기업 성과에 영향을 미칠 수 있는 부분이 매우 한정적이다.

대기업과의 관계가 간접적인 하청의 하위 단계에 있는 대부분의 중소기업을 감안해도 마찬가지다. 그 이유는 이들 하위 단계에 속한 하청 기업들은 규모의 영세성이 더 심하고 경쟁력도 낮으므로 설령 대기업-1차 하청 업체 간 공정거래가 정상화되어 1차 하청 업체의 수익성이 좋아진다고 해도 그 아래 하위 단계 하청 기업들이 혜택을 볼 것이라고 가정하기 어렵기 때문이다.

이에 더하여 기업 자료에서 추가로 알 수 있는 점은 이들 영세 기업은 같은 산업 내 대기업 존재 여부와 상관없이 산업 전반에 걸쳐 광범위하게 분포해 있고 평균적인 기업 규모가 외국보다 매우 영세하다는 것이다. 이러한 통계적 현실을 종합해볼 때 공정거래 확립과 상생협력으로 우리나라 중소기업의 영세성 문제를 해소하고 저생산성 문제를 해결할 것으로 기대하기 어렵다.

중소기업 정책 대전환의 필요성

사업체 규모가 작다고 해서 반드시 혁신성이 낮은 것은 아니지만 효율성 개선, 신제품 개발, 거래 협상력, 규모의 경제 등 기업 부가가치 창출에 필요한 역량이 상대적으로 미흡한 것은 부인하기 어렵다. 중소벤처기업부의 중소기업실태조사에 따르면 제조 중소기업 중 직접 수출을 하는 기업이 10.3%에 그쳐 국제 경쟁력을 갖춘 중소기업은 희소하다. 사업체의 규모화를 통해 기업 역량을 높이고 중소 사업체의 고용 비중이 줄어들지 않으면 현재의 저생산성 구조에서 벗어나기 어려울 뿐만 아니라 향후 노동생산성 개선도 요원할 것이다.

기업 규모의 영세성 해소를 위해서는 현 중소기업 정책 방향의 유효성을 면밀하게 평가하고 재검토해야 할 것이다. 수십 년간 축적된 중소기업 보호 지원 정책이 경쟁력 없는 중소기업들을 양산하고 보호하면서 기업 생태계를 왜곡하여 건실한 중소기업 성장에 부정적 영향을 준 것이 아닌지 철저하게 평가한 후에 경쟁력 제고를 위한 정책으로 전환해야 한다. 여러 정부를 거치며 누적된 과도한 중소기업 보호 및 지원 정책으로 말미암아 혁신성이 낮은 다수 영세기업이 규모화에 성공하지도 못하고 퇴출되지도 않은 채 한계 기업으로 남아 있는 상황이다.

중소벤처기업부의 보도자료(2017년 5월)에 따르면 2017년 기준 중소기업 지원 사업은 18개 중앙부처 288개 사업, 17개 지방자치단체의 1059개 사업에 지원금은 16.6조 원에 이르고 있다. 정부 부처와 기업인들조차도 지원 사업 전체를 파악하지 못할 정도로 비체계적이며 성과 평가도 부실하여 비효율이 누적되고 있다. 최근 정책 금융 자료를 분석한 한국개발연구원의 한 보고서에 의하면 중소기업 정책 금융을 지원받은 기업이 지원을 받지 못한 기업에 비해 생산성 향상은 미흡하고 생존율은 높아 전체 경제의 활력을 떨어뜨리는 것으로 확인되었다(장우현, 2016).[10]

중소기업 보호 지원 정책은 경쟁력 강화 정책으로 전환해야 한다. 여러 부처에 산재된 중복·중첩된 소규모 단위 R&D 지원 사업을 통폐합하여 정책 목표와 성과가 뚜렷한 체계적인 R&D 지원 체계로 개편하여 고부가가치, 혁신성, 성장 가능성을 기준으로 지원 체계를 바꿔야 한다.

규모화를 방해하는 제도의 개혁

규모의 영세성과 한국 경제의 저생산성 구조를 초래한 중요한 원인 중 하나는 기업 규모에 따른 차별적 제도들에 있다. 한국경제

연구원 보도자료에 따르면 중소기업이 대기업으로 이행할 때 새로 부과되는 규제는 2019년 기준 47개 법률의 188건에 달하는 것으로 알려져 있다. 여기에 신산업 규제, 기업 간 합병 규제, 정부 정책의 비일관성과 불확실성 등은 기업 혁신과 규모화를 방해하고 있다. 공정거래도 중요하지만, 더 많은 대기업을 창출해내기 위한 제도 개선과 구조 개혁에 몰두해야 할 때다.

불필요한 기업 부담의 완화

성장 동력을 복원하기 위해서는 최근 급격히 늘어난 기업 부담을 완화해주는 조치들의 도입이 시급하다. 이중, 삼중으로 급격히 늘어난 기업 부담은 한계 기업뿐 아니라 정상적인 기업까지 어려움으로 몰아가고 있다. 상대적으로 경쟁력이 약한 중소기업들의 매출 증가율과 수익성이 최근 유의미하게 악화되고 있고, 영업이익으로 이자 비용을 감당하지 못하는 법인 기업의 비중이 최근 2년 연속 늘고 있으며 2018년 기준 35.2%에 달하고 있다. 기업 환경이 더 악화하는 것을 막기 위해서는 향후 몇 년간 최저임금의 과도한 상승 억제, 법정 근로시간의 산업 및 직종별 차별화와 탄력적 운용, 법인세율 인하, 화평법 및 화관법 개정을 통한 부담 완화 등에 대해 심각하게 고려해야 한다.

혁신 수용 사회를 위한 규제 개혁

혁신이 창출되는 자유로운 기업 환경 조성을 위해서는 규제 개혁을 통해 경제의 유연성과 혁신의 사업화를 방해하는 걸림돌을 제거해야 한다. 주력 산업의 경쟁력이 급격히 약화되어가고 있는 현 상황에서 새로운 주력 산업의 출현은 절실하다. 4차 산업혁명에 대응하는 규제 개혁 및 기업 환경 개선을 통해 고유의 경쟁력을 갖춘 고부가가치 혁신형 기업이 출현하는 토양이 제대로 마련되면 신생 혁신 기업의 성장으로 우리나라에 팽배해 있는 기업 분포의 영세성을 벗어날 기회가 생길 것으로 본다.

특히 새로운 창의 기반 사업을 가로막는 업종별·산업별 거미줄 규제를 타파하여 고성장 혁신 기업 출현을 유도해야 한다. 2018년 세계경제포럼(WEF)은 우리나라 정부 규제 환경을 137개국 중 하위권인 95위로 평가하였다.[11] 정부는 규제로 득을 보고 있는 이해 당사자와 잠재적 혁신 기업 간의 갈등 조정자 역할을 해야 하며, 혁신 기술 출현에 필요한 규제 개혁을 통해 제도적 인프라를 구축해야 한다. 혁신 기업이 성장과 일자리 창출의 원동력이라는 인식 하에 기득권층과 이해 관계자들을 설득하여 과감한 규제 개혁을 이끌어내야 할 것이다. 혁신 기업이 원활히 생성되고 성장하는 토양이 마련되어야 투자와 고용이 자연스럽게 유도될 뿐 아니라 기업 간 양극화 문제도 완화될 것이다. 혁신을 수용하지 못하는 사회는 성장이 멈출 수밖에 없다.

지금까지 우리 정부는 기업 생태계의 변혁을 이끌어낼 혁신 성장의 길을 열어주지 못했다. 혁신 성장은 뼈를 깎는 구조 개혁과 이해 당사자 간의 갈등 조정을 감당해야 하는 어렵고 인기 없는 길이기 때문이다. 현재 우리 경제는 개도국으로부터 비용 경쟁력 측면에서 추격을 받는 한편 선진국과는 글로벌 경쟁력으로 승부를 봐야 하는 급박한 상황에 마주하고 있다. 혁신 성장이 말뿐이 아닌 현실이 되는 미래를 기다린다.

제1장의 정책 제안 요약

정책 배경

- 우리 경제 성장 둔화의 근본적인 원인은 생산성 개선 속도 둔화에 있음.
- 생산성 부진의 중요한 원인은 기업 규모의 영세성 심화와 확산에 있음.
- 기업 규모의 영세성 확대는 임금 격차 확대와 소득 분배 악화의 원인이 되고 있음.

상생협력과 공정거래 정책의 한계

- 공정거래 확립과 상생협력으로는 우리나라 중소기업의 영세성 문제를 해소하고 저생산성 문제를 해결할 것으로 기

대하기 어려움.

- 기업 자료에 따르면 중소기업의 매출액 대비 대기업 거래 비중이 매우 작을 뿐 아니라 영세한 소기업들은 대기업 존재 여부와 상관없이 산업 전반에 분포하고 있음.
- 불공정거래 해소가 중소기업 전반에 미치는 영향은 약할 것으로 예상.

중소기업 정책 대전환의 필요성

- 중소기업 보호 지원 정책은 경쟁력 강화 정책으로 전환해야 함.
  - 누적된 중소기업 보호 지원 정책이 경쟁력 없는 중소기업들을 양산하고 보호하면서 기업 생태계를 왜곡하여 중소기업 성장에 부정적 영향을 주고 있음.
- 여러 부처에 산재된 중복·중첩된 소규모 단위 R&D 지원 사업을 통폐합해야 함.
- 정책 목표와 성과가 뚜렷한 체계적인 R&D 지원 체계로 개편하여 고부가가치, 혁신성, 성장 가능성을 기준으로 지원 체계를 바꿔야 함.

규모화를 방해하는 제도의 개혁

- 대기업을 창출해내기 위한 규모화를 제약하는 제도 개선과

구조 개혁이 필요함.

  – 신산업 규제, 기업 간 합병 규제, 정부 정책의 비일관성
    과 불확실성 등은 기업 성장에 방해가 되고 있음.

  – 한국경제연구원 보도자료에 따르면 중소기업이 대기업
    으로 이행할 때 새로 부과되는 규제는 2019년 기준 47개
    법률의 188건에 달함.

불필요한 기업 부담의 완화

• 최근 급격히 늘어난 기업 부담을 완화해주는 조치들의 도
  입이 시급함.

• 어려워진 기업 환경이 더 악화하는 것을 막기 위한 조치 필요.

  – 향후 몇 년간 최저임금의 과도한 상승 억제, 법정 근로
    시간의 산업 및 직종별 차별화와 탄력적 운용, 법인세율
    인하, 화평법 및 화관법 개정을 통한 부담 완화 등을 고
    려해야 함.

혁신 수용 사회를 위한 규제 개혁

• 규제 개혁을 통해 경제의 유연성과 혁신의 사업화를 방해
  하는 걸림돌을 제거해야 함.

  – 고유의 경쟁력을 갖춘 고부가가치 혁신형 기업이 출현하
    는 토양이 마련되어야 함.

- 4차 산업혁명에 대응하는 규제 개혁과 기업 환경 개선으로 고성장 혁신적 기업 출현을 유도해야 함.
  - 새로운 창의 기반 사업을 가로막는 업종별·산업별 거미줄 규제 타파.
  - 혁신 기술 출현에 필요한 규제 개혁을 통해 제도적 인프라 구축.
- 정부는 규제 관련 이해 당사자와 잠재적 혁신 기업 간의 갈등 조정자 역할을 해야 함.
  - 기득권층과 이해 관계자들을 설득하여 과감한 규제 개혁을 이끌어내야 함.

02

디지털 전환 시대의 혁신역량 강화

전현배(서강대)

1) 4차 산업혁명 시대의 혁신역량의 의미

국가의 혁신역량은 과학기술 수준과 더불어 기술을 기업과 산업에 활용할 수 있는 능력에 의존한다. 전통적으로는 혁신역량을 키우는 핵심 전략은 연구개발에 대한 투자와 연구 인력 양성이라고 생각되어 왔다. 한국 경제는 경제 규모 대비 연구개발 비중과 정보통신 제조업 비중이 이미 세계 최고 수준이다. 하지만 이러한 지표만으로는 4차 산업혁명 시대 속에서 한국 경제의 혁신역량 수준을 올바르게 파악하기 어렵다.

현재 진행 중인 4차 산업혁명은 생산기술의 발전을 넘어 경제와 사회, 나아가 생활 방식 자체의 변화를 가져오고 있다.[1] 따라서 디지털 전환 시대의 혁신역량은 기술 개발 역량과 더불어 기술을 활용하는 역량도 중요하다. 디지털 기술을 바탕으로 새로운 비즈니스 모델과 신산업이 성장할 수 있도록 제도를 준비하는 것 또한 혁신역량의 핵심적인 요소가 되고 있다. 디지털 전환 시대에 한국 경제가 부족한 혁신역량이 무엇인지 파악하고 이를 강화하기 위한 전략과 정책을 수립하기 위해서는 현재 혁신역량에 대한 객관적인 평가가 필요할 것이다.

이 장에서는 한국의 혁신역량을 기술 개발 역량과 활용 역량으로 구분하여 살펴본다. 먼저 한국 기업의 연구개발비 투자 비중을 미국과 일본 등 선진국과 비교함으로써 기술 개발 역량의 수준과 특징을 알아볼 것이다. 특히 정보통신 제조업과 대기업에 편중된 한국 기업 연구개발의 특성을 중점적으로 살펴보고자 한다. 기술활용 역량은 인공지능, 빅데이터 등 디지털 기술이 기업에서 효과적으로 활용되고 있는지를 중심으로 살펴볼 수 있다. 특히 디지털 기술의 효율적 활용을 위해 필요한 무형 자산 투자와 규제 개혁 등에 대해 논의해볼 것이다. 마지막으로 디지털 전환 시대에 한국 경제의 혁신역량을 강화하기 위한 정책의 방향을 제시한다.

2) 연구개발 투자를 통한 기술 개발 역량의 해부

한 국가의 기술 개발 역량을 측정하기 위한 대표적 지표는 연구개발에 투자된 금액이다. 2019년 기준 한국의 총연구개발비는 약 89조 원으로 GDP 대비 4.64%이다. 한국의 연구개발비 총액은 미국, 중국, 일본, 독일 다음으로 세계 5위 수준이다. GDP 대비 연구개발비 비중으로 보면 이스라엘에 이은 세계 2위 수준으로 일본과 미국 등에 비해서도 30% 이상 높다.

일반적으로 연구개발비 비중은 서비스업보다는 제조업에서 높다. 특히 정보통신, 운송장비, 의약품 등의 고기술 산업은 타 산업에 비해 연구개발비 비중이 매우 높다. 따라서 연구개발비 지표를 이용하여 한국의 혁신역량을 판단할 때에는 국가별 산업 구성의 차이를 고려해야 한다. 한국, 독일, 일본 등 제조업 특히 고기술 제조업 비중이 높은 국가는 연구개발비 비중도 높다. 한국의 경우 기업 연구개발비의 87.5%가 제조업에 집중되어 있으며, 제조업 연구개발비의 약 50%가 전자부품, 컴퓨터, 영상, 음향, 및 통신 장비 등 정보통신 관련 제조업에 집중되어 있다. 이러한 연구개발비 집중은 한국 정보통신 제조업의 GDP 대비 부가가치 비중이 OECD 국가 중에서 가장 높다는 점과도 연결된다.

〈그림 2-1〉은 한국의 기업 연구개발비가 비제조업보다는 제조업에 집중되어 있음을 보여준다. 부가가치 기준으로는 비제조업 분

야가 제조업보다 2배 이상 크지만, 비제조업 연구개발비는 제조업의 1/8에 불과하다. 미국, 일본 등의 국가와 비교해보아도 한국의 연구개발비 제조업 집중은 크게 두드러진다. 결국 한국은 연구개발비 비중이 높은 국가이지만 이는 특정 산업 때문이지 전 산업에서 기업의 연구개발 비중이 높다고 보기는 어렵다. 이는 산업 간 기술 개발 역량의 차이도 클 가능성이 있음을 시사한다.

실제로 OECD(2016) 보고서에 따르면 한국은 제조업과 서비스업의 생산성 격차가 가장 큰 국가로 나타나 있다.[2] 결국 한국의 기술 개발 역량은 제조업의 일부 업종에 집중되어 있고 이에 따라서 산업 간 생산성 격차도 크게 나타나고 있음을 알 수 있다.

〈그림 2-1〉은 기업 규모별 연구개발비 비중도 보여주고 있다.

〈그림 2-1〉기업 규모별 연구개발비(2019년)

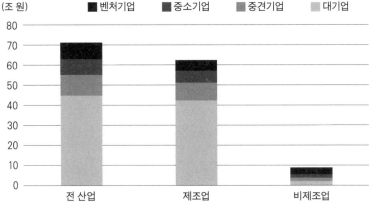

출처: 과학기술기획평가원(2019). 연구개발 활동 조사.

전체 기업 연구개발비에서 대기업과 중견기업이 차지하는 비중은 각각 62.5%와 14.2%이다. 반면 중소기업과 벤처기업의 비중은 각각 11.2%와 12.1%이다. 가장 특징적인 점은 전체 기업 수의 약 1%를 차지하는 대기업과 중견기업의 연구개발비가 전체의 3/4 이상을 차지하는 것이다. 이러한 결과는 제조업의 높은 대기업 연구개발비에 기인한다. 제조업 기업 연구개발비의 약 53%가 상위 20개 기업에 의해 이루어지고 있으며, 최상위 5개 기업의 비중 또한 약 34%이다. 앞에서 살펴본 바와 같이 반도체, 자동차 등의 업종에서 대기업의 막대한 연구개발비가 지출되는 것이 제조업의 높은 연구개발비의 주된 원인이다. 대기업의 높은 연구개발비 비중은 이들 기업이 연구개발비 비중이 높은 고기술 제조업에 주로 분포되었기 때문이다.

한국 경제의 고용과 기업 수에서 가장 큰 비중을 차지하는 중소기업의 연구개발비 투자는 제조업과 서비스업 모두에서 매우 저조하다. 중소기업의 연구개발비 비중이 낮은 이유 중 하나는 혁신 자체를 수행하는 기업의 수가 적기 때문이다. 제조 강국인 독일을 비롯한 유럽 국가와 비교해보면 한국의 경우 상대적으로 적은 수의 제조업 기업만이 혁신 활동을 수행한다. 정부 연구개발비 지원 정책은 중소기업에 집중되어 있지만 지원은 연구개발 투자를 수행하는 기업을 주된 대상으로 이루어지고 있다. 이는 혁신을 수행하는 중소기업의 기반을 넓히는 연구개발 지원 정책이 필요함을 시사한다.

한편 벤처기업은 전체 기업 수의 1% 정도이지만 총연구개발비는 중소기업과 비슷한 수준이다. 특히 제조업과는 달리 비제조업에서는 벤처기업의 연구개발비가 34.1%로 다른 그룹에 비해 가장 높은 비중을 차지한다. 이렇게 된 것은 벤처기업이 기업 특성상 연구개발비 비중이 높은 것도 한 이유다. 하지만 제조업과는 달리 비제조업은 중견기업 이상의 규모가 큰 기업의 비중이 매우 낮다는 것도 중요한 요인이다.

나아가 벤처기업의 높은 연구개발비 비중은 디지털 혁신 기반 벤처기업의 빠른 성장을 반영한 결과이기도 하다. 벤처기업의 혁신과 성장은 대규모 기업 집단 소속 기업의 서비스업 진출이 규제를 받는 상황에서 비제조업의 혁신과 성장의 새로운 기회가 될 수 있음을 시사한다. 특히 디지털 혁신 기반 플랫폼 기업의 혁신은 정체된 서비스업의 성장과 저생산성 극복의 새로운 가능성을 보여준다. 이들 기업은 전통적인 제조업의 기술 개발과는 다른 혁신역량을 보여주고 있다는 점에서 혁신역량은 기술 개발을 넘어 다양한 방식으로 측정될 필요가 있음을 시사한다.

3) 기업의 디지털 기술 활용의 문제점

4차 산업혁명 시대에는 기술 자체를 개발하는 능력과 더불어 기술을 활용하는 능력이 중요한 혁신역량이 되고 있다. 특히 4차 산업혁명의 범용 기술인 디지털 기술을 효과적으로 이용하기 위한 능력이 핵심적인 혁신역량이다. 디지털 기술은 1990년대 이후 인터넷과 결합한 이후 기업에 의해 다양한 목적으로 활용되기 시작했다. 기업은 디지털 기술을 구매, 관리, 판매를 넘어 인적자원과 고객 관리 등 기업 활동의 모든 영역에 활용하게 된다. 디지털 기술 활용은 기업의 생산 방식의 변화와 더불어 조직과 경영 방식 자체의 변화를 요구하게 된다. 따라서 디지털 기술을 효율적으로 활용하기 위해서는 보완적인 기술적·비기술적 혁신이 필요하다.

최근 10년 기간에는 인터넷 기반 컴퓨터 시스템인 클라우드 컴퓨팅이 빠르게 증가하였다. 클라우드 컴퓨팅의 등장은 디지털 기술 관련 비용을 크게 감소시켜 디지털 기술을 활용한 새로운 비즈니스의 기회를 제공했다. 클라우드 컴퓨팅을 통한 비용 감소는 대기업보다는 스타트업과 중소기업에 더 많은 기회를 제공한다. 따라서 이제 디지털 기술의 효과적인 활용은 더는 대기업만의 전유물이 아니며 모든 기업의 경쟁력의 원천이 되고 있다. 나아가 중소기업도 이제는 디지털 기술을 효과적으로 활용해야만 새로운 환경에서 생존하고 성장할 수 있게 되었다.

〈표 2-1〉 기업의 디지털 기술 활용(2018년)

(단위: %)

구분		대기업	중소기업
전사적 자원 관리 (ERP)	OECD	76.2	26.8
	한국	87.4	45.4
고객 관계 관리 (CRM)	OECD	58.4	26.2
	한국	53.7	14.8
클라우드 컴퓨팅	OECD	55.9	27.1
	한국	50.9	19.8
빅데이터	OECD	33.1	10.6
	한국	37.4	6.7

출처: OECD(2020). Economic Surveys: Korea.

〈표 2-1〉은 한국 기업의 디지털 기술 활용도를 OECD 국가와 비교하고 있다. 전사적 자원 관리(ERP: Enterprise Resource Planning)의 경우 한국은 대기업과 중소기업 모두 OECD 평균보다는 높은 수준의 활용을 보여주고 있다. 반면 한국 기업의 고객 관계 관리(CRM: Customer Relationship Management) 활용도는 대기업과 중소기업 모두 OECD 평균보다 낮은 수준이다. CRM의 핵심은 고객에 대한 자료 관리를 기반으로 개별적인 고객에 대한 마케팅인데, 이는 소매업 등 서비스업의 대표적인 디지털 기술 활용 사례로 볼 수 있다. 그런데 CRM 비중이 작다는 것은 한국 서비스업의 디지털 기술 활용 역량이 낮다는 것을 간접적으로 보여준다. 결국 한국의 서비스업은 기술 개발 능력과 더불어 디지털 기술 활용 능력 또한 낮은 수준이

며 이는 서비스업의 낮은 생산성의 원인이기도 하다.

최근 들어 중요성이 부각되는 클라우드 컴퓨팅과 빅데이터 활용의 경우 한국 기업의 활용 수준은 전반적으로 OECD 평균에 미치지 못하고 있다. 또한 중소기업의 이들 기술 활용 수준도 대기업과 큰 격차를 보인다. 물론 빅데이터는 그 특성상 플랫폼을 선점하고 있는 대기업에 유리할 수도 있지만, 한국의 경우 대기업과 중소기업의 빅데이터 이용도는 OECD 평균과 비교하더라도 큰 격차를 보인다. 최근의 디지털 기술은 기업에서 특정 부서의 제한적 이용이 아니라 기업 전체의 경영 방식의 변화와 새로운 비즈니스 모형의 창출을 필요로 한다. 따라서 디지털 기술의 활용에 있어서 기업 자체에서 이러한 기술 활용에 필요한 경영과 비즈니스 모형을 구축하는 노력이 어느 때보다 중요한 시점이다.

4차 산업혁명 시대의 디지털 기술 활용 역량의 중요성은 점점 커지고 있다. 특히 2020년 코로나19로 인해 빠르게 확산된 비대면 환경에서 디지털 전환은 기업의 경쟁력을 넘어 생존의 문제로 다가오고 있다. 소비, 근무, 교육, 오락 등 다양한 분야에서 비대면 서비스의 확대는 기업에 큰 도전이 되고 있다. 이러한 상황에서 이미 디지털 전환에 성공한 기업은 코로나19로 인한 충격도 적었지만 그렇지 못한 기업은 큰 손실을 보게 되었다.

4) 무형 자산 투자의 부족

디지털 기술을 효과적으로 이용하기 위해서는 다양한 보완적 자산(complementary asset)의 확보가 필요하다. 보완적 자산은 연구개발을 통해 기업에 필요한 기술을 개발하거나 관련 디지털 기술과 자산을 구매하는 것으로만 한정되지 않는다. 디지털 기술 활용에 필요한 교육 훈련과 경영조직의 개편 등도 포함될 수 있다. 결국 디지털 시대의 혁신역량에 대한 투자는 연구개발 투자를 넘어 넓은 범위의 무형 자산(intangible asset) 투자까지 포함한다. 이러한 추세를 반영하여 한국은행의 현행 국민계정도 소프트웨어, 연구개발 등 다양한 지식 재산에 대한 지출을 무형 자산 투자로 간주하고 있다.

OECD는 광의의 무형 자산 정의를 바탕으로 국제 비교 가능한 무형 자산 자료를 구축해 제공하고 있다.[3] 이때 무형 자산은 컴퓨터화 정보, 혁신 재산, 경제적 역량 등 세 가지로 구성되어 있다. 컴퓨터화 정보(computerized information)는 소프트웨어와 데이터베이스에 대한 투자로서 디지털 기술 이용을 위한 직접적인 투자에 해당한다. 혁신 재산(innovative property)은 연구개발비로 측정되는 과학 연구개발(scientific R&D)뿐만 아니라 다양한 비과학 연구개발(non-scientific R&D)로 구성된다. 이때 비과학 연구개발은 제조업 중심의 연구개발이 포함하지 못하는 다양한 혁신 활동, 예를 들면 광업의 광물 탐사, 금융업의 금융 상품 개발, 엔터테인먼트 산업의 영화 및 음악 제작 등이 포함된다. 금융 상품이나 영화 제작 등은 디지털 기술을 활용한 서비스 개발 과정임에도 불구하고 통상적인 연구개발비에는 포함되지 않았다는 단점을 보완하는 것이다.

경제적 역량(economic competencies)은 광고와 시장조사 비용을 포함하는 브랜드 자산과 교육 훈련, 조직 개편 비용 등을 포함하는 기업 특화 자산으로 구성되어 있다. 브랜드 자산은 단순한 광고가 아니라 데이터 기반 고객 관리와 마케팅 전략으로 연결된다는 점에서 최근의 플랫폼 경제와의 관련성이 크다. 디지털 기술 도입에 따른 인력 재교육 및 업무 과정 재설계 등을 포함하는 기업 특화 자산은 디지털 범용 기술의 효율적 활용에 필요한 대표적인 보완적 자산 투자이다.[4]

한국 경제는 유형 자산 투자와 연구개발비 지출이 기반이 되는 제조업 중심의 경제다. 이와는 반대로 미국 등 다수의 선진국 경제의 주축은 제조업에서 서비스업으로 이행함과 동시에 유형 자산보다는 다양한 무형 자산에 대한 투자를 통해 경제 성장을 이루고 있다. 이런 점에서도 무형 자산 투자를 통해 혁신역량을 측정하는 것은 산업구조가 다른 경제의 혁신역량을 비교할 때 발생하는 문제점을 어느 정도 해결할 수 있다는 장점도 지닌다. 혁신이 기술 개발로부터 디지털 기술의 활용이라는 영역으로 확장됨에 따라서 무형 자산 투자는 혁신역량의 중요한 척도가 되고 있다.

〈표 2-2〉 무형 자산 투자의 국가별 GDP 대비 비중

(단위: %)

	무형 자산	컴퓨터화 정보	혁신 재산	경제적 역량
스웨덴	17.0	3.1	7.9	6.0
프랑스	15.4	3.8	5.0	6.6
아일랜드	14.5	0.9	8.5	5.1
핀란드	14.5	1.9	6.2	6.4
벨기에	13.7	1.9	4.6	7.3
미국	13.6	2.5	4.5	6.6
덴마크	13.0	2.4	5.6	5.0
네덜란드	12.3	2.6	2.8	6.9
영국	12.2	1.7	3.8	6.7
오스트리아	11.5	2.5	4.1	5.0
포르투갈	9.6	1.3	2.9	5.4
독일	9.4	1.1	4.7	3.6
한국	8.9	1.6	5.3	2.1
이탈리아	8.9	1.9	2.9	4.1
룩셈부르크	7.8	0.7	2.2	4.9
스페인	7.7	1.8	2.8	3.1
그리스	6.2	1.0	1.4	3.7
평균	11.5	1.9	4.4	5.2

주: 2011~2015년 평균, 시장 부문.[5]
출처: 손녕선 외(2019).[6] intan-invest.net database.

〈표 2〉는 한국과 OECD 16개국의 GDP 대비 무형 자산 투자 비중을 보여준다. 2011~2015년 평균 전체 무형 자산 투자 비중의 경우 한국은 GDP 대비 8.9%로 17개국 평균인 11.5%에 비해 상대적으로 낮은 수준이다. 미국의 13.6%에 비해 약 30% 정도 낮은 수

준이며 프랑스, 영국 등 주요 EU 국가에 비해서도 낮다. 한국의 무형 자산 투자 비중은 이탈리아와 비슷한데 비교 대상 국가 중에서 낮은 수준임을 확인할 수 있다. 한국의 전체 무형 자산 투자 비중은 OECD 17개국 중 13위이다.

17개국 평균의 경우 전체 무형 자산 중에서 가장 큰 비중을 차지하는 경제적 역량은 평균 5.2%로 전체 무형 자산의 약 50%를 차지한다. 나머지 혁신 재산 비중은 4.4%, 컴퓨터화 정보 비중은 1.9%이다. 한국의 무형 자산 투자 구성을 보면 혁신 재산이 5.3%로 전체 무형 자산의 약 60%를 차지하고 있다. 경제적 역량은 2.1%, 컴퓨터화 정보는 1.6%이다. 한국의 혁신 재산 비중은 17개국 평균인 4.4%보다 높은 수준이며, 컴퓨터화 정보는 평균 수준이다. 반면 한국의 경제적 역량 투자 비중은 전체 17개국 중에서 최하위 수준이다.

즉 경제적 역량에 대한 저조한 투자는 한국의 전체 무형 자산 투자의 GDP 비중을 낮게 만든 주된 요인이다. 한국의 경우 과학 연구개발을 중심으로 한 혁신 재산의 비중은 비교 대상 국가에 비해 높다. 하지만 낮은 경제적 역량에 대한 투자로 인해 전체적인 무형 자산 투자 비중이 작다.

한국의 높은 혁신 재산 비중은 고기술 제조업에서의 기술 개발 투자가 활발함을 반영한다. 컴퓨터화 정보는 디지털 기술 활용에 필요한 직접적인 투자 지표이며, 경제적 역량에 대한 투자는 디

〈그림 2-2〉 무형 자산 투자 GDP 대비 비중: 제조업

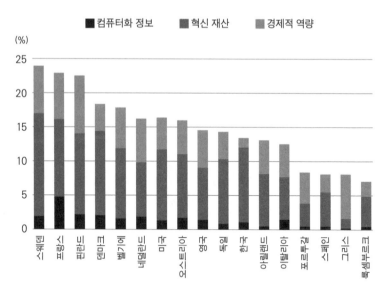

주: 2011~2015년 평균.
출처: 손녕선 외(2019). intan-invest.net database.

지털 기술 활용에 필요한 보완적 자산 투자에 대한 대표적인 지표
이다. 결국 한국의 경우 기술 개발과 디지털 기술 활용 자체에 대한
투자는 어느 정도 이루어지고 있지만, 디지털 기술의 효율적인 활
용을 위한 무형 자산 투자는 비교 대상 국가보다 충분하게 이루어
지지 않고 있음을 알 수 있다.

한편 무형 자산은 업종에 따라서 수준과 구성이 상이할 수 있
으므로 제조업과 서비스업을 구분하여 무형 자산 투자의 추세와
특징을 살펴볼 필요가 있다. 〈그림 2-2〉는 한국을 포함한 OECD

17개국에 대해 제조업 부문 무형 자산 투자 비중과 그 구성을 보여 주고 있다. 한국 제조업의 무형 자산 투자 비중은 13.6%로 17개국 평균(15.0%)과 비슷한 수준이고, 11위로 독일과 비슷한 중위권 그룹에 속한다. 제조업의 경우 세 가지 무형 자산 중에서 혁신 재산의 비중이 가장 크다. 하지만 한국의 경우 혁신 재산의 비중이 10.8%로 전체 17개국 평균보다 높으며 혁신 재산 한 가지가 전체 무형 자산 투자의 80% 정도를 차지한다. 하지만 경제적 역량은 17개국 평균의 절반 이하 수준으로 매우 낮다. 이러한 결과는 한국 제조업은 고기술 산업의 기술 개발을 위한 투자는 활발하지만, 디지털 기술

〈그림 2-3〉 무형 자산 투자 GDP 대비 비중: 서비스업

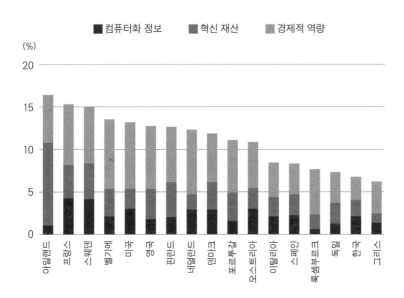

주: 2011~2015년 평균
출처: 손녕선 외(2019). intan-invest.net database.

의 활용에 필요한 다양한 보완적 자산 투자는 상대적으로 부족하다는 것을 다시 한번 확인시켜준다.

다음으로 〈그림 2-3〉은 서비스업의 무형 자산 투자 비중과 구성을 보여주고 있다.[7] 전체 17개국 서비스업의 무형 자산 투자 비중은 11.2%로 제조업 15.0%보다는 약 4%p 정도 낮다. 한국 서비스업의 무형 자산 투자 비중은 6.8%로 17개국 중 16위로 그리스를 제외하고 비교 대상국 중에서 최하위다. 제조업과는 달리 서비스업 무형 자산의 핵심은 경제적 역량이다. 17개국 평균을 살펴보면 경제적 역량 투자의 평균 비중은 5.8%로 전체 무형 자산 투자의 절반 이상을 차지한다. 실제로 서비스업의 경우 경제적 역량에 대한 투자 비중이 높은 국가가 전체 무형 자산 투자 비중 또한 높다. 그러나 한국의 경우 경제적 역량 투자 비중은 2.8%로 비교 대상국 평균의 절반 이하 수준이다. 경제적 역량에 대한 낮은 투자는 디지털 기술 활용에 필요한 보완적 자산에 대한 투자가 서비스업에서 충분하게 이루어지지 않았음을 의미한다.

결론적으로 한국은 제조업의 경우 기술 개발에 필요한 투자는 어느 정도 수준에서 이루어지고 있지만 디지털 기술 활용에 필요한 무형 자산 투자는 제조업, 서비스업 모두 상대적으로 부족하다는 것을 보여준다. 한국이 비교 대상국보다 무형 자산 투자가 상대적으로 낮아진 대표적인 원인은 정책적 규제이다. 규제는 무형 자산 투자에 기반을 둔 새로운 사업 모형의 탄생과 성장을 제약한다.

〈그림 2-4〉 상품 시장 규제 지수: OECD 국가, 2018년

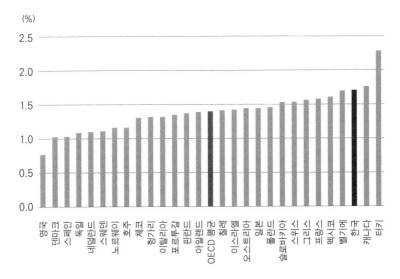

(%)

2.5

2.0

1.5

1.0

0.5

0.0

영국 / 덴마크 / 스페인 / 독일 / 네덜란드 / 스웨덴 / 노르웨이 / 호주 / 체코 / 헝가리 / 이탈리아 / 포르투갈 / 핀란드 / 아일랜드 / OECD 평균 / 칠레 / 이스라엘 / 오스트리아 / 일본 / 폴란드 / 슬로바키아 / 스위스 / 그리스 / 멕시코 / 벨기에 / 한국 / 캐나다 / 터키

출처: OECD(2018). Product Market Regulation Database.

따라서 서비스업의 규제는 서비스업의 무형 자산 투자를 저하시킬
수 있다. 〈그림 2-4〉는 OECD 국가 중에서 한국의 생산물 시장 규
제가 매우 높은 수준임을 보여준다.[8] 기존 연구는 진입 규제를 포함
한 생산물 시장에 대한 규제가 심할수록 해당 국가의 무형 자산 투
자가 낮음을 보여준다.[9] 상품 시장의 규제와 더불어 무형 자산 투
자에 필요한 인적자원과 자금 조달이 원활하지 않은 것도 저조한
무형 자산 투자의 원인일 수 있다.

　디지털 기술은 기존 기업의 디지털 기술 활용 역량뿐 아니라
새로운 비즈니스 모델의 출현을 가능하게 한다. 디지털 혁신 기업

이 많이 생겨나고 빠르게 성장하는 것 자체가 혁신역량이 크다는 것을 보여준다. 따라서 디지털 기술을 효율적으로 이용하는 기업이 시장에서 성장하지 못한다면 혁신역량은 더는 생산성과 성장에 기여하기 어렵다. 연구개발을 통해 만들어진 새로운 기술이 기업의 생산성을 향상시킬 때 혁신역량이 그 역할을 다하게 될 것이다. 마찬가지로 디지털 혁신 기업의 성장 없이는 혁신역량이 제대로 된 역할을 할 수 없게 된다. 결론적으로 4차 산업혁명 시대의 혁신역량은 기술 자체보다는 기술이 효율적으로 활용되도록 만들어주는 시장과 제도적 환경이 중요함을 알 수 있다.

5) 디지털 전환 시대의 혁신역량 제고를 위한 정책 제언

본 장에서 살펴본 바와 같이 4차 산업혁명 시대의 혁신역량은 기술 개발뿐만 아니라 범용 기술로 자리 잡은 디지털 기술을 효과적으로 이용할 수 있는가에 달려 있다. 하지만 한국 기업의 디지털 기술 활용 수준은 OECD 국가에 비해 상대적으로 저조한 수준이다. 특히 디지털 기술을 효과적 이용하는 데 필수적인 무형 자산 투자 수준은 매우 저조한데, 이는 디지털 기술을 활용하는 서비스업의 낮은 무형 자산 투자가 주된 원인이다. 서비스업의 낮은 무형 자산 투자는 신규 서비스 산업을 수용할 수 있는 제도적 기반이 약한 것이 원인이다. 이같이 한국 경제의 혁신역량에 대한 객관적 평가와 문제점을 요약할 수 있다. 이를 바탕으로 4차 산업혁명 시대에 한국의 혁신역량을 제고하기 위한 정책과 방향을 제시하고자 한다.

첫째, 한국의 GDP 대비 연구개발비 비중은 OECD 대비 최상위 수준이다. 하지만 연구개발 투자는 정보통신업 등 일부 제조업에 지나치게 편중되어 있다. 4차 산업혁명으로 제조업뿐만 아니라 서비스업도 혁신 산업으로 빠르게 변화하고 있다. 서비스업의 연구개발 투자가 저조한 원인은 제조업에 비해 투자 관련 지원이 부족한 점도 있지만 서비스업이 규모가 작은 기업으로 주로 이루어진 것도 중요한 원인이 된다. 따라서 서비스업에서의 혁신역량 강화를 위해서는 기업의 연구개발 투자와 성장을 촉진하는 두 가지 정책이 병행되어 추진될 필요가 있다.

둘째, 혁신역량을 기술 개발 역량으로 한정하는 기존 관점의 전환이 필요하다. 현재 정부의 지원과 세제 혜택도 연구개발과 인력 양성에 집중되어 있다. 혁신역량 강화를 위해서는 디지털 전환에 필요한 빅데이터 구축, 클라우드 컴퓨팅, 인공지능 관련 투자가 필수적이다. 브랜드, 마케팅 등도 빅데이터와 인공지능에 기반하고 있다는 점에서 넓은 범위의 혁신 투자에 해당한다. 따라서 혁신역량 강화를 위한 다양한 무형 자산 투자에 대해 세제 혜택 확대를 강화할 필요가 있다. 또한 현재 정부에서 시행 중인 바우처 사업 등의 확대를 통해 중소기업의 빅데이터 및 클라우드 컴퓨팅 활용 수준을 높이는 등 디지털 혁신 관련 투자에 대한 직접 지원도 강화할 필요가 있다.

셋째, 혁신역량 자체에 대한 투자는 혁신을 활용하는 새로운 기업의 탄생과 성장을 기반으로 하여 이루어진다. 특히 디지털 전환 시대의 기업은 새로운 비즈니스 모형과 융합에 기반을 두고 탄생하고 성장하고 있다. 이러한 기업의 탄생과 성장을 위한 환경 조성이 무엇보다도 중요하다. 따라서 규제 개혁은 신산업에서의 기업의 탄생과 성장에 가장 중요한 전제 조건이 될 것이다. 규제 개혁 없이 혁신 인재 양성과 디지털 인프라 및 기술 투자, 즉 문재인 정부의 D.N.A.(Data, Network, AI) 정책만으로는 4차 산업혁명 시대의 혁신역량을 균형 있게 강화하기 어렵다.

세계적으로는 공유 경제, 핀테크, 데이터 기반 헬스케어 등 다양한 분야에서 유니콘 기업이 탄생하고 있다. 하지만 한국의 경우 대부분의 유니콘 기업이 전자상거래 관련 분야에 한정되어 있다. 이는 신산업과 융합 산업의 성장을 위한 제도적 준비가 현재 한국에서는 아직 이루어지지 못했음을 보여준다. 신사업과 융합 산업의 성장을 위해서는 허용되지 않는 사업은 불허하는 포지티브 규제 시스템 대신에 금지되지 않은 사업은 원칙적으로 허용하는 포괄적 네거티브 규제 프레임의 도입이 필요하다.

넷째, 디지털 전환을 위한 제도적 준비는 규제 프레임의 변화만을 요구하는 것은 아니다. 디지털 전환 과정은 기존 산업과 신산업 간의 갈등 문제를 발생시킨다. 이러한 갈등에 대한 해결 없이는 신산업은 성장하기 어렵다. 갈등 해결을 위해서는 신산업으로 인해 발생할 수 있는 기존 산업의 피해에 대한 객관적인 분석이 필요하다. 피해에 대한 막연한 두려움을 가지지 않도록 먼저 객관적으로 피해를 산정하고 이를 바탕으로 한 합리적인 합의 도출 과정이 필요하다.

신기술을 바탕으로 한 산업혁명은 경제구조를 근본적으로 변화시켜왔다. 산업혁명 자체를 거부하는 국가는 결국 성장하지 못하고 쇠퇴할 수밖에 없다. 4차 산업혁명은 한국 경제가 지닌 저성장과 일자리 문제 해결을 위한 기회를 제공하고 있다. 한국 경제가 디지털 전환에 필요한 혁신역량을 가지는 것이 매우 필요한 시기다. 혁신역량은 디지털 기술 자체에 대한 투자만으로 이루어지는 것이 아니며 이를 바탕으로 경제와 산업구조의 변화를 필요로 한다. 디지털 전환 과정은 사회적 갈등을 수반할 수밖에 없다. 따라서 이러한 갈등을 합리적으로 해결하고 전환 과정에서 피해를 보는 산업과 소외 계층에 대한 보상과 안전망 구축 등이 필요한 시기다.

제2장의 정책 제안 요약

- 기술 개발 역량이 특정 제조업과 대기업에 집중된 문제점을 해결하기 위해 서비스업과 중소기업의 연구개발 확대를

위한 정책이 필요함. 이를 위해 정부의 정책은 연구개발 기업 저변 확대와 기업 성장이라는 두 가지 목표를 동시에 추구해야 함.

- 기술 개발 역량에 비해 부족한 기업의 디지털 기술 활용 역량 강화가 필요함. 이를 위해 혁신역량 강화 정책은 연구개발 투자 지원뿐만 아니라 디지털 기술 활용에 필요한 다양한 무형 자산 투자에 대한 세제 혜택 신설과 중소기업의 디지털 기술 이용을 위한 바우처 제도 확대가 필요함.

- 새로운 비즈니스 모형과 융합 기업의 창업과 성장을 통한 혁신에 투자와 역량 강화가 필요함. 이를 위해 현행 포지티브 규제 시스템을 신산업 및 융합 산업의 수용이 가능하도록 포괄적 네거티브 규제 시스템으로 개편해야 함.

- 디지털 전환 과정에서 발생하는 신산업과 기존 산업 간의 갈등 문제 해결을 위해 객관적 피해 산정과 합리적인 합의 도출을 위한 제도적 장치가 필요함. 또한 피해 산업과 소외 계층에 대한 보상과 안전망 구축도 필요함.

제2부

지출 구조를
어떻게 바로잡을 것인가?
재정과 복지

지속 가능한 국가 재정 전략의 수립

박형수(K-정책플랫폼)

"국가 재정을 알고 판독할 수 있는 사람은

국가의 운명을 좌우할 수 있다."

조지프 슘페터(미국 경제학자)

　최근 정부는 코로나19 피해 업종이나 국민에 대한 지원은 물론 부족한 사회 안전망을 보강하고 고용 안정을 도모하기 위해 정부 지출을 크게 늘리고 있다. 경제위기에 대응해 정부가 적극적인 역할을 하는 데 큰 이견은 없겠지만, 한편에서는 우리 경제가 감내할 수 있는 수준을 넘어서는 지출은 많은 문제를 일으킬 수 있다고 경고하고 있다. 경기 부진으로 당장 증세가 마땅치 않은 상황에서 대규모의 국채 발행은 앞으로 미래 세대와 민간 경제에 큰 부담으로 작용할 수도 있다.

국민은 코로나19로 인한 경제위기 동안에는 적극적인 정부의 역할을 기대하지만, 향후 코로나19 위기가 극복되면 국가 재정의 혁신과 효율적 운영을 통해 국가채무를 축소해나갈 것을 기대하고 있다. 여기에서는 우리 재정의 현황과 전망을 살펴보고 앞으로 국가 재정을 어떻게 운용해야 할지 알아보기로 하자.

1) 국가 재정이 우리에게 미치는 영향

한 나라의 경제를 구성하는 주체는 가계, 기업, 정부, 해외로 구성된다. 이 중에서 정부는 가계와 기업으로부터 거두어들인 세금을 이용하여 공공재와 행정 서비스를 제공하는 역할을 하는데, 이러한 정부 부문의 경제활동을 통칭해서 '재정'이라 한다.

좀 더 구체적으로 정부는 국세·지방세·법정부담금 및 사회보험료를 징수하고, 정부가 보유한 주식과 부동산 등 자산을 매각하거나 국채·지방채·공채를 발행하여 재원을 조성한다. 그리고 이를 국방·외교·치안 등 국가의 유지, 경제 성장을 위한 기반 조성, 교육·복지·의료 수요의 충족 등 공공 부문의 역할을 하기 위해 지출한다.

재정의 기능은 시장 실패를 보완하기 위한 정부의 역할에서 시작되는데 자원 배분 기능, 소득 분배 기능 그리고 경제 안정 및 성장 기능 등 세 가지로 크게 구분할 수 있다. 이러한 재정의 기능은 국민 경제에서 재정이 수행하는 역할을 보여줄 뿐만 아니라, 재정 활동의 총체적인 성과를 평가하는 기준이 되고 개별적인 조세 정책과 재정 지출의 타당성을 판단하는 준거가 되기도 한다.

　　한국은행이 발표하는 '제도 부문별 소득계정' 통계[1]를 보면, 정부는 2018년 한 해 동안 기업과 가계로부터 간접세인 '생산 및 수입세'를 195조 원, 법인세·소득세·재산세·종합부동산세 등 '소득과 부에 대한 세금'인 직접세로 178조 원, 국민연금·건강보험·고용보험·산재보험 등의 사회보험료인 '사회보험 부담금'으로 152조 원 등을 거두었는데, 이는 총 525조 원으로 2018년 기준 GDP 대비 28%를 차지하는 규모다.

　　한편 정부는 이렇게 거둔 재원을 다시 배분하거나 직접 사용하게 된다. 먼저 재배분하는 부분을 살펴보면 기업에 대해 보조금 12조 원과 기타 경상 이전 26조 원을 지출하였다. 가계에는 현금 급여 형태인 '사회보장 수혜금'으로 98조 원과 현물 급여 형태인 '사회적 현물 이전'으로 154조 원을 지출했다. 이때 '현금 급여'란 실업 급여, 기초 생활 보장 제도의 생계 급여, 하위 70%의 65세 이상 어르신에게 지급하는 기초연금, 아동수당, 장애수당 등을 말한다. 반면 '현물 급여'는 의료비, 교육비, 보육비 등을 국가가 대신 지불해 가계의 지출을 줄여주는 것으로 간접적으로 가계 소득을 증가시키는 역할을 한다.

물론 정부는 공공행정·국방·치안·사법·외교 등을 제공하기 위해 인건비와 물건비 형태의 '실제 소비'에 152조 원을 지출했고, 도로·철도·공항·항만 등 SOC(사회간접자본) 형태인 '투자 지출'에도 84조 원을 지출했다. 이를 모두 합하여 한 해 동안 정부가 가계와 기업에 대해 지출한 규모는 총 526조 원에 달했다.

이처럼 정부는 GDP의 28%에 달하는 자원을 거두고 지출하는 과정에서 가계와 기업의 경제활동 등 국민 경제에 지대한 영향을 미치고 소득 재분배까지 하고 있다. 국가 재정의 규모와 영향력은 1980년 GDP의 18% 수준에서 최근 28% 수준으로 지속해서 커졌고 앞으로 더욱 커질 전망이다.

역대 정권별로 직전 정권과 비교해 국가 재정 활동이 얼마나 커졌는지 계산해 보면, 진보 좌파 성향 정권(DJ 정부, 참여정부, 문재인

〈표 3-1〉 역대 정권별 국가 재정 활동 규모

(단위: GDP 대비 규모의 정권별 연평균, %)

	제4 공화국	제5 공화국	제6 공화국	문민 정부	DJ 정부	참여 정부	MB 정부	박근혜 정부	문재인 정부
부담	17.0	17.5	18.4	19.4	21.3	23.4	24.3	24.9	27.5
수혜	19.0	18.2	18.5	18.3	20.2	22.1	25.0	25.6	27.9

주: 제4공화국은 1975~1980년, 문재인 정부는 2017~2019년.
출처: 한국은행. 제도 부문별 소득계정(명목, 연간)-2010년 4월 2일. 경제 통계 시스템(ECOS).
2021년 7월 13일 접속.

기간에는 GDP 대비 국민 부담 증가 규모가 연평균 2.2%p씩 증가하여 자유 우파 성향 정권의 0.8%p에 비해 약 3배에 달하는 것으로 나타났다. GDP 대비 정부 지출 증가 규모도 각각 2.0%p 및 0.5%p로 진보 좌파 정부에서 훨씬 컸음을 알 수 있다.

2) 코로나19 전후의 우리 재정

우리 정부는 경제 개발이 본격화된 1970년대부터 2008년 글로벌 금융위기가 발발했을 때까지 GDP 대비 국가채무 규모인 '국가채무 비율'을 30% 이하로 유지해왔다. 그러면서도 경제 개발 지원, 사회 개발 투자, 2차례의 경제위기 극복, 복지지출 확대라는 그당시의 시대적 요구에 부응할 수 있었다. 이처럼 재정 지출 규모를 증가시켜 국가의 역할을 확대하면서도 재정 건전성을 훼손시키지 않을 수 있었던 것은 지출 증가에 대응한 국민 부담 증가가 이루어졌고 정부 지출에 대한 재원 조달을 국채 발행에만 의지하지 않았기 때문이다.

그런데 지난 10여 년 동안에는 성장 동력의 약화, 소득 분배 악화, 노동시장 이중구조 지속 및 대·중소기업 간 격차 고착화, 세대 간 문제 부상, 이념 대립, 사회 갈등, 남북 대립 등 구조적인 경제·사회 문제가 누적된 상황에서 이에 대한 근본적인 문제 해결의 가능성을 찾지도 못한 가운데 저출산·고령화의 인구 문제가 본격화되어버렸다. 이에 따라 국가 재정은 악화일로에 놓여 있는 상황이다.

특히 2019년부터는 우리 재정에 과거와는 다른 이른바 '악어의 입' 현상이 나타났다. '악어의 입'이란 〈그림 3-1〉에서 보듯이 정부 지출(악어의 위턱)은 급증하는데 정부 수입(악어의 아래턱)은 감소 또는 정체되어 악어의 입처럼 벌어지는 모양이 나타나는 것을 말한다. 악어의 입이 벌어지기 시작하자 국가채무도 정부 수립 이래 가장 빠르게 증가하기 시작했다.

2019년 이전에는 경기 변동에 따라 다소 차이는 있지만 대략

〈그림 3-1〉 코로나19 전후의 재정 운영

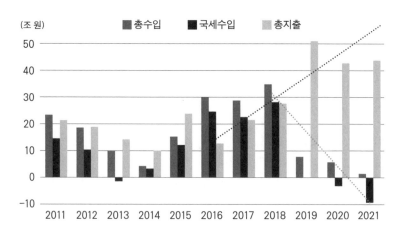

출처: 기획재정부. 재정 정보 공개 시스템(열린재정).

연간 20조 원 내외의 총수입 증가 규모에 맞추어 총지출 증가 규모를 20조 원 내외로 억제해 다른 선진국에 비해 국가 재정을 상대적으로 건전하게 유지해왔다. 그런데 2019년부터는 재정 지출은 종전의 2배 수준인 40조 원씩 증가한 반면 재정 수입은 정체되었는데 특히 국세 수입은 오히려 감소하는 상황에 놓였다. 이로 인해 코로나19 발생 이전인 2019년에도 이미 재정적자 규모가 GDP 대비 2.8%에 달하여 34개 OECD 국가 중에서 6번째로 커졌다.

이를 일본이 겪었던 상황과 비교해보면 '잃어버린 20년'이라고 불리는 기간의 전반기 10년 동안 일본에서도 악어의 입이 점차 벌어졌는데, 이후에도 그 입이 다물어지지 않았다. 국가채무 비율이 1990년 66%에서 1999년 125%로, 코로나19 발생 직전인 2019년에는 225%로 급증했다. 우리나라도 이런 무시무시한 악어의 입이 벌어지는 문제가 시작된 것이 아닌지 걱정하지 않을 수 없다.

이런 구조적인 재정 악화 상황에서 2020년 1월 국내에서도 코로나19 확진자가 발생했다. 이후 정부는 2020년 한 해 동안 4차례의 추가경정예산(추경)을 편성하는 등 적극적인 재정 확대로 코로나19 확산 및 이로 인한 경제적 충격을 완화하고자 노력했다. 이로 인해 2020년 관리 재정 수지의 적자 규모는 1948년 대한민국 정부가 수립된 이후 가장 큰 119조 원(GDP 대비 6.1%)에 달하였다. 직전 최대 적자 규모가 2019년 54.4조 원(GDP 대비 2.8%)이었고, 외환위기 때인 1998년에도 24.9조 원(GDP 대비 4.6%), 글로벌 금융위기 당시인

2009년에는 43.2조 원(GDP 대비 3.6%)의 적자가 났었던 것에 견주어 볼 때 바야흐로 '재정적자 100조 원 시대'에 진입한 것이다.

정부와 여당은 이런 천문학적 재정적자가 나게 된 것이 코로나19로 인한 특수 상황이라고 변명하고 있는데, 이는 전체 중 일부에 불과한 설명이다. 2020년 재정적자 119조 원 중에서 코로나19로 인한 재정 악화 규모는 크게 잡아도 47조 원[2]으로 전체 적자의 39%에 불과하다. 또 정부가 국회에 제출한 '2020~2024 국가 재정 운용 계획'에 따르면 코로나19가 극복될 2022년 이후에도 120조 원이 넘는 재정적자를 지속한다. 이러한 사실들을 종합해보면, 최근의 재정 악화는 코로나19로 일어난 일시적 현상이 아니라 우리나라 세입과 세출에 악어의 입과 같은 구조적인 문제가 생겼기 때문인 것이 명확하다.

이처럼 재정적자가 커지자 국가채무도 급증하고 있다. 정부 수립 이후 문재인 정부 출범 직전까지 68년 동안 누적된 채무는 627조 원인데, 문재인 정부 5년간 339조 원이 늘어났다. 정부 발표에 따르면 향후 3년간 382조 원이 더 증가할 전망이다. 이에 따라 〈그림 3-2〉에서 보이는 것처럼 증가 추세이긴 했어도 2019년 기준 37.7%에 불과했던 우리나라 국가채무 비율이 2020년 44.2%, 2021년 51.4%, 2024년 58.7%로 외환위기나 글로벌 금융위기 때보다도 더 빠른 속도로 증가하고 있다. 우리 경제의 여러 가지 단점들을 보완해왔던 건전한 국가 재정이라는 장점을 너무 허망하게 잃어

〈그림 3-2〉 우리나라의 주요 재정 지표 추이

출처: 기획재정부. 재정 정보 공개 시스템(열린재정); 2020~2024년 국가 재정 운용 계획; 통계청. e-나라지표.

버리고 있는 것은 아닌지 걱정하지 않을 수 없다.

3) 국가 재정의 중·장기 전망

최근에 급격히 악화되기는 하였지만, 아직 우리나라 재정 상황은 선진국보다 상대적으로 양호한 편이다. OECD의 2021년 재정 통계[3]에 따르면 우리나라의 재정 규모는 GDP 대비 37.6%로 비교 가능한 33개 OECD 국가 중에서 3번째로 작은 것으로 나타났다.

더 세부적으로 분야별 재정 지출 규모를 비교해보면 복지 이외 분야의 재정 지출 규모는 OECD 국가 평균의 96%로 비슷한 반면, 보건 및 복지지출 분야 지출 규모는 OECD 국가 평균의 54%에 그쳤다. 조세 부담과 사회보험료 부담을 합한 국민 부담률도 27.4%(2019년 기준)로 역시 3번째로 작았다. 재정적자 규모는 GDP 대비 5.6%로 23위에 그쳤고, 국가채무 비율도 47.2%로 29위로 나타났다.

결국 우리나라의 재정 규모는 구성상으로는 복지지출을 중심으로 더 커질 여지가 많다. 그러나 비록 국가채무에 다소의 여력이 있다고 하더라도 복지지출 증가에 상응하는 조세 및 사회보험료의 증가를 함께 도모하여 재정적자 및 국가채무가 최근처럼 급증하지 않도록 국가 재정의 지속 가능성 관리에 최선을 다해야 한다. 복지지출 재원을 국가채무로 조달하는 것은 재원 조달 원칙에 부합하지 않기 때문이다. 재정학을 비롯한 금융 이론(finance)은 복지지출과 같은 항구적인 지출은 조세와 같은 항구적인 재원으로 조달해야 하고, 경기 부양 등 일시적인 지출 소요만 부채로 조달할 것을 명확히 하고 있다.

IMF의 집계[4]에 따르면, 우리 정부가 코로나19 대응을 위해 재정을 확장한 규모(2020년 1월~2021년 3월 기준, 2020년 GDP 대비)는 GDP의 4.5%로 선진국 평균 9.6%나 G-7 평균 14.2%에 비해 작은 편이었다. 코로나19 방역 정책에 대한 우리 국민의 헌신적 노력으로 선진국보다 확진자와 사망자 발생이 적었고, 이에 따라 경제에 미치는 악영향이 상대적으로 작았던 덕분이다.

참 다행스러운 일이지만 2022년 이후의 평가도 그럴지는 의문이다. 코로나19가 극복될 2022년 이후의 재정 상황에서는 대반전이 일어날 전망이다. 동일한 IMF 보고서는 G-7을 비롯한 선진국의 경우 코로나19로 확대된 재정 지출이 그 이전 수준으로 돌아가서 재정적자가 줄어들 것이라고 전망했다. 그런데 우리나라는 증가된 지출이 대부분 항구적인 복지지출이기 때문에 코로나19가 극복된 이후에도 줄어들지 않아 앞으로도 재정 악화가 지속될 것으로 전망되었다. 이러한 IMF의 전망은 앞에서 살펴본 우리 정부가 발표한 「2020~2024 국가 재정 운용 계획」의 내용과도 비슷하다.

구체적으로 우리나라의 국가채무 비율은 2020~2021년 2년 동안에는 11%p 증가에 그쳐 선진국 평균 19%p나 G-7 평균 22%p에 비해 증가 규모가 작았지만, 2022~2026년 기간에는 17%p나 증가해 선진국이나 G-7의 감소 전망(선진국 평균 -1%p, G-7 평균 -2%p)과 대비될 것이다.

더 장기적으로 보더라도 우리나라 재정은 인구 고령화에 따른 복지지출 증가와 성장률 둔화로 인한 세입 기반 축소로 국가채무가 지속해서 증가할 전망이다. 사회보장위원회의 사회보장 재정 추계 결과[5]를 보면, 우리나라 복지지출 규모(OECD SOCX 기준)는 2018년

GDP 대비 11.2%에서 2040년 전후에는 2018년 현재 OECD 평균인 20.1%를 초과하고, 2060년에는 28.6%가 되어 2.6배나 증가할 전망이다.

더구나 이런 복지지출 장기 전망은 기준선 전망이다. '기준선 전망(baseline)'이란 전망 기간에 전망 당시의 복지 정책이나 복지 제도가 계속 유지된다고 가정하는 전망을 말한다. 전망 기간이 장기인 경우 인구나 경제 환경의 변화에 따라 정부 정책이나 제도의 변화 가능성이 크기는 하지만, 전망 시점에 이러한 변화를 예측해서 전망 작업에 반영하기 어려우므로 기준선 전망을 할 수밖에 없다. 또 현행 정책과 제도가 유지된다고 보고 장기적으로 국가 재정이 어떻게 변화하는지를 나타냄으로써 국가의 정책적 대응을 촉구하는 것이 장기 재정 전망의 취지이기 때문이다.

하지만 2060년 우리나라 고령 인구 비중(43.9%)이 다른 OECD 국가보다 훨씬 높고 1인당 복지지출 규모가 3595달러로 OECD 평균 7820달러의 46% 수준에 불과한 점을 고려할 때 향후 복지지출 규모는 이러한 기준선 전망을 웃돌 가능성이 매우 크다. 인구 고령화로 인한 국가 재정 악화 문제를 우리보다 20여 년 먼저 경험했던 일본과 비교해보더라도 복지 보장 수준 자체를 높이는 제도 개선 때문에 향후 복지지출은 기준선 전망보다 더 빠르게 증가할 것이다.

국가 재정의 장기 전망을 한 국회 예산정책처[6]에 따르면, 현행 조세·복지 제도를 유지하더라도(기준선 전망) 2070년 국가채무 비율이 186%에 달할 것이라고 한다. 실제로는 이런 기준선 전망을 웃돌 가능성이 매우 크다. 반면 현행 조세 제도를 유지하는 것으로 가정하기 때문에 복지지출 규모가 늘어나는데도 그에 상응하는 조세 부담 증가 정책을 시행하지 않는 것으로 가정했기 때문에 국가 채무 비율이 급증하는 것으로 나타나는데 이 또한 비현실적인 가정이다.

기준선 전망의 여러 가지 한계에도 불구하고 OECD, IMF, ADB 등 국제기구들은 한목소리로 우리나라 국가 재정이 지금은 양호한 편으로 보고 있다. 하지만 향후 인구 고령화에 따른 복지지출의 증가로 지속적인 악화 추세를 보일 것이므로 지금부터 복지지출을 효율화하고, 세입 기반을 확충하라고 권고하고 있다. 귀와 가슴을 크게 열고 경청해야 할 것이다.

이미 재정적자 100조 원 시대에 진입한 우리나라가 앞으로 재정위기에 봉착하게 될까? 그 답은 최근 급증하고 있는 재정 지출이 과연 정책적 성과를 낼 수 있느냐에 달려 있다. 재정 지출이 급증하면 즉각적인 재정 수지 악화와 국가채무 증가를 초래한다. 이른바 '직접적인' 효과이다. 그러나 늘어난 재정 지출이 경제성장률을 상승시킨다면 재정 수입과 재정 수지가 개선되고 국가채무 축소라는 '간접 효과'가 가능해진다. 또 추가적인 재정 확대 필요성이 감소하고 오히려 지출 감축과 수입 증대라는 재정 건전화 정책을 추진할 수 있게 되어 경제-재정의 선순환이 일어난다.

반면 급증한 재정 지출이 긍정적인 경제적 성과를 창출해내지 못한다면 이러한 간접 효과를 기대할 수 없다. 오히려 추가적인 재정 확대가 필요해지고 경제 침체로 재정 수입이 더 감소하는 등 경제-재정의 악순환에 빠지게 되어 '재정위기'가 초래된다. 결국 재정위기는 재정 지출 급증에 의한 직접적인 재정 악화 효과만으로 발생하기보다는, 확정적인 재정 정책이 경기 침체 방지와 경기 부양에 실패하여 긍정적인 간접적인 효과를 내지 못해 반복되는 직접적 재정 악화 효과를 상쇄시키지 못할 때 발생하는 것이다.

그런데 최근에는 건전성이 훼손될 정도로 지출이 급증하는데도 좀처럼 경제 성장, 일자리, 소득 재분배, 국민 삶의 질, 사회 통합 측면에서 재정 정책의 성과가 가시화되지 못하고 있다. 예를 들면 최근 정부가 우리나라의 미래 먹거리를 창출하기 위해 디지털 뉴딜, 그린 뉴딜 등 한국판 뉴딜 관련 예산 사업을 추진하고 있는데, 이는 미래 성장 동력 확보에 직접 기여하여 재정 투입의 선순환 구조를 촉진할 수 있는 사업 중심으로 재구성할 필요가 있다는 비판의 대상이 되고 있다.

또 앞으로는 지역 균형 발전을 핑계로 지역 SOC 사업에 대한 예비 타당성 조사를 면제하지 말고 사업의 적정성을 사전에 면밀하게 검토해야 하며, 국회의 엄정한 예산 심의와 더불어 철저한 사업 관리가 필요하다는 지적도 많다. 재정위기에 빠지지 않고 경제-재정 선순환을 만들어내기 위해서는 예산 사업이 반드시 예산 배정

당시 의도했던 정책적 목적과 실질적인 성과를 창출해줘야만 할 것이다.

4) 국가 재정 전략이 추구해야 할 방향

건전 재정이라는 우리의 찬란한 유산

과거 외환위기나, 글로벌 금융위기 때에는 일시적인 세출 증가와 세입 감소가 문제였기 때문에 위기 극복 이후 경제만 정상화되면 곧바로 재정 건전성이 회복될 수 있었다. 이번 코로나19 사태가 극복된 이후 G-7 국가를 비롯한 선진국이 그러할 전망인 것처럼 말이다.

그러나 앞으로의 우리나라 재정위기는 항구적 지출 증가와 세입 감소에 기인한 구조적인 문제이다. 따라서 1980년대 초 만성적인 재정적자 문제에서 벗어나기 위해 '양입제출(量入制出, 세입 내 세출)' 원칙을 발동시켰던 것처럼 재정적자와 국가채무 한도를 법으로 제한하는 '재정 준칙'의 도입과 같은 강력한 정책적 대응이 없이는 재정 건전성 회복이 불가능할 것이다.

재정 준칙이란 법률 등으로 지출 규모, 재정수지, 국가채무와 같은 재정 총량 지표를 구체적인 수치로 제한함으로써 재정 정책에 있어 재량의 여지를 줄이는 재정 운용 방식을 말한다. EU가 출범하면서 회원국의 건전 재정 유지와 재정 정책 공조를 위해 '마스트리히트 조약(Treat of Maastricht, 1991년 12월)'과 '안정 및 성장 협약(Stability and Growth Pact, 1997년)'을 통해 재정적자는 GDP 대비 3% 이하, 국가부채 비율은 60% 이하로 유지할 것을 회원국의 의무로 부과하였는데, 이러한 EU의 재정 준칙이 그 대표적인 사례이다.

특히 재정 준칙 그 자체보다도 준칙을 준수하려는 재정 당국의 의지가 중요하다. 1980년대 초에 우리나라가 도입했던 '양입제출(量入制出)'[7] 원칙은 법적 기반은 다소 약했지만, 매우 엄격하게 운용되었다. 당시 재정 당국은 만성적인 재정적자에서 벗어나기 위해 국가 재정 운영의 근간이 되는 '예산회계법'에 재정적자를 보전하기 위한 국채의 발행을 원칙적으로 금지하고, 세입 범위 내에서 세출을 하도록 하는 법적 근거를 자발적으로 마련했다. 그리고 1984년부터 1997년까지 무려 13년 동안이나 일반회계 적자 보전용 국채 발행을 전혀 하지 않으면서 국가 재정을 운용했다. 이에 따라 국가 채무 비율이 1984년 19.5%에서 1996년 11.1%까지 낮아지는 성과를 거뒀다.

그러나 외환위기 발발로 1998년에 예산회계법의 조항이 존속하고 있었음에도 "다만 부득이한 경우에는 국회의 의결을 얻은 금액의 범위 안에서 국채 또는 차입금으로써 충당할 수 있다"라는 단서 조항에 근거해 적자 국채를 9.7조 원 발행하면서 양입제출의 원칙은 무너지기 시작했다. 이후 매년 일반회계 적자 보전용 국채 발행이 계속되어 양입제출이라는 재정 준칙은 복원되지 못한 채 역사 속으로 사라졌다.

한편 우리의 피에는 건전 재정의 DNA가 강하게 흐르고 있다. 경제위기에 봉착할 때마다 국가 재정이 경제의 안전판 역할을 했었고, 위기 극복 이후에는 악화된 재정 건전성을 회복시키기 위해 정부와 국회가 다 함께 피나는 노력을 했던 소중한 경험을 우리는 보유하고 있다.

외환위기 때에는 부실 채권 정리와 기업·금융·공공·노동 4대 부문 개혁을 추진하면서도 위기 발발 3~4년 후 김대중 정권 말에 이르러서는 2002년에 국회 심의를 거쳐 '공적 자금 상환 대책'을 마련하는 등 재정 건전화 정책을 시행했다. 글로벌 금융위기 때에도 이명박 정부는 규제 개혁, 저탄소 녹색 성장 비전 제시, 경제 외교 등을 추진하면서도 위기 발발 2년 후인 2010년에는 예산안의 총지출 증가율을 당초 계획의 1/3 수준으로 억제한 정부 예산안을 편성하였고 국회가 이를 통과시켰다.

그런데 이번에는 지금까지 발표된 정부 정책만으로는 코로나19 이후 재정 건전성 회복이 불가능한 상황이다. 국가 재정이 급속히 악화되는 상황에서 대규모 경제위기가 또 한 번 닥쳐 국가 재정을 동원해야 할 상황이 온다면 어떻게 될까? 최근의 재정 상황이 매우 엄중한 만큼 정부는 물론 정치권도 여야를 불문하고 또 다른 위기가 다가오기 전에 우리 재정을 다시 정상화해놓는 데 온 힘과 지혜를 모아야 할 것이다.

균형 잡힌 재정 운용 전략과 필요 증세 규모

국민 부담의 증가를 동반하지 않는 복지 확대가 지속 가능할 수 있을까? 일본은 잃어버린 20년 동안 증세 없는 복지 확대로 국가채무가 세계 최고로 증가했었는데, 최근 우리나라가 이런 일본의 전철을 밟기 시작한 것이 아닌지 걱정된다. 앞에서 악어의 입 현상으로 설명한 것처럼 늘어나는 복지지출을 감당하기 위한 재원 조달이 절실한 상황이다.

지속 가능한 복지와 국가 재정을 위해서는 '높은 복지 수준-낮은 조세 부담-작은 국가채무'라는 재정 정책의 3대 목표를 균형 있게 추구해야 한다. 고도성장기의 우리나라는 이 중에서 '높은 복지 수준'을 희생했고, 북유럽은 '낮은 조세 부담'을 포기했다. 일본의 경우와 지금까지의 문재인 정부는 '작은 국가채무'를 포기한 셈인데 이렇게 국가 재정을 운용하면 안 된다.

우리나라가 다른 OECD 국가보다 국가채무를 더 작은 수준으로 유지해야 하는 이유는 여러 가지다. 첫째, 소규모 개방 경제로 국내외 충격이 잦고 원화가 국제화되지 않았다. 둘째, 우리나라는 선진국보다 가계 부채와 기업 부채 규모가 크므로 작은 국가채무가 안전판 역할을 해야 한다. 셋째, 급속한 고령화가 진행되고 있으므로 선진국보다 고령 인구 비중이 낮은 지금은 국가부채를 가능한

<표 3-2> 제안된 국가 재정 전략 추진 시 재정의 미래 모습

(단위: GDP 대비 % 또는 %p)

	2020년	연평균 증가 규모	2030년	2040년	2050년	2060년	OECD 평균 (2018년)
복지 수준	12.0	0.5	17.0	22.0	27.0	32.0	20.1
국가 채무	43.9	1.5	63.1	78.3	82.1	99.6	80.0
국민 부담	27.2	0.4	31.2	35.2	39.2	43.2	34.2

한 작게 유지해야 한다. 넷째, 남북통일 과정에서 대규모 국가 재정 투입이 불가피하다.

최근 사단법인 'K-정책 플랫폼'에서는 재정 트릴레마 극복을 위해 필요한 균형 잡힌 국가 재정 운용 전략을 제안한 바 있다.[8] 이에 따르면 시산해본 결과, 2060년까지 국가채무를 GDP의 100% 이내로 유지하고 복지지출을 과거 50년 동안의 연평균 증가 속도인 0.22%p보다 훨씬 빠르고 기준선 전망치 0.42%p보다 다소 빠른 연 0.5%p 속도로 확대하기 위해서는 국민 부담을 과거 50년 동안의 연평균 증가 속도 0.32%p보다 다소 빠른 연 0.4%p 속도로 증가시켜야 한다는 결론을 얻었다. 이를 참고할 필요가 있을 것이다.

5) 재정 건전성 회복을 위한 6+3 정책 제안

국가 재정 운용 전략과 더불어 현재의 재정 여건과 향후 전망, 복지·국가 재정의 지속 가능성에 대한 정보를 국민에게 투명하게 공개해야 할 것이다. 나아가 우리나라의 재정 건전성 회복을 위해서는 재정 총량 관리 강화 방안 여섯 가지와 정책 성과 창출을 위한 개별 예산 사업 관리 강화 방안 세 가지를 시행할 것을 제안한다.

재정 건전성 회복을 위한 재정 총량 관리 강화 방안 6가지

무엇보다 재정 건전성의 중요성을 인식하고 무너진 '재정 규율'(fiscal discipline)을 다시 세워야 한다. 우리나라와 같은 소규모 개방 경제에서 건전한 재정은 경제와 국가 운영의 '최후의 보루'(last resort)이므로 재정 규율이 재정 건전성 유지에 매우 중요하다. 느슨해진 거문고의 줄을 팽팽하게 고쳐 매듯이 재정을 '경장(更張)'해야 할 것이다.

① 재정적자와 국가채무 한도를 설정하는 '재정 준칙(fiscal rules)'을 도입해야 한다.

무너진 재정 규율을 다시 세우기 위해서는 무엇보다 재정적자와 국가채무에 대해 한도를 설정하는 '재정 준칙'을 도입해야 한다.

왜 재정 정책의 재량권을 축소해야 할까? 경제 이론에서는 경기 침체기에 확장적 재정 정책으로 경기를 부양시키고 이때 발생한 재정적자는 경기 호황기에 재정을 긴축해 발생한 재정 흑자로 상쇄시킬 수 있다. 그러나 현실 경제에서는 동서고금을 막론하고 행정부와 정치권이 경기 침체나 위기 시에는 재정 확장을 한목소리로 외치지만, 경제가 회복된 후에는 늘어난 국가채무를 줄이는 데 필요한 재정 긴축을 꺼리는 이른바 '재정적자 편향(deficit bias)'이 다반사로 나타난다. 결국 반쪽짜리 비대칭적인 경기 대응 재정 정책을 지속하다 보면 국가채무만 눈덩이처럼 불어나 쌓이는 것이다.

일본은 부동산·주식 자산 버블 붕괴 이후 1992~2000년 기간에 9차례에 걸쳐 총 124조 엔, 해당 기간 연평균 GDP의 24%에 달하는 경기 부양책을 펼쳤지만 '잃어버린 10년'에서 벗어나지 못한 채 국가채무 비율만 65%에서 131%로 급증했다. 이러한 함정을 벗어나기 위해서는 필요할 때 재정 확장을 허용하면서도 중장기적으로는 재정 건전성이 유지되도록 재정 정책의 재량권을 제약하는 법적 장치인 재정 준칙이 필요한 것이다.

이것은 마치 고대 그리스 최대의 서사시인 호메로스의 『오디세이아』에서 영웅 오디세우스가 트로이 전쟁을 이기고 귀국하는 과정에서 세이렌의 유혹에 빠지지 않기 위해 돛대에 자기 몸을 묶었던 것과 같은 이치다. 키르케의 경고로 세이렌의 위험을 미리 알고 있었던 오디세우스가 스스로 의지로 자신을 구속함으로써 선원들과 달리 밀랍으로 만든 귀마개를 하지 않고 매혹적인 노래를 듣고서도, 바다 요정에 홀려 바다에 빠져 죽지 않고 무사히 고향 이타카로 돌아갈 수 있었던 것처럼 말이다.

더구나 OECD 국가 중에서는 터키와 우리나라만 재정 준칙이 없다. 2020년 10월 7일, 한국경제학회의 '국가부채에 대한 설문조사' 결과에 따르면, 경제학자들의 75%가 '국가채무 비율이 아직 OECD 평균의 절반 이하이기에 큰 문제가 없다'라는 정부 입장에 동의하지 않았다. 93%는 재정 준칙 도입이 필요하다고 응답하였다. 2020년 초, 한국재정학회에서 학회 회원들을 대상으로 한 설문조사에서도 재정 전문가의 83%가 재정 준칙의 도입이 필요하다고 응답했다. 감사원도 2020년 6월 「중장기 국가 재정 운용 및 관리 실태」 감사 보고서를 통해 재정 준칙 도입을 검토할 것을 행정부에 권고하기도 했다. 바야흐로 재정 준칙 도입이 재정 정책의 최우선 과제가 된 것이다.

정부는 2020년 10월 '한국형 재정 준칙' 도입 방안을 발표했고 관련 법률인 국가재정법 개정안이 국회에 계류 중이다. 그러나 그 내용이 매우 부실해 '무늬만 재정 준칙'이라는 비판을 받고 있고, 시행 시기도 2025년부터로 늦춰 잡고 있어 보다 실효성 있게 수정하여 도입할 필요가 있다. 또 국제기구가 권고하고 주요 선진국에서 운용 중인 '재정위원회'와 같은 정치적으로 중립적이고 독립적인 재정 기구를 설치해야 한다. 그리고 재정 준칙의 준수 여부에 대한 철저한 감독과 더불어 재정적자 및 국가부채에 대한 전망·분석 업무도 맡겨야 한다.

② 미국 등에서 시행하고 있는 'PAYGO 원칙'을 법제화해 엄격하게 집행해야 한다.

'PAYGO(pay as you go) 원칙'이란 재정 지출의 증가나 세입 감소를 초래하는 법안에 대해 그에 상응하는 재원 조달 법안을 의무화하는 재정 운용 방식이다. 이를 법제화하여 엄격하게 집행해야 한다. 미국의 경우 1990년 재정 건전성 회복을 위해 PAYGO 원칙을 도입해 재정적자를 크게 줄이는 성과를 보였다가 2002년 폐지했다. 그러나 재정 건전성 문제가 다시 불거지자 2010년 2월 관련법을 부활시킨 바 있다.

우리나라도 법안 발의 시 비용 추계서, 재원 조달 계획서를 첨부하도록 하고는 있지만, 매우 형식적으로 운용되고 있다. 특히 행정부는 어느 정도 성과가 있지만, 나날이 늘어가는 의원 입법의 경우에는 잘 준수되지 않고 있다. 또 국회의 법안 심의 및 확정 과정에서 수정되는 내용을 반영해서 재원 조달 여부를 재확인하고 이를 입법에 반영하게 하는 절차 자체가 없어 실질적인 효과를 기대하기도 힘들다.

③ 행정부의 재정 운용 체계에 상응하도록 국회 예산 심의 체계를 재정비해야 한다.

지난 10여 년 동안 답보 상태인 국회 예산 심의 체계에 대한 개혁을 추진해야 한다. 국회도 행정부의 국가 재정 운용 계획, 하향식(top-down) 예산 제도, 재정 성과 관리 제도 등 예산 편성·운용 체계에 상응하도록 중기 재정 운용 계획에 입각한 재정 총량 관리, 톱다운(top-down) 예산 심의, 재정 성과 관리에 대한 감독 강화 등 관점에서 예산 심의 체계를 개혁해야 할 것이다. 국가 재정을 건전하게 만드는 데 왕도는 없다. 세출 증가 속도를 제어하는 동시에, 세입을 확충하는 노력도 병행해야 한다.

④ 지출 증가 속도를 경상 성장률 또는 재정 수입 증가율 수준으로 제어해야 한다.

2005~2017년 중 연평균 총지출 증가율은 5.6%로 경상 성장률과 같았다. 그런데 지난 5년간 복지지출 규모가 연평균 증가율 11%(연평균 17조 원)로 증가했고, 중앙정부의 총지출 규모도 연평균 증가율 8%(연평균 37조 원)로 증가했다. 재정 지출 증가율이 경상 성장률의 2배를 초과하는 매우 이례적인 모습을 보이기도 했다. 재정은 화수분이 아니므로 증세에 대한 국민적 저항이 크다면 그만큼 재정 지출 확대에도 신중해야 할 것이다.

⑤ 복지 정책의 가성비를 높이는 맞춤형 복지 강화가 절실하다.

앞에서 살펴보았듯이 우리나라의 복지 이외 재정 규모는 OECD 국가 평균 수준이므로 결국 복지지출의 증가 속도를 제어하는 것만이 조세 부담의 지나친 증가를 막는 유일한 길이다. 일례로 북유럽 3개국은 1990년대 후반 및 2000년대 초반에 과감한 복지지출 축소를 통해 건전한 국가 재정을 유지할 수 있었던 반면, 2000년대에 걸쳐 재원 없이도 복지를 늘렸던 남유럽 5개국은 국가채무가 북유럽의 3배 수준에 달하게 되었다.

최근 연구[9]에 따르면 우리나라가 조세와 복지를 통한 불평등의 개선 효과가 작은 것은 소득세와 복지지출 규모가 작은 것 이외에도 정책 수단의 구성과 개별 정책 수단의 효과성이 다른 OECD 국가보다 뒤처지기 때문인 것으로 나타났다. 재분배 정책의 규모도 늘려야 하겠지만 복지 정책의 가성비를 더 높일 여지도 많다는 것을 보여준다.

⑥ 우리 경제가 감내할 수 있도록 더 넓은 대상에 대해 완만하지만 지속적인 국민 부담의 증가가 필요하다.

지난 10년간 고소득층, 대기업, 자산가에 대해서만 조세 지출 혜택 축소와 세율 인상 등이 집중되었고 반면 서민, 중산층 및 중소기업에 대해서는 감세 혜택이 남발되고 있다. 이런 식의 증세 정책으로는 증세 규모가 작을 뿐만 아니라 경제 왜곡과 조세 회피를 유발하는 등 부작용이 크고 지속적인 증세가 어렵다. 이제는 국제적 조세 정책의 큰 흐름인 '넓은 세원, 낮은 세율'에 따라 우리 경제가 감내할 수 있도록 더 넓은 대상에 대해 완만하지만 지속적으로 증세를 추진해야 한다.

증세 정책의 내용으로는 다른 OECD 국가에 비해 세수가 지나치게 작은 소득세와 소비 관련 조세 부담은 늘려나가되, 법인세와 상속·증여세는 세 부담을 소폭 인하할 여지도 있다. 부동산 관련 세금은 보유세를 강화하고 거래세를 인하하되, 일부 계층의 세 부담이 단기간에 급등하지 않도록 유의해야 한다.

또 국세 감면이 법정 한도를 초과할 정도로 남발되고 있는데, 특별한 사유가 없는 한 감면 조치의 일몰 도래 시 폐지 원칙을 엄격히 적용하고, 조세 지출에 대한 예비 타당성 조사와 성과 관리의 실효성을 강화할 필요도 있다. 조세 지출 예산서에서 조세 지출의 특정성, 대체 가능성, 폐지 가능성의 세 가지 특성에 따라 구조적 지출, 잠재적 관리 대상, 적극적 관리 대상으로 분류하고 있는데, 2019년 조세 지출 49.6조 원 중에서 적극적 관리 대상은 19.4조 원으로 비중이 39%에 달한다. 적극적 관리 대상으로 지정된 조세 지출 항목들을 대상으로 비과세·감면 정비에 대한 중장기 로드맵을 수립해야 할 것이다.

한편 사회보험료는 개별 사회보장제도의 재정 안정화에 필요한 수준을 고려해 점진적으로 인상해나가야 한다. 국민연금은 연금 재정의 안정화와 특수직역연금(공무원연금, 사학연금, 군인연금)과의 형평성을 고려해 보험료 인상 등을 검토해야 한다. 건강보험과 노인장기요양보험은 매년 수입과 지출을 조응시켜야 하므로 지출 증가의 속도 억제가 관건이다. 고용보험과 산재보험은 광범위한 사각지대 문제를 해소해나가면서 기금 재정이 악화되지 않도록 보험료를 인상해야 한다.

정책 성과 창출을 위한 개별 예산 사업 관리 강화 방안 3가지

다음과 같은 강력한 지출 구조조정으로 가능한 한 국민 부담을 크게 늘리지 않고 국가 재정을 운용해야 한다.

① 더 과감한 지출 구조조정을 위해 '전략적 지출 검토' 제도를 도입해야 한다.

여러 부처에 흩어져 제대로 정책 효과를 내지 못하고 있는 각종 유사·중복 예산 사업들을 통·폐합하고, 정책 우선순위에 따라 과감하게 기존 예산 사업들을 근본적으로 재검토해야 한다. 지출 검토는 기존 지출의 효율성, 효과성, 중복 여부 등을 평가하여 정부 총지출의 삭감 혹은 정부 사업과 활동의 전반적인 효과성과 효율성을 높이기 위해 지출의 우선순위를 재설정하는 수단이다. 전술적 차원의 효율성 검토(efficiency review)와 달리 '전략적 지출 검토(strategic spending review)'는 우선순위 재설정이 핵심이므로 정치적 결정이 수반되는 것이 그 특징이다. 모든 중요한 프로그램, 부문, 분야가 대통령 임기에 맞추어 5년에 한 번씩은 검토될 수 있도록 제도를 설계할 필요가 있다.

② 예산 사업 효과성 높이기 위해 PDCA(plan do check action) 정책 사이클별로 재정 관리를 강화해야 한다.

최근 재정 지출이 급증하는 과정에서 개별 예산 사업에 대한 관리가 느슨해졌기 때문에 개별 예산 사업에 대한 사전 검토, 예산 심사, 사업 관리, 사후 평가 등 지출 관리를 더욱 엄격히 할 필요가 있다. 행정부는 사전 검토, 예산 심사, 사업 관리, 결산 심사, 사후 평가 등 지출 관리를 강화해야 한다. 입법부도 예산 심사·결산 심사 강화, 국정감사·현안 조사 등 활동 결과가 입법과 예·결산 심사에 더 체계적으로 반영되도록 제도화해야 한다.

특히 최근 지출 급증 과정에서 예비 타당성 조사(예타) 면제 확대와 제도 완화 등 개별 예산 사업에 대한 관리가 느슨해지고 있다. 1999년 도입된 예비 타당성 조사 제도는 정부 예산 지출에 대한 규율을 정립하고 재정 운용의 효율성과 책무성을 제고시키는 데 기여한 것으로 평가받고 있다. 그렇지만 최근 특정 분야의 특수성을 강조하면서 예타 조사 대상에서 제외 또는 특별하게 취급해야 한다는 주장이 제기되면서 예타 제도의 취지가 많이 희석되고 있다.

예타를 불편해하고 그 규율에서 벗어나려는 이러한 현상에 대해 세계은행 전문가는 "예타가 성공의 희생자(victim of its own success)가 되었다"라고 표현한 바 있다. 그만큼 예타가 자기 역할을 했기 때문에 저항이 발생하였다는 것이다. 사회 발전에 따라 정부의 재정 책무성에 대한 요구는 더 높아질 것이므로 예타 제도는 적절하게 유지되어야 한다. 제도의 취지를 고려할 때 예타 면제 사업은 최소화하는 것이 바람직하다.

마지막으로 개별 예산 사업의 성과 관리도 강화해야 한다.

③ 형식적으로 운용되고 있는 재정 성과 목표 관리 제도 등 재

정 사업 성과 관리를 강화해야 한다.

복지지출 확대, 경기 부양 등 재정 확장의 필요성이 인정된다 하더라도 규율 있는 확대가 아니면 재정 확대의 성과가 담보되지 않는다. 최근 건전성이 훼손될 정도로 재정 지출을 늘리는데도 경제 성장, 일자리, 소득 재분배, 국민 삶의 질, 사회 통합 등 정책 성과가 가시화되지 못하고 있는 것은 개별 예산 사업의 성과 관리가 제대로 되지 못하기 때문이다. 행정부와 정치권에만 맡겨놓지 말고 경제·재정 전문가, 관련 전문 기관과 시민단체가 나서야 한다.

6) 재정 건전성 회복을 넘어

우리에게 시급한 과제는 다시 지속 성장을 하기 위해 경제 체질을 변화시키는 일이다. 이번 코로나19로 인한 경제·재정위기를 극복하는 것뿐만 아니라 저출생·고령화의 인구 문제와 4차 산업혁명 시대에 대응한 새로운 성장 전략과 사회 통합을 위한 전략까지 제시하는 큰 그림을 그려야 한다. 기업의 혁신역량 강화를 통해 민간 부문의 자생적인 성장 동력 회복과 지속적 성장 기반 구축과 같은 성과를 창출해내야 한다. 이 과정에서 정부는 핵심 규제 개혁, R&D 효율성 강화, 불확실성 완화 등 민간 주도의 지속 성장을 위한 혁신과 도전에 필요한 촉진자 및 갈등 조정자 역할에 집중해야 할 것이다.

1990년대 초 통일 후유증을 앓았던 독일과 금융위기를 겪었던 스웨덴 등 북유럽 국가들은 '어젠다 2020', '하르츠 개혁'(독일), '복지 및 재정 개혁'(북유럽)으로 다시 강한 국가로 부활했다. 반면 비슷한 시기에 부동산·주가 버블이 붕괴되었던 일본이나 글로벌 금융위기 전후의 그리스는 1990년 이후 총 25차례의 단기 미봉책의 경기 부양책(일본), 구제 금융에 의한 외부 강제 개혁(그리스)으로 인해 국가 위상이 추락했다.

이제 우리는 새로운 경제 성장 전략과 사회 통합 전략까지 아우르는 큰 그림 하에서 국가 재정의 역할을 재정립해야 하는 시급한 정책적 과제를 바로! 지금! 정부와 정치권이 협력하여 각 분야 전문가들의 도움을 받아 추진해야 할 것이다.

제3장의 정책 제안 요약

균형 잡힌 국가 재정 운용 전략

- 선진국보다 건전했던 우리 재정은 최근 '악어의 입' 등 구조적 문제와 코로나19로 재정 악화가 급속히 진행되고 있음.
- 지속 가능한 복지와 국가 재정을 위해 '높은 복지 수준–낮은 조세 부담–작은 국가채무' 목표를 균형 있게 추구해야 함.

- 국가채무는 2060년까지 GDP의 100% 이내로 유지, 복지지출을 연 0.5%p 속도로 제한, 국민 부담은 연 0.4%p 속도로 증가시켜나감.

현재의 재정 여건과 향후 전망, 복지·국가 재정의 지속 가능성 등 재정 정보를 국민에게 투명하게 공개

재정 건전성 회복을 위한 6+3 정책 제안

- 재정 건전성 회복을 위한 재정 총량 관리 강화 방안 6가지
  ① 재정적자와 국가채무 한도를 설정하는 '재정 준칙(fiscal rules)' 도입.
  ② 미국 등에서 시행하고 있는 'PAYGO 원칙'을 법제화해 엄격하게 집행.
  ③ 행정부의 재정 운용 체계에 상응하도록 국회 예산 심의 체계를 재정비.
  ④ 지출 증가 속도를 경상 성장률 또는 재정 수입 증가율 수준으로 제어.
  ⑤ 복지 정책의 가성비를 높이는 맞춤형 복지 강화가 절실.
  ⑥ 우리 경제가 감내할 수 있도록 더 넓은 대상에 대해 완만하지만 지속적인 국민 부담의 증가 필요.

- 정책 성과 창출을 위한 개별 예산 사업 관리 강화 방안 3가지
  ① 더 과감한 지출 구조조정을 위해 '전략적 지출 검토'제도 도입.
  ② 예산 사업 효과성 높이기 위해 Plan-Do-Check-Action의 정책 사이클별로 재정 관리를 강화.
  ③ 형식적으로 운용되는 재정 성과 목표 관리 제도 등 재정 사업 성과 관리 강화

재정 건전성 회복을 넘어 저출생·고령화의 인구 문제와 4차 산업혁명 시대에 대응한 새로운 성장 전략과 사회 통합을 위한 전략까지 제시하는 큰 그림을 그려야 함.

- 우리 경제에 시급한 과제는 다시 지속 성장을 위해 경제 체질을 변화시키는 것임.
- 이 과정에서 정부는 핵심 규제 개혁, R&D 효율성 강화, 불확실성 완화 등 민간 주도의 지속 성장을 위한 혁신과 도전에 필요한 촉진자 및 갈등 조정자 역할에 집중해야 하고 국가 재정의 역할도 재정립해야 함.

04

한국 복지국가의 현재, 도전, 그리고 개혁 과제[1]

양재진(연세대)

1) 한국 복지국가의 현재와 초저출산·초고령화의 도전

한국의 복지국가는 출발이 늦었기 때문에 OECD의 다른 선진국보다 공공 사회 지출의 절대 규모는 아직 크지 않다. 그러나 제도상으로는 선진 복지국가의 사회보장제도를 대부분 모두 갖추고 있고, OECD 국가 중 두 번째로 빠른 속도로 공공 사회 지출이 증가하고 있다. 그러나 한국 복지국가의 발전이 순항하고 있는 것은 아니다. 우리나라는 인류가 경험해보지 못한 초저출산을 겪으며 초고령화의 길로 접어들고 있다. 건강보험과 국민연금 등 노인 관련 복지지출이 급격하게 늘고 있어 전체 사회 지출 증가를 견인하지만, 근로 연령대 인구에 대한 사회 투자성 지출은 제자리걸음이 될 위험성이 크다.

초저출산·초고령화 상황에서 조로하지 않으면서도 사회보장 효과가 크고 사회적 이동성이 높은 복지국가를 건설하기 위해 취해야 할 복지 개혁의 방향은 무엇일까? 이를 위해 먼저 한국 복지국가의 작동 현황과 우리가 직면한 도전에 대해 살펴보고자 한다.

한국 복지국가의 현재와 성과

한국은 아파서 일을 쉬었을 때 부족해진 소득을 보상해주는 상병수당을 제외하고 선진 복지국가의 사회보장제도를 모두 갖추고 있다. 한국의 사회보장제도를 노동(소득 활동) 여부와 실업 등 사회적 위험(social risks)에 따라 분류하면, ① 노동을 하다가 실업 등 사회적 위험에 빠져 소득이 상실되는 경우에 대비한 일반 국민 대상 소득 보장 제도(예: 산업재해 수당, 실업 급여, 연금, 출산 전후·육아 휴직 급여, 장애 연금), ② 소득 활동을 못 하는 경우(빈곤층) 또는 소득이 불충분한 상황(근로 빈곤층)에 대비한 저소득층 대상 소득 보장 제도(예: 국민 기초 생활 보장 제도, 근로 장려 세제-EITC, 국민 취업 지원 제도의 실업 부조), ③ 정상적으로 노동을 하지만 사회적으로 인정되는 (재난적) 지출이 발생해 실질 소득이 줄어드는 경우에 필수 생활 비용을 지원하는 사회 서비스 정책(예: 건강보험, 공공 의료, 장애인 재활 및 치료, 공

106

보육), 그리고 ④ 노동시장에서 요구하는 취업·직업 역량이나 정보가 부족해 취업을 못 해 소득을 올리지 못하는 경우, 취업 기회와 직업 역량을 높여주기 위한 적극적 노동시장 정책(예: 공공 직업 훈련, 공공 근로, 국민 취업 지원 제도, 취약 계층 창업 지원 정책)으로 나눠볼 수 있다. 유럽의 선진 복지국가보다 복지 급여 수준이 낮고 보장 기간이 짧기는 하지만 제도적으로는 선진국형으로 다 갖춰놓고 있다고 할 수 있다.

역사적으로 보면, 박정희 정권 시대에 산업화와 함께 산재보험과 의료보험이 도입되고 국민연금법이 제정되어 사회보험을 기반으로 하는 사회보장제도의 기틀이 마련되었다. 김대중 정부에서는 중소·영세 사업장까지 사회보험의 적용 범위를 확대해 법적으로나마 전 국민 사회보장이 완성되었다. 그러나 사회보험의 특성상 보험료 납부 이력이 있어야 수급권이 생기기 때문에 사각지대 문제에서 자유로울 수 없다. 따라서 노무현 정부에서는 조세 기반 프로그램을 신규로 도입(기초 노령 연금, 근로 장려 세제-EITC)하고 의료 급여 등을 확대하여 사각지대 문제에 대응하기 시작하였다. 이후 정부에서도 일반 재정 프로그램들을 지속해서 확대해나갔고, 문재인 정부에서는 고용보험의 사각지대 문제에 대응하기 위해 한국형 실업 부조 제도라 불리는 국민 취업 지원 제도를 도입하였다. 추가로 김대중 정부 때 도입된 국민 기초 생활 보장 제도의 수급 조건을 지속해서 완화하고 부양 의무자 기준을 대폭 완화하여 공적 부조의 사각지

〈그림 4-1〉 한국의 소득 재분배 추이

지니계수 추이

● 시장소득　　● 처분가능소득

2011	2012	2013	2014	2015	2016	2017	2018	2019
0.418	0.411	0.401	0.397	0.396	0.402	0.406	0.402	0.404
0.388	0.385	0.372	0.363	0.352	0.355	0.354	0.345	0.339

소득 5분위 배율 추이

● 시장소득　　● 처분가능소득

2011	2012	2013	2014	2015	2016	2017	2018	2019
11.21	10.65	10.29	10.32	10.41	10.88	11.27	11.15	11.56
8.32	8.10	7.68	7.37	6.91	6.98	6.96	6.54	6.25

주: 시장소득=근로소득+사업소득+재산소득+사적이전소득−사적이전지출
　　처분가능소득=시장소득+공적이전소득−공적이전지출
출처: 통계청

대도 줄여가고 있다.

　　사회보장제도가 뒤늦게 도입되어 국민연금 지출액이 아직은 크지 않은 편이고, 고령화율도 빠르게 상승하고 있지만, 지금까지는 OECD 평균을 밑도는 수준이기 때문에 2020년 현재 한국의 GDP 대비 공공 사회 지출의 규모는 OECD 평균인 20%를 크게 밑도는 12.1%에 머물러 있다. 그러나 청소년기에 접어든 한국 복

지국가는 빠른 성장을 보이고 있다. 현 제도가 그대로 유지된다고 해도, 19년 후인 2040년에는 한국의 공공 사회 지출이 GDP 대비 20%를 넘게 되고, 2050년대 초에는 현재의 스웨덴 수준인 26%에 달할 것으로 예상된다.

한편 사회보장제도의 확충과 함께 실업 등으로 인해 소득이 상실된 사람이나 근로 빈곤층에게 복지 급여의 제공이 늘고 있다. 시장 소득의 불평등이 확대되는 상황임에도, 가처분소득의 불평등도가 지난 10여 년간 꾸준히 개선되고 있는 이유다(《그림 4-1》).

한국 복지국가가 직면한 도전: 초저출산과 인구 고령화

그러나 한국은 다양한 도전에 직면해 있다. 이 중에서도 사회보장제도의 지속 가능성에 가장 직접적인 영향을 주는 인구구조의 변화가 매우 불리하게 전개되고 있다. 다름 아닌, 세계에서 가장 낮은 저출산의 문제이다. 2020년 출산율은 0.84로 유래를 찾아보기 어려운 수준이다. 게다가 신생아가 2016년 40만 명대에서 불과 4년 만에 20만 명대로 급격히 떨어짐으로써 더 큰 우려를 낳고 있다. 이와 더불어 평균수명의 증가와 함께 노인 인구가 늘어나면서, 생산인구 100명당 65세 이상 노인 인구가 현재는 20명 수준이지만 2060년에는 5배가 늘어 100명에 달할 것으로 예상되고 있다(《그림 4-2》).

인구 고령화는 한국 경제가 저성장 추세로 들어선 것과 맞물

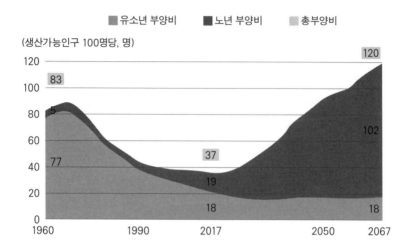

〈그림 4-2〉 한국의 부양비 변화(2017~2067년)

■ 유소년 부양비　　■ 노년 부양비　　■ 총부양비

(생산가능인구 100명당, 명)

출처: 통계청(2019). 장래 인구 특별 추계: 2017~2067년(보도자료). 2019. 3. 28.

려, 국민연금과 건강보험 등 노인 관련 사회보장제도의 지속 가능성 문제를 심각하게 야기하고 있다. 앞서 지적했듯이, 현 제도를 그대로 유지해도 우리가 처한 인구구조 추세로 인해 30년 후에는 스웨덴을 능가하는 복지지출이 예상된다. 만약 늘어나는 복지지출을 감당하기 위한 증세가 이루어지지 않는다면, 국가부채는 2040년에 GDP의 100%를 넘고, 2050년에는 130%에 달하게 될 것으로 추정된다.

향후 30년 동안 국가부채가 GDP의 130%에 달하게 되는 것을 정부가 그냥 보고만 있지는 않을 것이다. 복지 증세 조치가 어떤 식으로든 단행될 것으로 예측된다. 하지만 마찬가지 논리로 향

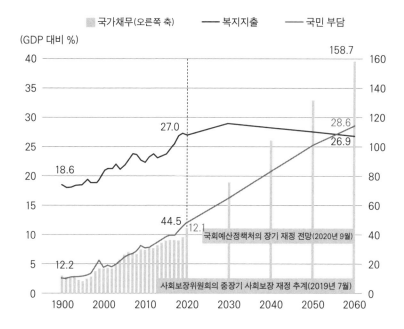

〈그림 4-3〉 한국의 사회 지출 및 재정 전망

국가채무(오른쪽 축)　　복지지출　　국민 부담

(GDP 대비 %)

158.7

40

35

30　　　　　　　　　　27.0　　　　　　　　　　　　　　28.6

25　　　　　　　　　　　　　　　　　　　　　　　26.9

20　18.6

15

10　　　　　　44.5　12.1　국회예산정책처의 장기 재정 전망(2020년 9월)

5　12.2　　　　　사회보장위원회의 중장기 사회보장 재정 추계(2019년 7월)

0

1900　2000　2010　2020　2030　2040　2050　2060

160

140

120

100

80

60

40

20

0

출처: 박형수·양재진(2021). 복지·재정 분야 정책 어젠다. 대한민국 100년을 향한 정책 플랫폼 & 어젠다. K-Policy Platform 창립 기념 웨비나 발표문. 2021. 2. 23.

후 30년 동안 새로운 복지 제도가 도입되거나 기존의 복지가 확대되지 않은 채 현재 그대로일 것이라고 전제하는 것 또한 비현실적이다. 즉 증세하더라도 복지가 계속 확장된다면 국가부채의 증가를 막기는 쉽지 않다. 뒤에 더 자세히 서술하겠지만, 이런 상황에서 경제 성장을 통해 복지의 물리적 토대를 확충해나가는 것만이 복지국가의 재정적 지속 가능성을 위해 선택할 수 있는 유일한 길이라 하겠다.

2) 한국 사회보장제도의 개혁 방향: 사회 투자형 복지 국가

재정적으로 지속 가능하면서도 사회보장적 성과가 높은 복지 국가는 어떻게 만들어갈 수 있을까? 복지적 성과가 높으면서 고용률도 높고, 경제는 성장하며 국가채무는 낮은 이상적인 복지국가는 어떻게 만들 수 있을까? 이러한 이상적인 복지국가가 지구상에 존재하기는 쉽지 않지만, 이에 근접한 나라들은 있다. 스웨덴 등 북구의 복지국가들이다. 복지지출이 상대적으로 높지만, 국가부채는 GDP의 40%대로 안정되어 있다. 1인당 국민 소득은 미국에 버금가는 5만 달러에 달하지만, 소득 불평등은 낮다. 고용률과 출산율도 높다. 한마디로 북구형 복지국가는 복지-고용-경제-재정의 네 마리 토끼를 다 잡고 있다.

북유럽 복지국가(스웨덴, 덴마크, 노르웨이, 핀란드)의 특징을 사회보장제도의 관점에서 살펴보면, 이들 국가는 생산적 성격이 강한 근로 연령대 인구에 대한 복지지출 비중이 높고, 사회 서비스와 적극적 노동시장 정책의 지출 비중이 다른 나라에 비해 높다(〈그림 4-4〉의 오른쪽 날개). 반대로 소비적 성격이 강한 노인성 지출(연금과 의료)의 비중은 낮은 편이다(〈그림 4-4〉의 왼쪽 날개). 이와 대조적으로 남부 유럽 복지국가(이탈리아, 그리스, 스페인, 포르투갈)는 소비적 측면이 강한 노인성 복지지출(연금+의료)의 비중이 높아 〈그림 4-4〉의 왼쪽

〈그림 4-4〉 공공 사회 지출의 구성 국제 비교(2017년, 한국은 2018년)

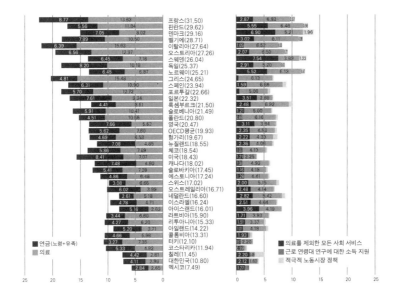

출처: OECD. SOCX.

날개가 길다는 것이 특징이다.

북유럽식 복지지출 구성을 사회 투자형이라고 부를 수 있는
데, 이는 사회 복지적 성과와 고용률, 경제 성장률 등 경제적 성과
는 물론 국가 경쟁력에도 긍정적 영향을 미친다. OECD 평균보다
높은 공공 사회 지출에도 불구하고, 재정 건전성 또한 높다는 특징
을 보인다. 근로 세대에 대한 사회적 투자는 출산율 제고, 고용률
제고, 직업 역량 향상으로 이어져 잠재 성장률을 높여주고 복지와
경제의 선순환 구조를 이루는 기반을 제공하기 때문이다.[2]

북유럽에서는 일-가정 양립을 돕는 보육과 요양 등 사회 서비스가 일찌감치 발달해 교육받은 여성들의 경제활동 참여를 돕고, 직업과 연관된 교육과 훈련에 대한 적극적인 투자로 국민의 직업 역량을 키워 빠르게 변화하는 노동시장의 수요에 적응할 수 있게 해주고 있다. 실업, 보육, 그리고 훈련 기간에는 높은 수준의 소득 보장을 제공해서 가난의 나락으로 떨어지지 않으면서 육아와 교육훈련에 집중할 수 있게 해준다. 미래의 인적자원인 아동에 대한 투자라 할 수 있는 다양한 가족 정책이 일과 가정의 양립은 물론 출산율 제고에도 도움을 주고 있다. 아동에 대한 공적 투자는 취약 계층의 아동에게도 중산층과 같은 수준의 성장 기회를 제공한다. 북유럽이 사후적인 소득 재분배뿐만 아니라 사회적 이동성 또한 높은 이유다.

그런데 한국의 사회보장제도는 현재 북유럽형보다는 남유럽에 가깝게 노인성 복지가 근로 세대에 대한 복지보다 발달한 상태다. 앞으로 이러한 추세는 더 강화될 것으로 예상된다(《그림 4-5》). 의료 및 보건 관련 공공 사회 지출은 앞으로 20여 년 후인 2040년대 중반이면 GDP의 10%를 넘어서고, 이후에도 계속 증가해 2060년에는 12.9%에 달할 것으로 추정된다. 현재 유럽의 복지국가들이 8% 내외에서 공공 의료 지출을 통제하고 있는 것을 감안하면 그보다도 훨씬 높은 부담률이다.

연금이 대부분을 차지하는 노령 분야 지출 또한 지속해서 증가해 2060년에는 GDP의 10%를 넘게 된다. 더구나 이 노령 지출 통계에는 법정 의무 가입인 퇴직(연)금의 지출이 분류상 포함되어 있지 않다. 퇴직연금을 대부분 퇴직금처럼 일시금으로 수령하기 때문이다. 만약 보험료율 9%짜리 국민연금에 버금가는 8.33% 보험률의 퇴직(연)금까지 노령 지출로 간주되면, 노령 지출은 훨씬 더 커지게 된다. 현재의 남유럽보다도 심각하게 노인 지출에 집중된 공공 지출 성향을 보이게 될 것이다.

그렇다면 앞으로 어떻게 해야 할 것인가? 한국 복지국가는 후발주자로서 아직 청소년기에 놓였다. 성장의 방향을 교정할 수 있는 길이 열려 있다. 초고령화와 함께 늘어날 수밖에 없는 노인성 지출의 과도한 증가를 통제하고, 근로 연령대 인구 대상 복지의 확대를 통해 복지-고용-경제-재정의 선순환 구조를 이룰 수 있도록 해야 한다. 이를 위해 ① 공적 연금의 재정 효율성을 높여 노후 소득 보장과 재정 안정화를 함께 도모하고, ② 의료 공급자와 환자의 도적적 해이를 줄여 의료비의 급속한 증가를 통제하고, ③ 가족 정책과 적극적 노동시장 정책을 통해 고용률 증대와 인적자원의 역량을 형성하며, ④ 4차 산업과 노동시장의 변화에 맞추어 전 국민 고용 안전망을 마련하여, 사각지대에 대한 소득 보장과 함께 (재)취업을 지원해야 한다. 이 과정에서 공보육, 요양, 공공 직업 훈련, 고용 서비스, 그리고 학령기 교육과 평생 학습 체제가 강화되면, 사회 서비스 분야 고용도 창출되는 일석이조를 기대할 수 있게 될 것이다.

〈그림 4-5〉 한국 공공 사회 지출의 정책 영역별 장기 추계

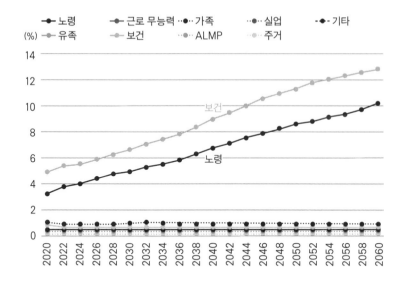

출처: 보건복지부(2020). 제4차 중장기 사회보장 재정 추계.

짧은 지면에서 이 모든 개혁 과제를 다 다룰 수는 없고, 노인
성 지출의 합리적 통제 방안과 근로 연령대 인구에 대한 사회 투자
성 복지 개혁 과제를 중심으로 다음에서 다루고자 한다.

3) 한국 사회보장제도의 개혁 과제

노후 소득 보장 제도의 재정 합리화 개혁

현재 우리의 국민연금은 부담은 적게 하면서 혜택은 그보다는

많이 가져가는 저부담-중급여 체제여서 재정적으로 지속 가능하지 않다. 보험료의 인상과 함께 연금 급여의 삭감을 피할 수가 없을 것이다. 그러나 '용돈 연금'이라는 불만과 함께 급여 인상에 대한 욕구 또한 크다. 문재인 정부가 국민연금의 재정 안정화보다는 급여 인상에 방점을 두었던 이유이다. 그러나 저부담-중급여 체제인 상황에서 국민연금의 급여 인상은 현재의 기여-급여 불균형을 더 악화시켜, 후세대의 부담을 감당 불가능한 수준으로 키울 것이다.[3]

국민연금의 급여 인상에 대한 사회적 욕구는, 이미 고용주가 법적으로 부담하고 있는 퇴직(연)금의 준공적 연금화로 해결하는 것이 해법이다. 퇴직연금의 준공적 연금화란, ① 퇴직금에서 퇴직연금으로 전환 의무화 그리고 ② 일시금이 아닌 연금으로 받도록 하는 것을 의미한다. 근로기준법에 따라 고용주는 1년 이상 재직 근로자를 위해 2019년 한해만 해도 34.1조 원의 퇴직연금 보험료를 납부해주었다. 이는 국민연금 보험료 수입의 약 70%에 달하는 막대한 규모이다. 그런데 근로자 대부분은 퇴직 시 이를 일반 퇴직금처럼 일시금으로 수령한다. 연금으로 수급하는 경우는 금액 기준 20%, 계좌 기준으로는 2%에 불과하다. 그러나 근로자가 은퇴 시 퇴직연금을 일시금이 아닌 연금 방식으로 수령하게 만들면, 소득 대체율 20%짜리 연금이 새로 생기는 효과를 볼 수 있다. 국민연금만으로는 부족한 노후 연금액을 충분히 보완해줄 수 있는 것이다.

따라서 먼저 퇴직연금이 중산층 근로자의 노후 소득 보장에 기여하도록 만든 후 국민연금의 재정 안정화 조치(수급 연령 점진적 인상, 고령화에 따른 급여 자동 삭감 같은 자동 안정화 장치 도입, 3~4% 보험료 인상)를 통해 국민연금의 지속 가능성을 높이는 것이 바람직하다. 이렇게 하여 '국민연금+퇴직연금'의 조합으로 중산층의 노후 소득 보장이 확보되면, 국가의 재정 여력은 저소득 노인층에 집중할 수 있게 된다.

저소득 노인의 기초 소득 보장을 위해서는 노인의 70%에게 정액 방식으로 지급하는 기초연금에서 벗어나, 연금이 절실하게 필요한 저소득 노인에 집중하여 이들에게 더욱 높은 급여를 보장하는 스웨덴식 기초 보장 연금으로 개편하는 것이 필요하다. 기초 보장 연금은 기초 생활 보장선 만큼 소득을 얻을 수 있도록 보장하는 보충 급여형 연금이다. 기초연금의 지급 대상을 현재의 절반가량으로 대폭 축소하는 대신 기초 보장선을 지금보다 두 배가량 높여서 생계 급여 수준까지 보장할 수 있다. 이렇게 하면 현재 OECD 최고 수준의 노인 빈곤율이 대폭 감소할 것이다.

퇴직연금의 준공적 연금화 이후 국민연금의 재정 안정화 개혁과 기초 보장 연금까지 도입되면, 노후 소득 보장 제도는 다음 〈그림 4-6〉과 같이 개편된다. 현재의 제도가 저소득 노인에 대한 보장은 부족하고, 중산층 이상은 재정 파탄이 예상되는 국민연금에만 의존하는 문제점을 3개 제도의 적절한 역할 분담을 통해 해소할 수 있다.

〈그림 4-6〉 현행 '국민연금+기초연금'과 '국민연금·퇴직연금+기초 보장 연금'의 비교

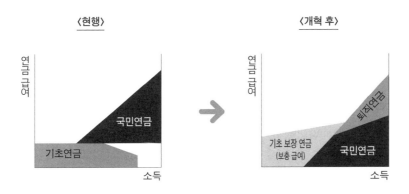

의료 보장 지출 통제와 선택과 집중

한국의 의료 보장은 세계적 수준이다. 그러나 이 역시 중장기적으로 지속 가능하지 않다. 문재인 케어가 본격화되기 전인 2013~2018년 기간에도 연간 의료비 지출 증가율은 연 7.3%로 OECD 국가 중에서 최고를 기록하였다. 문재인 케어 실시 후, 의료비의 지출 증가 속도는 빨라져, 2018년 건강보험 진료비는 전년 대비 12.9% 증가하고, 2019년에도 11.4% 증가한 86조 4,775억 원을 기록하였다.[4] 문제는 급여 지출이 크게 늘어도 비급여의 확대와 과잉 의료 소비로 인해 건강보험 보장률은 크게 나아지지 않고 사실상 제자리를 걷고 있다는 점이다. 이처럼 의료비 지출에 대한 통제가 없는 보장성 강화 일변도의 정책은 재정적으로 지속 가능하지 않다.

의료 보장성 강화 정책은 의료비 지출 통제와 함께 지출 합리화 개혁이 동반되어야 한다. 먼저 의료 공급자의 도덕적 해이를 통제하기 위해서, 행위별 수가제에서 포괄 수가제로 지불 방식을 개혁해나가야 한다. 중장기적으로는 비급여의 무분별한 확대를 막기 위해, 필수 의료를 급여화하고, 비급여와 급여 항목을 혼합해 진료할 시에는 건강보험 혜택을 제한하는 혼합 진료 금지 같은 제도의 도입도 필요하다. 이용자의 도덕적 해이를 통제하기 위해서는, 개인별 의료 저축 계좌제의 도입을 적극 검토해야 한다. 경증은 자신의 개인 의료 저축 계좌에서 의료비가 지출되도록 하고, 중증은 현행과 같이 보험의 원리에 의해 공동체가 공동 부담하도록 하는 것이다. 그리고 의원급 1차 의료의 문지기 역할을 지금보다 강화해야 한다. 경증 환자가 자신의 판단에 따라 무분별하게 상급 병원을 이용하지 못하도록 해야 하는 것이다. 이렇게 해야 의료 기관 유형과 수준에 부합하는 진료가 이루어지고 의료 자원의 낭비를 줄일 수 있다.

반면 의료 사각지대 해소를 위해 지방에 공공 병원의 역할을 확대하고 저출산 대책과 아동에 대한 투자의 관점에서 아동기 진료에 대해서는 중증·희귀병과 똑같이 5~10% 본인 부담금을 적용하는 것이 필요하다.

근로 연령대 인구 사회보장과 역량 형성 강화

한국의 근로 연령대 인구 대상 사회보장제도 중에서 공공 보육은 북유럽 수준으로 보편화되어 있다. 그러나 출산과 육아 휴직 시 발생하는 소득의 상실과 아이 양육으로 인한 가계 지출의 증가 문제에 대처하는 소득 보장 제도는 취약하다. 한국의 육아 휴직 급여는 고용보험 가입자에 한정해 소득에 비례하는 형태로 지급되고 있다. 그러나 낮은 소득 대체율(40%)과 낮은 급여 상한(월 120만 원)으로 인해 출산을 유인하기보다는 오히려 장애 요인이 되고 있다. 그나마 고용보험의 사각지대에 놓여 있는 근로자는 이러한 혜택조차 받지 못하고 있다.

따라서 스웨덴, 덴마크, 독일처럼 전 국민 부모 급여 제도를 도입하고, 급여 수준을 인상해 출산과 육아를 위험으로 인식하지 않는 환경을 조성해야 한다. 현재와 같이 고용보험의 모성 보호 사업을 활용하거나 이를 스웨덴식으로 부모보험으로 독립시키는 것도 방법이다. 사회보험의 사각지대 문제를 해소하기 위해서는 일반 재정에서 전 국민 대상 정액의 출산·육아 휴직 급여 지급을 고려해야 한다. 고용보험이나 부모보험 가입자는 정액 급여에 더해 소득 비례형 추가 급여를 받게 함으로써 중산층 근로자의 실질 총소득 대체율이 50~60%가 되도록 해야 할 것이다.

한편 고용보험의 사각지대 해소와 사각지대 근로자의 직업 역량 형성을 지원하는 제도도 마련돼야 한다. 현재 고용보험의 사각지대는 전체 취업 인구의 45% 수준으로, 건강보험이나 국민연금보다 그 규모가 상당히 크다(건강보험은 10%, 국민연금은 30%). 그리고 디지털 경제에서 플랫폼 노동자 등 사각지대에 놓일 비전형적 형태의 근로자 수가 증가 추세에 있다.

디지털 경제에서 날로 규모가 커지는 고용보험의 사각지대를 국고가 투입되는 실업 부조로 계속 커버하기보다는, 고용보험을 확대해 보험료 징수의 기반을 확대하는 조치가 필요하다. 이 경우, 덴마크와 프랑스처럼 임금 근로자뿐만 아니라 자영자나 프리랜서 등 소득 활동자는 모두 가입 대상으로 만드는 게 바람직하다. 이러자면 피고용 여부보다는 소득 기반으로 고용보험 제도를 확대 개편해야 한다. 즉 임금 근로자가 아니라도 소득이 있는 모든 사람이 고용보험에 가입할 수 있게 하는 것이다. 그러나 소득 기반 고용보험 제도는 실시간으로 소득이 파악되어야 시행할 수 있다. 당장 소득 기반 고용보험 시스템으로의 전환이 쉽지 않은 상황이다.

그리고 임금 근로자와 자영자·프리랜서·플랫폼 노동자의 성격이 달라서 소득 기반 고용보험을 도입하더라도 기금은 분리해서 운용해야 할 필요성이 크다. 자영자나 프리랜서 및 플랫폼 노동자는 기존의 임금 근로자와 달리 실업이라는 위험에 피보험자가 직접 영향을 미칠 수 있다. 또 이들은 소득의 유무가 아니라 변동성이 큰 특징을 갖고 있다. 두 집단에 같은 잣대로 수급 자격을 부여하면 임금 근로자로부터 자영자 그룹에 부당한 임금 소득 이전이 발생활 가능성이 크고, 소득의 유무로 급여가 지급되면 자영자 그룹은 소득 보장이 필요한 상황에서도 급여를 받지 못하는 경우가 발생하게 된다. 집단별 특성에 맞는 수급 자격의 설정과 급여의 설정이 필요하다.

따라서 단기적으로는 국민 취업 지원 제도를 취약 계층의 적극적 노동시장 정책으로 키워야 할 것이다. 실업 부조 수급의 재산과 소득 기준을 완화하고, 1인당 50만 원을 기준 급여로 하고, 부양가족 수 등을 고려하여 부가 급여를 지급하도록 함으로써 실소득 보장률을 높여야 한다. 그리고 단지 실업 시 부조금을 지급하는 것에만 머무르지 않게, 개인별 고용 서비스와 직업 훈련 서비스를 강화하고 훈련 수당을 대폭 인상함으로써 훈련에 대한 유인을 높여야 한다.

마지막으로, 가정형편에 따라 인적자원 개발에 대한 투자가 달라지지 않도록 국가의 적극적 개입이 필요하다. 인적자원에 대한 투자는 인지 능력이 형성되는 시기를 놓치지 않게 늦어도 3~5세에는 단행되어야 한다. 학습 능력을 갖추어야 평생 교육 시대에 끊임없이 직업 역량을 키워나갈 수 있기 때문이다. 공공이 담당하는 보육 기능이 중요한 이유다. 한국은 보육 시설 이용률과 취학률 기준으로는 북유럽 수준이다. 그러나 공보육과 공교육의 질로 보면 그리 높지 못하다. 중산층이 만족할 만한 수준으로 보육과 교육을 제공하여 영어, 컴퓨터 프로그래밍 언어, 예체능 등의 사교육 수요를

흡수하고, 저소득층·취약 지역 아동과 청소년들도 높은 수준의 자기계발 기회를 가질 수 있도록 해야 한다. 이렇게 하면 교육비 부담을 줄여서 출산율 제고를 돕고, 사회 이동성 제고에도 이바지하게 될 것이다.

결론적으로, 한국의 사회보장제도는 늦은 출발 그러나 빠른 성장을 특징으로 하고 있다. 하지만 세계에서 유례없는 저출산·고령화로 인해 머지않아 조로(早老)할 위험성에 노출되어 있다. 고령화 관련 지출이 크게 증가하면서, 근로 연령대 인구에 대한 사회보장은 제자리걸음을 하거나 위축될 수밖에 없기 때문이다. 복지가 사회적 투자가 아닌 소비에 머물게 될 때, 사회 서비스보다 현금의 비중이 지나치게 커지게 될 때, 복지와 경제의 선순환 구조는 이루어지지 않는다. 강한 가족 정책으로 일·가정 양립을 도와 저출산에서 탈피하고, 적극적 노동시장 정책을 통해 비활성화된 인력의 경제활동을 촉진하여 고용률을 높이고, 질 높은 공보육과 공교육 그리고 평생 교육 시스템을 갖춰 인적자원의 질을 높이며 전 생애 주기에 걸쳐 사회적 상승 이동의 기회를 가질 수 있게 한국 복지국가를 개혁해야 한다. 제도적 관성이 크겠으나, 아직 청소년기인 한국 복지국가가 후발주자의 이점을 살릴 수 있기를 바란다. 남유럽이 아닌 북구형으로 복지 개혁의 좌표를 설정해 부단히 개혁해나가기를 기대해본다.

제4장의 정책 제안 요약

한국의 복지국가는 다른 OECD 국가에 비해 낮은 공공 사회 지출 수준을 보이나, 고령화의 진전과 국민연금 등 사회보장제도의 성숙이 이루어지면서 사회 지출이 빠른 속도로 늘고 있음.

- 한국은 복지지출의 구성 측면에서 보면, 복지 개혁 없이 현재의 제도적 구성 대로 고령화와 제도적 성숙을 맞이하면, 남유럽처럼 노인성 복지지출(연금과 의료)이 과도한 유형이 될 것으로 전망됨.
- 반대로 생산 인구에 대한 사회보장은 저조하여 역량 형성 등 사회 투자성 지출 비중은 제자리걸음이거나 낮아질 것으로 예상됨.

향후 복지 개혁의 방향은 복지와 경제가 선순환 구조를 그릴 수 있도록 고용 친화적이며 인적자원의 역량을 키워주는 사회 투자형 복지 시스템의 구축이어야 한다. 이를 위해서는

- 첫째, 노인성 복지지출의 과도한 증가를 통제해야 함.
- 둘째, 근로 연령대 인구 대상 복지의 확대를 통해 복지-고용-경제-재정의 선순환 구조를 이룰 수 있도록 해야 함.
- 셋째, 이 과정에서 현금보다는 사회 서비스의 확대가 이루어져야 함.

분야별 복지 개혁의 과제

- 연금 재정 효율화 개혁: 퇴직연금의 준공적 연금화로 중산
  층의 노후 소득 보장성을 높이면서 이를 토대로 국민연금의
  재정 안정화 조치를 단행하고, 기초연금을 기초 보장 연금
  으로 개편해 저소득층 노인의 기초 보장을 강화.

- 의료비 통제: 포괄 수가제, 의료 저축 계정 등의 도입을 통해
  의료 공급자와 환자의 도적적 해이를 줄이고, 고위험 질병
  치료에 대한 선택과 집중 등으로 의료비 지출 통제가 필요.

- 가족 정책 강화: 전 국민 부모 급여의 도입과 질 높은 공보
  육을 실현함으로써 출산과 육아의 위험을 사회적으로 분산
  해 저출산을 극복하고 취약 계층 아동의 발달 기회도 보장
  하는 것이 필요.

- 전 국민 고용 안전망: 중장기적으로 4차 산업과 노동시장의
  변화에 맞추어 전 국민 고용 안전망을 마련하고, 단기적으
  로는 국민 취업 제도를 강화하여 사각지대에 대한 소득 보
  장과 함께 (재)취업을 지원해야 함.

제3부

규제의 실패로부터
어떻게 벗어날 것인가?
부동산, 금융, 공정거래

05

주택 시장 정상화,
해법은 무엇인가?

손재영(건국대), 황세진(KDI)

1) 시장과 협력하는 주택 정책의 성공 경험

우리 국민의 주거 여건은 지난 반세기 동안 눈부시게 좋아졌다. 1980년에 532만 호였던 주택 수가 2020년에는 4배 가까이 늘었다. 당시에는 온수 시설을 갖춘 집이 열 가구 중 하나, 수세식 화장실을 갖춘 경우도 다섯 가구 중 하나에 못 미쳤으나, 지금은 거의 모든 국민이 현대식 주거 설비를 누린다. 이런 성과는 세계적으로 유례를 찾기 힘든 성공 사례이며, 따라서 종합적으로는 역대 정부의 주택 정책에 대해 긍정적인 평가를 내리는 것이 당연하다. 한국의 경험은 지식 공유 사업(KSP) 등을 통해 많은 개발도상국에도 좋은 본보기가 되고 있다.

우리 주택 정책의 성공이 더욱 두드러지는 것은 정부의 재정 및 금융 지원에 기대지 않았다는 점이다. 주택 정책의 성공 공식은 내 집을 마련하려는 국민의 욕구가 주거 수준 향상의 원동력이 되도록 적절히 물꼬를 트는 것이었다. 즉 경제 성장과 소득 증가를 바탕으로 내 집 마련을 위한 국민의 의지와 능력이 커졌고 정부는 이 에너지가 대규모 택지 개발과 주택 건설에 흘러가도록 채널을 만들고 잘 관리했다. 국민주택기금, 택지개발촉진법, 주택공급규칙, 주택선분양, 주택보증제도 등이 이러한 제도적인 틀에 해당한다. 시장을 통해 분출되는 국민 개개인의 욕망과 능력을 적절히 조정·통제하여 정책 목표를 달성한 좋은 예이다.

하지만 오늘날의 주택 정책은 과거의 성공을 뒤로한 채 국민에게 많은 혼란과 고통을 안겨주고 있다. 문재인 정부의 부동산 정책 실패는 좋은 집에 살고 싶은 국민의 욕구를 부정하는 반시장적 기조의 당연한 귀결이다. 이번 장에서는 현재의 주택 시장 상황을 파악하고, 왜 현 정부의 주택 정책들이 실패했는지 진단하며, 이를 바로잡기 위해 다음 정부가 어떤 정책들을 채택해야 하는지를 논의한다.

2) 2020~2021년 주택 가격 급등

2021년 9월 기준으로 최근 2년간 전국의 주택 매매가는 22%, 서울 지역의 아파트 매매가는 31%나 상승하였다. 〈그림 5-1〉에서 보듯이 과거의 주택 가격 급등은 주로 경제위기로 인한 하락분을 경제 회복과 더불어 만회하는 기저 효과에 기인하였으나, 이번에는 가격 급락이 선행되지 않았다는 점이 특이하다. 또한 2020년 거래량 은 실거래가 기록 이후 최대로, 전체 매수자 중 20~30대가 차지하 는 비중이 40%를 상회하는 등 주택 시장은 과열 양상을 나타냈다.

주택 가격 급등의 키워드로 서울, 수도권, 역세권, 신축, 아파

〈그림 5-1〉 주택 가격 상승률 추이

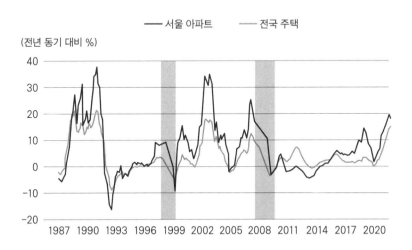

주: 음영은 각각 외환위기와 글로벌 금융위기 기간을 나타냄.
출처: KB국민은행.

〈그림 5-2〉 서울 지역의 아파트 공급 원천

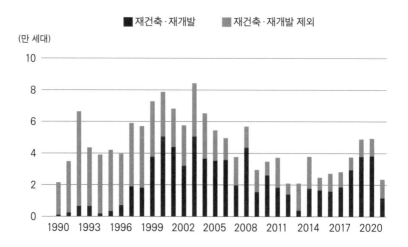

주: 2021년은 1~9월 수치임.
출처: 부동산114. 접속일: 2021. 9. 21.

트 등이 거론된다. 특히 2015년 경부터 신축 아파트가 제공하는 새로운 주거 문화에 대한 소비자 선호가 높아지면서 서울 지역의 신축과 구축 아파트 가격 차이가 벌어진 것을 주목할 수 있다.

정부와 서울시는 시장의 요구를 수용하기보다는 신축 아파트 공급의 주요 경로인[1] 재건축·재개발(그림 2)을 억제하는 데 주력했다. 안전 진단 기준을 높이는 등 인허가를 까다롭게 하고 임대 주택 건설 의무, 재건축 초과 이익 환수, 분양가 상한제, 공공 주도 개발 등 여러 걸림돌을 만들었다. 이 때문에 기존 신축 아파트들의 가격이 천정부지로 치솟았고, 그 가격 상승세가 다른 주택들로 확

〈그림 5-3〉 서울 지역의 주택 공급

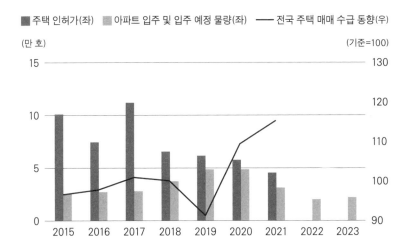

주: 2021년 주택 인허가와 주택 매매 수급 동향은 각각 1~7월, 1~8월 수치이며, 2021년 이후 아파트 입주는 입주 예정 물량임.
출처: 국토교통부; 부동산114; 한국부동산원. 접속일: 2021. 9. 15.

산하는 부작용이 나타났다.

기존 주택 매물과 주택 수요의 수급 불균형이 확대되고 있는 현상을 서울의 주택 매매 수급 동향을 통해서도 살펴볼 수 있다(〈그림 5-3〉). 한국부동산원이 매달 공표하는 자료인 주택 매매 수급 동향은 기준 100을 넘어설수록 시장에서의 초과 수요 상태가 커짐을 나타낸다. 서울의 주택 시장은 2020년 초과 수요로 전환된 이래 이러한 흐름이 강화되었고 2021년 8월에는 가장 높은 123을 기록하는 등 수요 대비 공급이 부족한 현실이 여실히 드러났다.

더 큰 문제는 이러한 주택 시장 내 초과 수요 상황이 악화되어 중기적으로 가격 상승세가 지속될 수 있다는 점이다. 최근 3년간 서울시 주택 인허가 물량이 낮은 수준이라 향후 완공될 물량은 적을 것으로 예상된다. 또한, 2020년 5만 호에 육박하던 아파트 입주 물량이 감소세를 보여 2023년에 이르러서는 2만여 호에 그칠 예정이라 신규 물량 부족에 기인한 가격 상승 압력은 더욱 커질 수 있다.

주택 가격 급등에는 신축 아파트 선호, 공급 부족 등의 미시적 요인들 외에도 풍부한 유동성, 저금리 등의 거시적 요인들도 종합적으로 영향을 미쳤을 것이다. 그러나 이러한 요인들만으로 최근의 주택 매매 및 전세 가격 추이를 설명할 수 없으며, 정책 실패에 따른 시장 교란이 크게 작용한 점을 부인하기 어렵다. 재개발·재건축을 억제한 여파 외에도 수십 차례에 걸친 주택 대책들 다수가 여러 부작용을 남겼다. 특히 2011년 이래 안정 추세이던 전세가 상승률이 임대차 3법 통과 이후 급등하였고, 전세의 월세화가 가속화되었다. 전월세전환율이 이자율보다 높아 전세가 월세로 전환될수록 세입자의 주거비 부담은 더욱 가중된다.

현재의 주택 시장을 보면 가격 상승도 문제지만 정부 정책발 교란과 혼란이 일상화되어 만인이 만인과 투쟁하는 것과 같은 양상이 빚어진다. 국민을 편하게 하기보다는 모두가 힘들고 불만에 가득차게 만들어놓고 정부는 어디서부터 어떻게 손대야 할지 막막해하고 있다. 막무가내식으로 가격 상승을 억제하려고 도입한 제도들은 주택 가격 하락기에 심각한 경기 침체를 가져올 것이다. 도대체

주택 정책의 전통적 모범 국가에서 왜 이런 상황이 벌어졌을까?

3) 주택 대책들의 실패 원인: 진단과 처방의 오류

문재인 정부의 정책 실패 배후에는 주택 시장과 정책에 대한 근본적인 오해와 편견이 자리하고 있다. 첫째, 정부는 '강한 의지로 일관되게 공격하면 주택 문제를(또는 문제를 일으키는 투기자들을) 하나하나 깨부술 수 있다'라고 판단한 것으로 보인다. 그러나 주택 시장은 두더지 잡기 놀이가 아니다.

주택 시장은 지역, 유형, 규모, 가격대별로 세부 시장이 나뉘는데 이들 각각은 분리된 시장이 아니라 다양한 경로로 서로 연결되어 있다. 특정 시장에 충격이 가해지면 다른 시장에도 그 영향이 전해지는데, 동태적인 조정 과정을 거쳐 언제, 어떠한 모습으로 주택 시장 양상이 변화할지 예측하기는 쉽지 않다. 따라서 주택 시장에 개입할 때는 신중하고 보수적으로 접근해야 한다. 특정 지역이나 대상의 문제만을 해결할 수 있는 소위 핀셋 규제는 애초에 가능하지 않았다.

정부는 유기체 같은 주택 시장의 특성을 무시했다. 가격이 급등한 지역에 규제를 들이대니 인근 지역에 풍선 효과가 나타났고, 분양가 상한제를 시행하니 수천 대 1의 로또판이 벌어졌다. 재건축을 억제하니 편리하고 희소성이 있는 신축 아파트 가격이 급등했고, 주택 대출을 제한하니 현금 부자들만 쾌재를 부르는 등 부작용이 양산되었다. 주택 대책들이 주택 시장에 충격을 줄 때마다 매매와 전세 가격이 올랐고 전세의 월세 전환이 가속화되었다.

둘째, 정부는 '다주택자는 억제되어야 할 투기 세력이며, 이들이 집을 내놓게 하면 무주택자들이 내 집 마련을 할 수 있다'라는 믿음을 갖는 듯하다. 투기를 억제하여 부동산 문제를 푼다는 관념은 1960년대 이래 우리나라 토지·주택 정책의 대표적인 기조였지만, 한 번도 성공한 적이 없다. 그 긴 시간 동안 투기가 무엇인지 정의조차 되지 않았다. 그 이유를 생각해보면, 부동산도 자산의 일종인데 부동산으로부터 얻은 자본 이득을 터부시해버리면 죄가 없는 국민이 없다는 모순 때문일 것이다.

다주택자가 무주택자의 내 집 마련을 어렵게 한다는 주장은 주택 시장이 정해진 크기의 파이를 나누어 먹는 게임이라고 보기 때문이다. 그러나 파이의 크기는 고정되어 있지 않으며, 주택 시장도 파이 나누기처럼 단순하게 작동하지 않는다. 오히려 다주택자들은 임대 주택의 공급자로서 무주택자 주거 안정에 기여하고 있다. 2019년 비제도권 임대주택 거주 가구는 584.2만 호로 전 가구의 28.7%가 남의 집을 임차해서 살고 있는데, 임대 주택 공급자의 다수는 다주택자들이다. 그 역할을 정부가 떠맡기 위해서는 수백조 원의 예산과 수십 년의 시간이 필요할 것이다. 또한 다주택자 중에

〈그림 5-4〉 주택 증여 추이

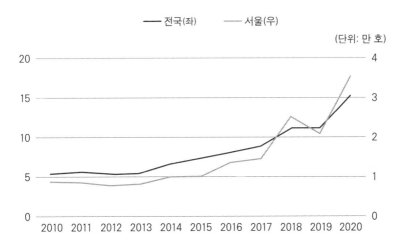

출처: 한국부동산원.

는 근로소득이 없는 고령자들도 많아서 정부에 기대지 않고 주택 임대를 통해 스스로 안정적인 노후 생활을 유지한다. 다주택 보유가 세금이 들지 않는 고령화 대책이기도 한 것이다.

　　문재인 정부는 다주택자들에게 강력한 제재를 가했지만, 의도했던 주택 가격 하락 효과는 나타나지 않았다. 무주택자의 내 집 마련 기회가 확대되기보다는 자녀에게 주택을 증여하는 건수가 늘어나고 있다(〈그림 4〉). 2020년 전체 매매 거래 대비 증여 거래의 비율은 전국의 경우 12%, 서울의 경우 20%에 달한다. 무주택자가 내 집을 마련하지 못하는 것은 다주택자의 횡포 때문이 아니다. 적시 적소에 충분한 주택을 공급하지 못한 정부의 책임이다. 이를 명확

〈그림 5-5〉 OECD 국가들의 보유세와 거래세

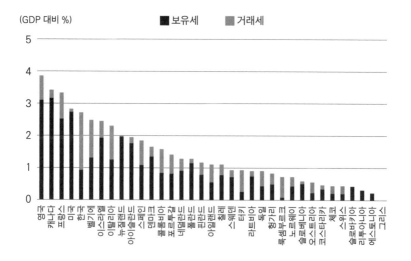

(GDP 대비 %)　　　　■ 보유세　　　■ 거래세

주: 2019년 기준.
출처: OECD. URL: https://stats.oecd.org 접속일: 2021. 9. 16.

히 인식하지 않는다면 주택 정책이 올바른 방향을 찾아가지 못한다.

셋째, 정부는 '부동산 세금이 너무 낮고, 세금을 올려야 주택 가격을 안정시킬 수 있다'라고 믿고 조세 부담을 급진적으로 올렸다. 하지만 부동산 세금이 낮다는 주장은 사실이 아니다. 부동산 관련 세금을 본격적으로 늘리기 이전인 2019년 기준으로도 우리나라 GDP 대비 보유세 및 거래세 합산 비율은 OECD 국가 중 다섯 번째로 높았다(〈그림 5-5〉). 세목별로 보면 거래세는 OECD 국가 중 1위였고, 보유세는 중간 수준으로 결코 낮지 않았다.

한편 "다른 조건이 다 같다는 전제 하에" 세금을 인상하면 주택 가격이 떨어지겠지만, 현실에서 그 조건이 충족되기란 거의 불가능하다. 주택 가격은 유동성, 이자율, 소비자 선호, 지역별 수급 등 수많은 요인으로부터 영향을 받으며 조세는 그중 하나의 요인에 불과하다. 실제로 이번 정부에서 세 부담이 급격히 늘어난 결과 주택을 사지도 못하고 팔지도 못하는 사람은 많아졌지만, 가격은 떨어지지 않고 있다.

4) 향후 주택 정책에 대한 제안

① 정책 목표의 재설정

지금과 같은 총체적인 난국에서 어떻게 해야 주택 시장의 어려움이 개선될 수 있을까? 당연한 이야기지만, 먼저 정책 목표를 명확히 설정하고 이를 달성하기 위한 구체적인 전략을 수립하여 정책 역량을 집중해야 한다. 다른 나라들의 예를 보거나 우리나라의 과거 경험을 돌이켜볼 때 주택 정책의 목표를 '국민의 전반적인 주거 수준 향상과 사회적 약자에 대한 주거 복지 확충'[2]으로 정하는 것이 바람직하다. 전체적인 주거 수준을 높여가는 한편 사회적 약자들도 인간다운 존엄을 지키며 건강하고 안전한 주거 생활을 할 수 있도록 정부가 보호막을 제공하는 것이다.

이러한 목표는 '계층별 맞춤형 지원'이라는 전략으로 뒷받침해

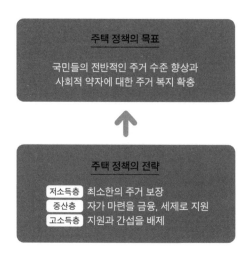

야 한다. 즉 저소득층에게는 정부 지원으로 최소한의 주거를 보장하고, 중산층에게는 스스로 주택을 마련할 수 있도록 금융과 세제 측면에서 간접 지원하되, 고소득층에게는 정부의 지원과 간섭을 모두 배제하는 것이다(〈그림 5-6〉). 안정적인 주거는 누구에게나 필요하지만, 주택은 고가의 재화이므로 정부가 국민 다수의 주거를 책임지기는 힘들다. 꼭 도움이 필요한 곳에만 정부의 예산과 정책 역량을 집중하는 것이 한정적인 자원의 효율을 극대화하는 길이다.

이 같은 목표와 전략이 정립된다면, 주택 정책에서 비생산적이고 불필요한 잡음들을 제거할 수 있을 것이다. 예컨대 다주택자 때리기나 재건축·재개발 억제, 조세와 금융의 왜곡, 비정상이 정상으로 둔갑하는 사태 등을 바로잡을 수 있다. 정책 목표의 달성을 위해서는 시장의 힘을 활용하는 한 가지 예를 들자면, 다주택자가 무주택자를 위해 임대주택 공급을 확대할 수 있는 여건을 조성하고 다주택자의 임대소득과 자본이득에 대해서는 정상적으로 과세한다.

다음으로는 범정부 및 학계 전문가의 역량을 모아 중장기 계획을 수립하고 추진하는 종합 시스템, 예컨대 기존 주택정책심의위원회보다 책임과 권한이 대폭 확충된 주택정책위원회를 운영할 필요가 있다. 청와대든 정치권이든 주택 정책의 근간을 너무 쉽게 흔들고, 그 때문에 수백만의 국민이 혼란을 겪는 일이 없도록 주택정책위원회가 금융통화위원회에 준하는 독립적 위상을 갖도록 하는 것이 바람직하다.

그간의 주택 대책들은 주로 단기 경기 변동에 집중되어 중장기에 일어날 일에 대한 예측이라든가 대책 마련에 대한 고민이 부족하였는데, 그 일을 주택정책위원회가 해야 한다. 2015~2017년에는 일본과의 비교를 통해 주택 가격 급락을 우려하였고, 신도시 개발보다는 도시 재생으로 정책의 초점이 맞춰졌었다. 하지만 예상과 달리 수도권을 중심으로 주택 가격이 급등하였고, 뒤늦게 주택의 공급 부족을 인지하였다. 주택은 공급에 시간이 많이 걸리기 때문에(즉, 빵처럼 밤새 구워낼 수 있는 것이 아니기 때문에) 미리 주택 수요의 내용과 물량을 예측하고 공급에 나서지 않으면 가격의 급변동을 피하기 힘들다.

국가재정운용계획에서 주요 재정 지표를 매년 전망하는 것처럼 강화된 주택정책위원회로 하여금 필요한 주택 재고량과 공급 계획 등에 관해 중기적인 시각에서 사전에 목표를 설정하고 안정적으로 관리하게 해야 한다. 지금도 국토교통부에서 10년 단위로 장기 주택종합계획을 수립하여 발표하고 있지만, 주기가 너무 길어서 바뀌는 상황을 전망치에 반영하기가 어려우며, 전망의 정확도 또한 낮다. 주택 가격 급락 등의 마이너스 쇼크도 발생할 수 있는데, 다양한 상황에 대한 예측 시스템 등을 사전에 갖춰 놓는다면 효과적인 대비에 도움이 될 것이다.

한편 저소득층을 위한 공공임대주택 공급이 여전히 중요한 가운데, 공공임대주택의 목표 호수, 입지, 주택 유형 및 크기에 대한 재검토와 민간임대·공공임대 간 역할 분담이 필요하다. 국회예산정책처에 따르면, 2020년 입주를 시작한 공공임대주택의 16.6%(2021년 상반기 기준)가 공실이며, 공실의 대부분은 소형(50m² 미만)이다. 정부는 2025년까지 공공임대주택을 240만 호까지 늘려 임차가구의 25%를 수용할 계획이라고 밝혔지만, 임차인들이 원하는 수준의 주택을 공급할 수 있을지는 의문이다. 민간임대주택 거주자 모두를 '전세난민'으로 보는 것은 잘못이다. 중산층 세입자는 대부분 민간 임대주택에서 수요가 충족되며, 민간 임대주택에 거주 후 주거사다리를 올라가는 국민이 다수임을 상기할 필요가 있다.

② 전면적인 부동산 세제 개편

이번 정부의 잦은 세제 변경으로 세무사도 그 내용을 이해하기가 힘들게 되었고 세 부담도 벌금에 가까워졌다. 요즘 논란 중인 장기보유특별공제만 하더라도 명목이 아닌 실질 구매력 증가에 과세하는 소득 과세의 본질에 충실하도록 하는 장치여서 자의적으로 조정해도 되는 항목이 아니다. 법이 개정되면 실질적인 소득이 없어도 세금을 납부하는 경우가 생기는데, 형평성과 효율성 등 어떤 기준에서도 좋은 방향으로의 개편이 아니다.

이외에도 거의 모든 부동산 세목들이 총체적으로 망가진 상황이어서 단순히 몇 개 조항의 개정만으로 부동산 조세를 정상화할 수 없다. 정부 부처와 연구 기관, 학계 전문가들이 참여하여 가칭 '부동산조세정상화위원회'를 구성하고, 조세의 일반 원칙에 충실한 종합적인 세제 개편안을 마련해야 한다. 관련하여 과거의 '토지공개념연구위원회'와 추진위원회를 참고할 필요가 있다.

앞서 살펴보았지만, 우리나라의 부동산 조세 부담은 이미 세계적으로 높은 수준이다. 보유세가 낮은 수준이고 이로 인해 주택 가격이 오른다는 주장이 있지만, 보유세 부담이 높은 미국에서는 2000년대 초중반 주택 가격이 급등하여 글로벌 금융위기를 초래했던 반면 보유세 부담이 낮은 독일에서는 부동산 가격 거품을 비껴간 경험을 상기할 필요가 있다. 우리나라도 보유세 인상으로 기대했던 가격 안정 효과를 거둘 수 없음을 이번 정부에서 뼈저리게 경험했다. 조세는 주택 가격을 결정하는 수많은 요소 중 하나일 뿐이다. 조세 인상으로 주택 가격이 하락하더라도 주택을 싸게 산 만큼 내야 할 세금도 많아져 매수자에게 이득이 없다.

이 밖에도 전반적인 양도소득세율 인하, 고가 주택 기준 상향 조정, 양도소득세 장기보유특별공제가 inflation indexing임을 인식, 취득세율 단일화, 종합부동산세 부과 기준을 보유 주택 수에서 주택 가액으로 변경 및 세율 인하, 은퇴 후 현금흐름이 원활하지 않은 고령자에 대한 보유세 감면, 생애 최초 구입자에 대한 취득세 감면 및 대출 관련 소득공제 확대, 공시지가와 과표 산정 방식 및 목표 재검토 등의 내용이 세제 개편안에 포함되어야 할 것이다.

③ 부동산 금융의 본질 회복

부동산은 고가이므로 개발, 취득, 보유 전 단계에서 금융의 활용이 당연시된다. 대부분의 선진국에서는 젊을 때 주택 담보 대출, 즉 모기지를 활용해 주택을 매수하고 장기에 걸쳐 천천히 갚아 나가는 생애 패턴이 보편화됐다. 우리나라에서는 2000년 전후부터 주택 담보 대출이 활성화되었는데, 다른 나라보다 늦게 시동이 걸린 만큼 그 증가 속도가 매우 가팔랐고, 주택 담보 대출로 인해 금융 시스템이 불안해질까 우려하는 경계의 목소리가 높았다.

주택 가격 하락이나 금리 인상 등의 충격을 대비한 보수적이고 선제적인 접근, 예컨대 전 금융 기관을 포괄하는 LTV[3]나 DSR[4]

규제 등은 반드시 필요하다. 하지만 정부가 가계 대출을 통제하려는 목적으로 갑자기 주택 담보 대출과 전세 대출을 중단시키게 하면 당장 돈이 필요한 많은 사람이 극심한 어려움을 겪는다. 금융 시스템을 보호하는 규제들도 자금 수요자와 공급자들이 예측할 수 있고 미리 대비할 수 있도록 수립되고 운영되어야 한다. 2005년 이전부터 가계부채발 금융시스템의 불안정에 대한 우려가 제기되었고, 최근에도 많이 부각되고 있다. 현재 가계부채가 높은 수준인 것은 맞지만, 주택담보대출은 여전히 서민 신용대출이나 중소기업 대출 등에 비해 높은 건전성을 유지하고 있다는 사실 또한 감안해야 한다. 갑자기 대출을 동결하여 많은 사람들이 극심한 어려움을 겪도록 할 정도로 긴급한 위기인지, 또 상황이 임박한지 의문이다.

아울러 금융 시스템 안정 이외의 다른 목표들 때문에 금융 본래의 역할이 저해되는 상황은 피해야 한다. 주택 가격 상승을 억제하려고 주택 대출을 막는 바람에 중산층의 내 집 마련이 힘들어졌고 시장은 현금 동원력이 큰 사람들만 참여할 수 있게 되었다. 반면 전세 대출은 그동안 규제 강도가 낮아 상대적으로 방만하게 운영되면서 전세가 및 매매가 상승의 원인 중 하나가 되었다. 또한 일부 금융 기관은 주택 대출 규제를 피해 중소 빌딩이나 토지 등에 대한 대출을 늘리고 있어 자금 운용 리스크는 오히려 높아졌다.

주택 담보 대출은 내 집 마련의 꿈을 실현하는 중요한 수단으로, 특히 최초 주택 구입자에게 미치는 금융의 영향력은 절대적이다. 이는 주거사다리를 올라가는 첫걸음을 떼게 하는 효과에 비견할 수 있다. 이들에게 80~90%의 LTV, 50% 정도의 DSR을 적용하고, 한국주택금융공사 등 공적 금융기관에서 저금리 대출을 실행하며, 지급 이자에 대한 세금 감면 혜택을 늘리는 등의 파격 지원을 하는 것이 바람직하다. 중산층 소비자에 대해서도 지금처럼 하룻밤 사이에 대출을 동결하는 식으로 규제를 하면 부작용이 크다. 금융 안정을 목표로 한다면 지역별로 차별화된 상한이 아닌 보편적 상한을 적용해야 한다. 차입자 상환 능력과 담보 가치 등에 따라 70~80%의 LTV, 40~50%의 DSR 수준을 고려하되 금융기관의 자율성 또한 확대해야 한다.

④ 불필요한 규제의 정비

정부는 2017년 12·13 대책에서 임대인들에게 민간 주택 임대업자 등록을 적극 권장하다가 2018년 9·13 대책부터는 세제 혜택을 대폭 축소하여 임대 주택 시장을 교란했다. 임대인들을 갑자기 갭 투자의 원흉으로 몰아서 각종 제재를 가하니 임대 사업자들이 장기적·안정적으로 임대 주택 공급을 담당하는 데 필요한 정책 신뢰가 무너졌다. 세입자를 보호하면서도 임대인이 일방적으로 손해를 보지 않도록 하기 위해 임대 사업자 제도 혜택을 본래대로 회귀해야 한다. 사업자에 대한 규제와 지원이 병행되어야 민간 임대 주택 시장이 유지될 수 있다.

또한 임대차 3법이 시장을 함부로 뒤흔든 여파도 가시지 않고 있는데, 임대차 3법의 적용도 임대인에 대한 지원과 병행되어야 한다. 이중, 삼중의 전세 가격이 형성되고, 임대인과 임차인 간 분쟁이 끊이지 않으며, 임대 물량이 줄어 전·월세 가격이 급등하고 있다. 재건축 조합원에 2년 실거주 의무를 부과하려고 하다가 철회하였는데, 이미 집주인과 세입자 모두 커다란 심리적·금전적 고통을 겪은 후였다.

문재인 정부가 재건축·재개발 사업 등 도시 정비 사업에 호의적이지 않았음은 이미 언급하였다. 그 결과 2020년 기준으로 30년 이상 노후 주택은 전국 360만 호(주택재고의 19.4%), 서울 59만 호(19.5%)이며, 20년 이상은 거의 절반 수준에 이른다. 소비자들이 원하는 새로운 주거 문화에 맞추려면 이러한 낡은 주택들을 정비할 필요가 크다.

2014년 도입된 도시재생뉴딜 사업은 실효성이 없는 데 비해 재건축·재개발은 정부 지원에 기대지 않고 민간 스스로 주거 여건과 도시 환경을 개선하는 실질적인 도시 재생 사업이고, 도심 내 주택 공급 확대를 위한 유력한 수단이다. 이들 사업을 활성화하도록 규제를 전면적으로 완화해야 한다. 특히 재건축 안전 진단 기준 등은 정부의 기조에 따라 매번 바꾸지 말고 절대적인 기준을 설정하여 예측 가능성을 높이고 사회적 비용을 낮추는 것이 바람직하다. 이 밖에도 임대주택 건설의무, 재건축 초과이익환수제, 분양가 상한제 등의 규제를 대폭 완화하고 공공주도는 주민들의 의사에 반하여 강제할 것이 아니라 선택 가능하도록 해야 한다. 다만 동시다발적 사업 추진이 가져올 수 있는 전세난, 인프라 과부하 등의 문제를 해결하기 위해 우선순위를 정해 사업이 순차적으로 진행되도록 해야 할 것이다.

한편 주택 가격을 잡으려는 궁여지책 중 하나로 서울 강남 일부 지역에서 토지거래허가제가 시행되고 있다. 담당 공무원이 어떤 사람이 어떤 주택에 살 수 있는지를 판단한다. 광범위한 토지 투기에 대응하여 시장을 동결시키려고 고안한 1980년대 규제를 21세기 주택 소비자들에게 적용한 시대착오적인 행태이다.

또 정부는 부동산거래분석원을 설립하여 불법 및 탈법적인 거래를 잡아내겠다고 하지만, 이러한 시도들이 매번 별 성과가 없었던 전례를 보면 이 기구에 기대를 걸기 어렵다. 수사 기관, 국세청 등이 일상 업무로서 위법 행위를 단속하면 된다. 그리고 공직자, 정치인의 다주택 보유를 비난하고 막겠다고 하지만, 이는 헌법상 기본권 침해로 보인다. 경제 문제를 도덕 문제로 치환하여 희생양을 찾는 접근은 언제나 위험하다.

⑤ 정책 신뢰성의 회복

이번 정부에서 부동산 가격은 수단과 방법을 가리지 않고 달성해야 할 정책 변수란 인식이 굳어졌지만, 가격은 시장 참여자들의 활동으로 나타난 결과일 뿐 오를 때도 있고 내릴 때도 있다. 이런 경기 변동에 정부가 큰 영향력을 미치기는 어렵다. 단기적으로 가격 추세를 역전시키려고 억지를 부리다 보니 부동산 시장의 피로도가 커지고 정책에 대한 신뢰가 땅에 떨어졌다. "부동산은 자신 있다"라던 정부를 더는 믿지 않게 되어 이제 정부가 차라리 가만히 있어 줬으면 좋겠다는 국민이 많다.

국민들이 장기적으로 신뢰할 수 있는 정책 운용이 필요하다. 주택 정책 차원에서 거시경제 요인들(이자율, 유동성, 소득 등)은 통제하기는 어려울 것이나, 미시적인 수급 요인들은 면밀히 살피고 계획하면 공급 부족 등으로 인한 가격 급등은 막을 수 있다. 정책이 시장을 교란시키는 일이 반복되지 않도록 하는 것이 필요하며, 앞서 제안한 정책 방안들은 정책의 신뢰성 제고에 도움이 될 것이다. 특히 '주택정책위원회'는 의도적인 경직성을 가지고 주택 정책이 운용되도록 하여 지속성 및 예측가능성을 확보하는 데 기여할 것이다. 거듭 강조하지만, 정책의 한계를 인식하고 시장의 힘을 적절히 활용해야 장기적으로 안정적인 정책 운용이 가능하다.

앞서 제시한 정책 과제들이 모두 부동산 정책에 대한 신뢰를 회복하는 데 중요하지만, 통계의 문제를 추가로 지적하고자 한다. 많은 학계, 연구계 부동산 전문가는 정부의 공식 통계인 한국부동산원 자료의 정확성에 대해 의문을 제기한다. 정부의 입김으로 통계 작성 과정이 변질되었다고 생각하며, 결과물도 현실과 크게 괴리되어 있다. 기초 자료가 잘못되어 있으면 그것을 통해 분석한 결과도 의미가 없어지며, 현실의 문제를 고칠 수 없는 엉뚱한 정책 방향만 내게 된다. 통계의 독립성과 객관성이 좀 더 확보될 수 있도록 통계청으로의 관련 업무 이관이 필요하다.

부동산 정책 실패의 근본 원인은 '(투기 억제, 가격 조절 등) 할 수 없는 일을 하겠다고 하고, (공급 확대, 재건축·재개발 활성화 등) 해야 할 일을 하지 않는 것'으로 요약된다. 정책의 한계를 분명히 인식하고, 시장의 힘을 적절히 활용하는 지혜가 필요하다. 예를 들어 정부가 장기 계획하에 신도시 건설, 도시개발, 도시정비 사업 등을 통해 택지 공급을 충분히 하고, 민간 사업자들이 시장 상황을 면밀하게 살피면서 적시 적소에 소비자들이 원하는 주택을 공급하는 식으로 역할분담을 잘 하면 적어도 수급 불균형에 의한 가격 변동을 줄일 수 있을 것이다. 만일 재개발·재건축 등을 위시하여 주택 공급 측면에서 시장이 작동하도록 허용했다면 상당수 문제가 애초에 발생하지 않았을 것이다.

마지막으로, 단기적인 주택경기 변동보다는 고령화와 인구 감소 등 장기적인 추세에 대응해야 한다. 사람들은 서울 등 중심 도시로 더 몰리며, 농촌과 지방 중소 도시에서는 빈집과 구도심의 공동화 문제가 심화되고 있다. 이러한 주택시장의 양극화 문제에 대처하기 위해 도시 재생 사업들이 추진되고 있지만, 아직도 효과적인 사업 방식은 정립되지 않았다. 차기 정부는 더 실효성 있는 대안을 찾아야 할 것이다. 또한 고령자들의 생계 안정을 위해 주택연금이 권장되고 있으나, 수수료 및 이자 부담을 낮출 방안이 모색되어야 한다. 고령자의 금융 자산도 위험 부담이 낮고 현금흐름이 안정적인 리츠에 투자되는 것이 권장되는데, 현재의 배당금 분리 과세 한도가 너무 낮아 실질적인 도움이 되지 못한다는 문제도 개선될 필요가 있다.

주택 시장은 국민 각자가 행복을 위해 오랜 기간 준비하고 계획하여 어렵사리 실행에 옮기는 무대이다. 이렇게 소중한 무대를 마구 대하는 부동산 정책들은 국민의 행복 플랜을 무너뜨린다. 국민들의 희망을 존중하는 겸허하고 신중한 자세가 필요하다. 머릿속의 고정관념이나 이념에 집착하기보다는 "사람이 먼저다."

제5장의 정책 제안 요약

정책 목표의 재설정

- 주택 정책의 목표로 '국민의 전반적인 주거 수준 향상과 사회적 약자에 대한 주거 복지 확충'을 설정하고 '계층별 맞춤형 지원'이라는 전략으로 뒷받침함으로써 정책 역량을 집중.
- 기존 주택정책심의위원회보다 책임과 권한이 대폭 강화된 '주택정책위원회'를 구성하고, 중장기 계획을 수립하고 추진.

전면적인 부동산 세제 개편

- 우리나라의 부동산세 부담은 이미 세계적으로 높은 수준이며 심하게 왜곡되어 있음. '부동산조세정상화위원회'를 구성하고 조세의 일반 원칙에 충실한 종합적인 세제 개편안을 마련해야 함.

- 양도소득세율 인하 및 고가 주택 기준 상향 조정, 양도소득세 장기보유특별공제가 inflation indexing임을 인식, 취득세율 단일화, 종합부동산세 부과 기준 변경 및 세율 인하, 고령자에 대한 보유세 감면, 생애 최초 구입자에 대한 취득세 감면, 대출 관련 소득공제 확대, 공시지가와 과표 산정 방식 및 목표 재검토 등의 정책이 필요.

부동산 금융의 본질 회복

- 금융 시스템을 보호하는 규제들은 자금 수요자와 공급자들이 예측할 수 있고 미리 대비할 수 있도록 수립되어야 함.

- 금융 시스템 안정 이외의 다른 목표들 때문에 내 집 마련을 돕는다는 금융 본래의 역할이 저해되면 안 됨.

- 또한 금융 시스템에서는 지역별로 차별화된 상한이 아닌 보편적 상한을 적용하되, 금융기관의 자율성 또한 확대.
  - 최초 주택 구입자에게는 80~90%의 LTV, 50%의 DSR 적용, 저금리 대출 실행, 지급 이자에 대한 세금 감면 등

의 파격적인 지원을 할 필요 있음.

- 중산층 소비자에게는 70~80%의 LTV, 40~50%의 DSR
  수준을 고려.

불필요한 규제의 완화

- 잦고 불필요한 규제로 부동산 시장의 혼란이 더욱 가중된
  바, 임대 사업자 제도를 2017년 수준으로 회귀하고, 재건
  축·재개발 사업을 활성화하며, 토지 거래 허가제를 폐지하
  려는 노력이 필요.
- 아울러 부동산거래분석원 설립 추진, 다주택 공직자의 강
  제 매각 등도 중단해야 함.

정책 신뢰성의 회복

- 정책의 한계를 분명히 인식하고, 시장의 힘을 적절히 활용
  하는 지혜가 필요.
- 부동산 관련 통계를 한국부동산원에서 통계청으로 이관하
  여 통계의 독립성과 객관성을 확보.
- 고령화와 인구 감소와 같이 장기적으로 주택 시장에 영향
  을 미칠 문제들에도 관심을 가져야 함.

06

금융 산업, 서비스업 경쟁력 제고의 선봉장 될 수 있나?

민세진(동국대)

1) 제조 강국 한국의 금융 현실

지금으로부터 약 10년 전인 2012년에 당시 모건스탠리의 신흥 시장 투자 책임자 샤르마(R. Sharma)가 『Breakout Nations』라는 책을 썼다.[1] 지금도 그렇지만 그때도 우리나라에 대한 '객관적' 평가에 목말라 있어서, 14개 장 중에 한 장이 온전히 한국에 할애되었다는 사실만으로도 책을 살 이유가 충분했다. 게다가 해당 장의 제목이 무려 "The Gold Medalist"였으니 기쁜 마음으로 열독할 수밖에 없었다.

샤르마가 지구상의 떠오르는 시장들을 평가하며 우리나라를 성장의 '금메달'로 꼽은 가장 중요한 이유는 제조 강국이라는 점이다. 50년을 연속으로 연간 5% 이상 성장한 나라는 전 세계에 우리나라와 대만뿐인데, 그중에서도 최첨단 제조업의 글로벌 브랜드들을 보유한 우리나라가 진정한 승자라는 것이다.

이 책에서 흥미로운 점은, 선진국들이 보여온 성장 모델에 따르면 제조업이 이 정도 커지고 무르익었을 때 자연스럽게 등장해야할 내수 시장의 발달이나 서비스업의 성장이 우리나라에서 나타나지 않고 있는 것에 대한 분석이다. 샤르마는 한국의 서비스업 생산성이 제조업의 절반 수준에 머무르는 주요한 이유는 정부의 규제와 지침이 서비스업을 지나치게 간섭하기 때문이라고 단언하고 있다.

샤르마가 관찰했던 서비스업 부진은 현재도 진행 중인 것으로 보인다. OECD 국가들에 대한 통계를 보면, 창출된 부가가치 전체에서 서비스업이 차지하는 비중은 우리나라가 62.3%로, 대표적인 제조 강국으로 꼽히는 독일의 69.6%, 일본의 70.0%에 비해서도 낮다(2019년 기준). 결과적으로 부가가치에서 서비스업 비중은 OECD 국가 중 최하위 수준이다.[2]

부가가치는 생산 과정에서 창출된 가치로서 경제 전체에 합치면 국내총생산(GDP)이 된다. 따라서 부가가치의 크기가 경제 규모를 결정한다. 문제의 핵심은 단순히 서비스업의 비중이 다른 나라에 비해 낮다는 것이 아니라, 동일한 사람 수나 동일한 노동 시간을 투입해서 만들어내는 부가가치가 제조업에 비해 서비스업이 현저히 낮다는 데 있다. 따라서 우리나라가 만약 제조업의 경쟁력을 유지하면서 서비스업 생산성을 향상할 수 있다면 이는 경제 성장의 새로운 동력이 될 것이다.

서비스업 발전은 이명박 정부(2009~2013년)의 '신성장 동력 육성 사업'에 포함된 이래 강조되어왔다. 그런데도 여전히 눈에 띄는 개선이 없는 답답한 현실이다. 금융 산업은 서비스업 중에서도 대표적인 산업이고, 높은 부가가치를 창출할 수 있다고 인식되는 분야이다. 따라서 금융 산업의 발전이나 선진화 역시 구체적인 표현이 바뀌며 역대 정권들에서 종종 국정 과제에 포함되어왔다. 하지만 우리나라 금융이 경쟁력 있는 산업이라고 일반적으로 인식되지는 않는다.

우리나라 금융 산업의 부가가치에 대한 두 가지 단면을 보자. 서비스업이 창출하는 부가가치 중 금융·보험의 비중은 2019년에 9.3%로, 19개 서비스업 분야 가운데 부동산, 도·소매업 등에 이어 5번째이다. 매출 금액 대비 부가가치의 비율인 부가가치율을 살펴보면 금융·보험은 58.9%로 서비스업 평균 56.3%를 상회한다. 그러나 이는 예컨대 사업 시설 관리 서비스(77.7%)나 교육(71.1%), 사회 복지(63.2%)보다도 낮은 수치여서 부가가치 제고의 여지는 커 보인다.[3]

그렇다면 어떻게 금융 산업이 창출하는 부가가치를 높일 것인가? 이를 위해 모색해야 할 정책 방향은 무엇일까? 이 질문들에 대한 답에 접근하려면 먼저 금융 산업의 본질과 현 상황을 이해할 필요가 있다. 금융은 자금을 융통하는 일이다. 금융 산업은 자금을 필요로 하는 국내외 가계나 기업, 정부가 자금을 보유한 국내외 가계나 기업, 정부로부터 자금을 조달하는 것과 관련된 업무를 수행하는 회사들로 구성된다. 따라서 기본적으로 자금 수요가 많거나 공급할 자금이 많은 (또는 둘 다 갖춘) 국가가 금융 산업을 발전시키기에 유리하다.

또한 금융 산업은 눈에 보이는 실물을 거래하는 것이 아니어서 신뢰를 쌓는 것이 필수적이기 때문에 그러한 신뢰를 쌓을 절대적인 시간이 요구된다. 사실 전통적인 금융 선진국인 영국이나 미국을 보면 금융의 역사가 대형 사건·사고로 점철되어 있지만, 그러한 수백 년의 시간을 거치면서 축적한 인프라와 문화가 그들 금융의 가장 강력한 무기라고 할 수 있다. 그러나 아시아의 금융 허브로 이름 높은 싱가포르의 경우 그만큼 축적의 시간을 거친 것이 아니기에 금융 산업의 발전에 여러 측면이 있다는 것을 알 수 있다.

이 장에서는 금융 산업의 성장 방향을 자금 수요 측면, 자금 공급 측면에서 가늠해보고 금융 산업에 잠재적 지각 변동 요인인 금융의 디지털화에 대해서도 논의하기로 한다.

2) 자금 수요: 금융은 기업이 키운다

금융 산업이 자금 거래 규모가 크고 건수가 많을수록 외형적으로 성장하리라는 예측은 너무나 당연하다. 따라서 경제가 성장하면서 금융 산업은 저절로 커지는 면이 있다. 경제활동이 활발할수록 필요한 자금도 늘기 때문이다. 자금 수요는 개인이나 가계가 대출받고자 하는 데에서도 발생하지만 이보다 더 견실한 원천은 기업에서 나온다. 기업에서 자금이 필요한 주요 이유는 경쟁력 제고나 사업 확장 등을 위한 투자 확대이므로, 기업의 성장 전망이 밝아야 자금 수요가 증가한다. 즉 금융 산업 발전의 중요한 한 요소는 기업의 긍정적 성장 전망이다.

사실 우리나라처럼 경제의 무역 의존도가 높은 나라에서는 기업의 성장 전망이 국외 요인에 좌우되는 정도가 커서 우리 자체의 노력으로 할 수 있는 일에 한계가 있다. 그러나 동일한 양의 자금이라도 기업이 어떤 방법으로 조달하는가에 따라 금융 산업의 부가가치 창출에 다른 결과가 초래된다. 기업의 자금 조달 방법은 은행으로부터의 대출이나 자본 시장에서의 채권 및 주식(지분 증권) 발행이 대표적인데, 특히 대출보다는 채권이나 주식 발행이 금융 산업 입장에서는 일반적으로 부가가치가 높은 분야, 쉽게 말해 더 큰 돈을 벌 수 있는 업무이다.

그런데 우리나라 민간 기업의 자금 조달 방법을 보면, 대출의

<그림 6-1> 민간 기업의 외부 자금 조달 구성

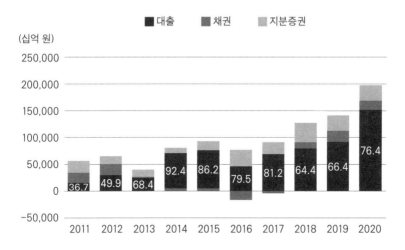

출처: 한국은행. 경제 통계 시스템.[4]

비중이 압도적이고 채권이나 주식 발행은 많아야 30% 수준이다
(《그림 6-1》). 물론 선진국 대부분에서도 민간 기업 자금 조달에 있어
대출의 비중이 매우 높다. 예외적으로 미국에서 채권 발행 비중이
높은 편이지만, 미국에서조차 대출을 통한 자금 조달이 반을 넘는
것으로 집계된 바 있다.[5] 그럼에도 채권 및 주식 발행과 같이 자본
시장을 통한 자금 조달이 증가하는 것이 금융 산업 성장에 한 축
이 될 수 있다.

물론 기업이 자금을 어떻게 조달하는가는 기업이 결정할 몫이
다. 기업 입장에서는 자본 시장을 통한 자금 조달이 저렴한 비용에
잘되면 기꺼이 이용하려고 할 것이다. 자본시장이 발달하면 기업이

선택할 수 있는 폭이 넓어지고, 특히 주식 발행이 원활하면 기업이 부채 부담을 최적화할 수단이 생기는 것이어서, 금융 산업 성장보다 더 본질적인 의미가 있다.

이러한 자금 조달 결정에 자문을 제공하고 실제로 자금 조달을 주관하는 것이 투자은행의 역할인데, 보통 증권사로 불리는 회사의 업무에 투자은행 업무가 포함된다.[6] 투자은행으로서의 증권사 역량이 커지고 증권사 간 경쟁이 치열해지면 자본 시장을 통한 자금 조달 비중이 커질 것으로 예상된다.

투자은행으로서의 역량은 경험을 통해 쌓을 수도 있지만, 단기간에 높이는 방법 중 하나는 외국계 투자은행으로부터 학습하

〈표 6-1〉 인수·합병 주관사 순위(완료된 거래 금액 기준)

2015년		2020년	
순위	주관사	순위	주관사
1	도이치증권	1	크레디트스위스
2	씨티글로벌마켓증권	2	모건스탠리
3	JP모간	3	삼일PwC
4	HSBC	4	JP모간
4	바클레이즈	5	씨티글로벌마켓증권
6	삼일PwC	6	Lazard
7	삼정KPMG	7	골드만삭스
8	NH 투자증권	8	삼정KPMG
9	삼성증권	9	언스트앤영 한영
10	BOA메릴린치	10	KB증권

출처: thebell league table.[7]

는 것이다. 우리나라 자본 시장에서 외국계 투자은행의 활동은 활
발하다. 자본 시장을 통한 자금 조달로 주목받는 이벤트에는 상장
(IPO)과 인수·합병(M&A)이 있는데, 특히 인수·합병 시장에서는 외
국계 투자은행의 성과가 두드러진다(〈표 6-1〉).

　외국계 투자은행들의 존재는 경쟁과 인력의 이동을 통해 우
리나라 투자은행 업계의 전반적인 수준을 향상하는 역할도 하지
만, 한국 자본 시장의 국제적 존재감이나 정보력을 제고하는 데
에도 필수적이다. 그렇다면 외국계 투자은행들이 한국에서 활동
할 여건은 어떠할까? 이를 판단할 수 있는 대표적인 지표로 영국
싱크 탱크 지엔(Z/Yen)이 2007년부터 매년 3월과 9월에 발표하는
GFCI(Global Financial Centers Index, 국제 금융 센터 지수)가 있다. GFCI
는 지엔이 전 세계 주요 도시의 금융 센터로서의 경쟁력을 평가하
여 순위를 매긴 것이다.

　2010년부터 서울의 순위 추이를 중국의 상위 3개 도시인 상
하이, 베이징, 선전과 비교해 보자(〈그림 6-2〉). 서울은 2015년 9월에
6위를 기록하고 2012~2015년 중에는 10위 안에 들었다. 그러나 불
과 4년만인 2019년에 36위로 떨어진다. 반면 중국의 주요 도시들
은 2013년 이후 급속하게 순위가 상승하여 2021년 3월에는 모두
10위 안에 들어왔다.

　서울은 2019년 이후 핀테크 분야의 가파른 순위 상승에 힘입
어 빠른 회복세를 보이고 있으나,[9] 홍콩의 정치적 불안정에도 불구

〈그림 6-2〉 GFCI 순위 추이

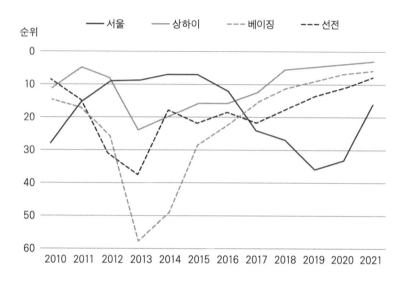

주: 3월 발표 결과 가공.
출처: The Global Financial Centers Index.[8] 7-29

하고 반사 이익을 얻고 있지 못하다는 평가를 받는다. 중국의 주요 도시들의 사례와 비교해보면 금융 산업의 양적 성장에 있어서 자금 수요의 힘이 얼마나 중요한지 새삼 알 수 있다.

3) 동북아 금융 허브를 꿈꾸다?

서울은 국제적 금융 센터로 자리매김할 수 있을까? 이를 지향하는 '동북아 금융 허브'는 노무현 정부 때인 2003년 말부터 추진된 목표이다. 2007년에는 '금융 중심지의 조성과 발전에 관한 법률'이 제정되었고, 정권이 바뀐 2008년 이명박 정부는 이 법에 따라 3년 단위의 '금융 중심지의 조성과 발전에 관한 기본 계획'을 처음으로 수립했다. 당시 외국계 금융 회사 유치를 위한 지원 체계 구축이 명시되어 있었다. 서울과 부산이 금융 중심지로 지정된 것이 2009년이다. 이후 서울의 GFCI 순위가 크게 상승한 것을 〈그림 6-2〉에서 확인할 수 있다.

그러나 앞서 언급한 것과 같이 GFCI 순위는 2016년 주춤하다가 이후 크게 하락한다. 이 순위는 외국계 금융 회사가 우리나라로 진입한 추이와도 유사하다(〈그림 6-3〉). 국내에 있는 외국계 금융 회사 수는 꾸준히 증가하였다가, 2016년 말 기준으로 168개로 정점

〈그림 6-3〉 국내 진입한 외국계 금융 회사 수(연도 말 기준)

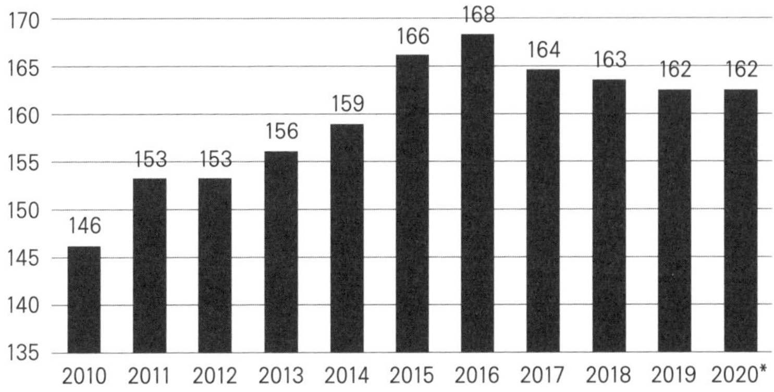

* 2020년 1분기 실적.
출처: 제4차 및 제5차 금융 중심지의 조성과 발전에 관한 기본 계획.

을 찍은 후 하락세이다.

2017년 9월에 발표된 '제4차 금융 중심지의 조성과 발전에 관한 기본 계획'에서는 이러한 추세에 대한 이유 중 하나를 '아태 지역 금융 중심지 역할을 이미 홍콩·싱가포르가 선점하였고, 글로벌 금융 회사들이 해외 영업 거점을 축소하는 경향'으로 분석하고 있다.[10] 하지만 같은 기간 상하이, 베이징, 선전 등의 GFCI 순위가 꾸준히 상승한 것을 보면 외국계 금융 회사들이 모든 지역에서 영업 거점을 축소했을 것으로 보이지는 않는다.

전통적인 아시아 금융 허브인 홍콩과 싱가포르, 도쿄의 경우 2019년까지 순위 변화가 거의 없다. 싱가포르와 홍콩은 세계 3위, 4위를 안정적으로 유지해왔고, 도쿄도 5~6위를 지켜왔다. 최근 중국 본토 도시들의 부상에도 2021년 3월 현재 홍콩 4위, 싱가포르 5위, 도쿄 7위이다. 특히 홍콩의 정치적 불안으로 글로벌 금융회사들의 행보가 주목받았을 때, 그들의 선택은 한국이 아니었다.

다수의 외국계 투자은행 경영자는 한국에 최소한의 조직만 유지할 뿐이라고 말해왔다. 경직적인 금융 규제 환경이 고질적인 문제점으로 꼽히지만, 그들이 말하는 정작 더 큰 걸림돌은 세제와 노무 환경이다. 싱가포르와 홍콩은 법인세 및 소득세가 매력적인 것으로 유명하다.[11] 하지만 우리나라의 경제 규모에서 외국계 금융 회사 유치를 위해 세제를 바꾸기는 쉽지 않다.

주목할 만한 문제는 노무 환경이다. 한국의 노무 환경 역시 국제 비교를 통해 짚어 보자. 경영자 시각의 국제 비교로 대표적인 자료에는 세계경제포럼(WEF)이 매년 발표하는 국가 경쟁력 보고서가 있다. 보고서의 12개 분야 중 우리나라의 순위가 꾸준히 낮은 분야 중 하나가 '노동시장'이다(2019년 기준 141개국 중 51위). 특히 '노동시장' 하위의 '시장의 유연성' 항목 중에는 100위 밖이 3개나 된다. '노사 간 협조'(130위), '부가적인 해고 비용'(116위), '고용 및 해고 관행'(102위)이다.

이 중 '부가적인 해고 비용'은 경영자가 근로자의 해고에 앞서 일정 기간 전에 이를 알려줘야 하는 법규 때문에 근로자에게 지급해야 하는 추가 임금과 해고 시 퇴직금을 합친 것이다. 우리나라는 이 비용이 27.4주치 급여에 해당한다. 경영자가 해고 결정을 할 때 평균적으로 월급 반년 치 이상이 소요될 것을 예상해야 한다는 뜻이다. 1위인 싱가포르는 3주치 급여가 필요하고, 일본도 4.3주치에 불과하다.

우리나라 노동시장의 경직성은 외국계 금융 회사나 금융 산업에만 국한된 문제가 당연히 아니다. 그러나 합리적인 노사 관계를 구축하고 노동시장의 유연성을 제고하는 것이 금융 산업의 발전을 위해서도 매우 중요한 문제임을 강조하고자 한다. 더구나 노동시장의 문제는 외국계 금융 회사 유치에만 필요한 해법이 아니다. 이에 대해서는 마지막 장에서 다시 논의하기로 하고, 금융 산업 발전에 당장 쓸 수 있는 카드에 관해 이야기해보자.

4) 자금 공급: 돈을 키우자니 돈이 부족한 현실

금융 산업 잠재력의 둘째 척도는 보유 자금 규모이다. 보유 자금, 즉 금융 자산은 자금 공급 측면에서 금융 산업을 밀어 올릴 수 있는 한 축이 된다. 이 측면에서 우리나라는 다소 뒤섞인 성장성을 갖고 있다. 우선 급격한 경제 성장과 베이비 붐 세대의 자산 축적으로 금융 자산 규모는 빠른 속도로 증가해왔다. 2010~2020년만 놓고 보더라도 우리나라 전체 금융 자산의 연평균 증가율은 4.5%로, 경제성장률 1.4%를 웃돈다.[12] 우리나라 국민연금 기금은 금융 자산 성장의 한 단면을 보여준다. 국민연금 기금의 운용 규모는 2021년 5월 말 현재 약 892조 원이며,[13] 일본의 공적 연금 펀드(GPIF), 노르웨이의 정부 연기금(GPFG)에 이어 2015년에 세계 3위로 올라섰다.[14]

그러나 현시점의 금융 자산 축적 정도는 선진국에 비해 적다. 금융 자산 축적 정도는 금융 연관 비율(또는 Goldsmith ratio)을 통해 판단할 수 있다. 통상 금융 연관 비율은 금융 자산을 국민 총소득(GNI)으로 나눈 배수를 이용하는데, 우리나라는 그 배수가 6.7로 주요 선진국보다 낮다(〈그림 6-4〉). 문제는 자산 축적에 주요한 역할을 하는 생산가능인구(15~64세)가 심각한 저출산과 고령화의 영향으로 2017년에 정점을 찍은 후 하락하고 있어 장기적으로 자산 증가 속도는 떨어질 가능성이 크다는 것이다. 하지만 낮은 금융 연관 비율로 판단해 볼 때, 자산 중 금융 자산의 비율을 높인다면 금융

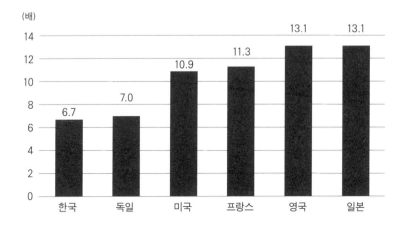

〈그림 6-4〉 주요국의 금융 연관 비율(2019년 기준)

출처: OECD.Stat.[15]

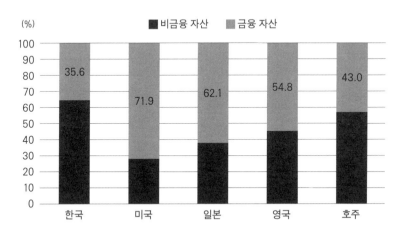

〈그림 6-5〉 주요국의 가계 자산 구성(2019년 말 기준)

출처: 금융투자협회(2021).[16]

자산 증가 속도는 어느 정도 유지할 가능성도 있다.

한국의 금융 연관 비율이 낮은 이유는 무엇일까? 우선 금융 자산의 비중이 적은 것을 확인하자. 〈그림 6-5〉는 5개국의 2019년 말 기준 가계 자산 구성을 비금융 자산과 금융 자산으로 구분하여 보여준다. 우리나라의 금융 자산 비율은 35.6%로 미국, 일본, 영국, 호주에 비해 확연히 낮다. 비금융 자산 비율이 높은 것은 부동산 형태로 보유된 자산이 상대적으로 많기 때문이다.

부동산 자산의 비율이 높은 이유 한 가지는 안정적으로 높은 부동산 수익률일 것이다. 국민은행에서 주택 가격 지수를 발표하기 시작한 1986년을 기준으로 봤을 때 전국 아파트의 평균 총수익은 2017년 말에 13.5배가 되었다(연평균 8.5% 상승).[17] 총수익은 가격 상승에 전세 보증금으로부터의 이자를 포함한 것이다. 서울 강남 아파트는 16.7배(연평균 9.2% 상승), 강북 아파트는 10.4배(연평균 7.6% 상승)가 되었다. 이 기간 물가는 3.2배였으니 부동산 수익률이 높은 것을 확인할 수 있다.

하지만 같은 기간 우리나라 대표적인 주가지수인 코스피는 지수 상승에 배당으로부터의 수익을 포함하여 21.4배가 되었다(연평균 10.1% 상승). 즉 총수익률만 놓고 보면 주식 보유가 아파트 보유보다 나았다는 뜻이다. 이러한 사실은 적어도 우리나라 가계의 금융 자산 중에서는 주식이 차지하는 비율이 낮지 않은 것으로 드러나긴 한다.

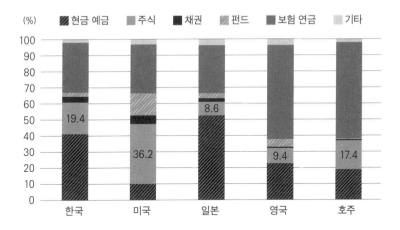

〈그림 6-6〉 주요국의 가계 금융 자산 구성(2019년 말 기준)

출처: 금융투자협회(2021).[18]

    〈그림 6-6〉을 보면 금융 자산 중 주식이 차지하는 비율은 2019년 말 기준 우리나라가 19.4%로, 미국보다는 낮지만 일본, 영국, 호주보다 높은 것을 확인할 수 있다. 그렇더라도 금융 자산 자체의 비중이 크지 않는 것은 수익률이 전부가 아니라는 것을 시사한다.

    주식 보유의 문제는 수익이 평균적으로 높을 수는 있지만 그 변동성이 매우 크다는 점이다. 게다가 우리나라 부동산의 경우 2008년 폭락 경험이 있는 미국이나 1990년대부터 하락세인 일본과 달리 다소 정체한 기간은 있으나 지속적인 상승 추세를 보여 왔다. 우리나라의 급격한 인구 고령화를 생각하면 안정적이면서 비교적 높은 수익률을 낼 수 있는 자산 형태에 대한 수요는 앞으로 더 커질 텐데, 부동산을 대체할 만한 금융 투자 상품이 충분히 제시되고 있지 않다는 사실이 가계 자산 구성에서 드러나는 것이다.

사실 부동산에 편중된 가계 자산 구성은 지속적으로 문제시 되어왔다. 일단 부동산은 얼마나 용이하게 현금화될 수 있는지를 의미하는 유동성 측면에서 봤을 때 자산으로서 큰 단점을 갖고 있다. 물론 우리나라에 특이한 전세 제도가 부동산의 이러한 단점을 보완해오긴 했지만, 안정적이면서 수익률이 양호한 금융 투자 상품이 많아진다면 얼마든지 금융 자산의 규모와 비중은 커질 수 있다.

〈그림 6-6〉의 주요국의 가계 금융 자산 구성을 보면, 미국은 펀드의 비중이, 영국과 호주는 보험 및 연금의 비중이 비교적 높은 것이 눈에 띈다. 분류상 보험 및 연금이지만 사적 연금이 발달된 영국과 호주임을 감안하면 상당한 비중이 연금일 것으로 추측된다. 펀드나 연금을 통해 금융 자산을 불리는 것의 핵심은 한정된 자금으로 분산 투자, 즉 포트폴리오 투자를 하되 전문가의 운용 능력을 이용한다는 것이다.

미국에서 가계 금융 자산 중 펀드의 비중이 다른 나라들보다 높은 이유에는 긴 연혁과 세계 최고 수준으로 인정받는 자산 운용 능력이 있을 것이다. 우리나라에서 주식 보유 비중이 높은 데 비해 펀드 비중이 낮은 것은 우리나라 투자자들이 수익 변동성이 높은 자산을 기피한다기보다는 펀드가 가입자에게 부과하는 운용 보수에 상응하는 자산 운용 능력을 지녔는지에 대해 높은 신뢰를 갖고 있지 않기 때문인 것으로 보인다.

이를 방증하는 또 다른 현상은 상장 지수 펀드(ETF: Exchange Traded Fund)의 인기다. 상장 지수 펀드는 펀드에 포함된 기초 자산의 수익률을 따라가되 주식처럼 거래소에서 자유롭게 거래할 수 있고 일반 펀드보다 운용 보수가 낮다는 장점이 있다. 국내 상장 지수 펀드는 2011년 말 106개가 거래소에 상장되어 있던 것이 2021년 상반기 말에 490개에 육박하고, 운용 순자산 총액은 같은 기간 9.9조 원에서 60.3조 원으로 증가했다.[19]

2021년 상반기만 놓고 보면 상장 지수 펀드에 1조 1,800억 원이 순유입된 것과 대조적으로 상장 지수 펀드를 제외한 국내 주식형 펀드에서는 2조 2,337억 원이 순유출됐다.[20] 앞으로 상장 지수 펀드가 어떻게 진화할지는 가늠할 수 없으나, 상장 지수 펀드의 발달과 더불어 일반 펀드의 자산 운용 능력이 제고된다면 가계 금융 자산 확대에 기여할 것으로 기대된다.

5) 금융 디지털화, 그 이상

이상의 내용은 자금 수요 측면과 자금 공급 측면에서 우리나라의 금융 산업 잠재력을 판단해본 것이다. 잠재력이 발현될 수 있으려면 그에 맞는 여건이 갖춰져야 하는데, 급변하는 기술 환경에서 당연히 주목해야 할 방향은 금융의 디지털화이다. 금융의 방법 자체가 더 효율적으로 개선되고 결과적으로 더 많은 사람이 금융에 접근할 수 있도록 하는 것이 금융에 있어서 궁극의 과제라 할 수 있기 때문이다.[21]

금융 디지털화(디지털 금융)는 디지털 기술 및 인터넷과 그 기반 기술을 응용한 금융, 또는 그러한 기술이 금융 산업에 미치는 영향과 변화를 일컫는 말이다.[22] 사실 최근 십수 년 동안 금융 소비자는 많은 금융 서비스가 PC를 거쳐 스마트폰의 앱을 통해 제공되는 디지털화를 경험해왔다. 그러나 앞으로 금융 산업에서 전개될 변화는 과거의 변화와는 차원이 다를 것으로 예상된다. 단적으로 말해 과거의 변화는 금융 산업 내의 변화였다면, 앞으로의 변화는 금융 산업의 경계선에서 이른바 빅테크를 위시한 기술 기업들과의 경쟁이 전투처럼 벌어지면서 발생할 변화가 될 것이기 때문이다.

전투의 대상은 플랫폼과 데이터로 요약할 수 있다. 플랫폼은 금융뿐만 아니라 다양한 산업 분야에서 화두이지만, 금융 상품 및 서비스 판매에서도 온라인 플랫폼의 중요성은 더 커질 것으로 예상된다. 또한 온라인 플랫폼의 힘은 보유한 데이터로 강화된다. 빅데이터 활용과 인공지능의 개발로 소비자에 대한 데이터가 많을수록 더 정밀하게 금융 상품을 개발하고 더 적절한 방법으로 금융 서비스를 제공할 가능성이 커지고 있다. 플랫폼은 소비자와 함께 데이

<표 6-2> 은행 지주회사의 자산 규모와 시가총액

금융 회사	자산 (2020년 결산 기준)	시가총액 (2021년 9월 15일 종가 기준)
KB금융지주	610.73조	21.91조
신한금융지주	605.23조	20.07조
하나금융지주	460.31조	13.54조
우리금융지주	399.08조	8.08조
카카오뱅크	26.65조	32.78조

터도 모이는 곳이기 때문에 성공한 플랫폼은 더 큰 성공을 약속할 수 있는 것이다.

온라인 플랫폼에 대한 기대는 2021년 8월 6일 상장된 카카오뱅크의 시가총액에 극명하게 드러난다(〈표 6-2〉). 예금을 받아 주로 대출로 자산을 운용하여 그 금리 차이를 수익원으로 하는 은행의 전통적인 속성을 생각할 때 은행의 시장 가치가 자산 규모를 따라가는 것은 자연스러운 현상이다. 은행 중심의 4대 금융 지주회사들은 그 자산 순위에 따라 시가총액 순위가 결정된 것을 확인할 수 있다. 하지만 카카오뱅크는 KB금융지주의 1/20도 안 되는 자산 규모로 KB금융지주의 시가총액을 넘어서고 있다.

카카오뱅크는 '인터넷 전문 은행 설립 및 운영에 관한 특례법'에 따라 설립되었다. 비금융 회사가 그 지분을 34%까지 보유할 수 있는 등의 특혜는 있지만(일반 은행은 비금융 회사가 4%까지만 지분 보유가 가능하다), 법인에 대출할 수 없는 제한이 있고 대부분 업무에서 은행법을 따르기 때문에, 다른 은행들을 크게 뛰어넘는 성과를 기대하기는 어렵다. 그럼에도 카카오뱅크에 대한 시장의 이러한 평가는 다분히 플랫폼으로서의 모회사 ㈜카카오에 대한 기대 때문이라고 보인다.

카카오뱅크보다 더 직접적으로 플랫폼을 둘러싸고 빅테크와 기존 금융 회사 간 긴장이 높아지는 영역은 이미 다양하다. 예컨대 금융위원회가 2021년 초부터 추진하던 대환 대출(대출 갈아타기) 플랫폼의 경우 플랫폼 기업의 대출 금리 비교 서비스를 금융결제원의 대환 대출 인프라와 연동하여, 대환 대출을 이용하려는 소비자가 비대면·원스톱으로 금리를 비교하고 대출을 갈아탈 수 있도록 하는 구상이다. 그러나 은행들이 빅테크에 종속될 수 있다며 은행권의 독자적인 플랫폼을 만들겠다고 하면서 대환 대출 플랫폼은 원점 검토 대상이 되고 출범이 지연됐다.

은행이 예금, 대출뿐만 아니라 신용카드, 보험, 펀드 등을 모두 판매하는 금융 업계 최강의 오프라인 플랫폼이었던 것을 생각하면 이러한 갈등에서 격세지감이 느껴진다. 보험업에서도 네이버, 카카오, 토스 등이 모두 보험 상품 판매나 제조에 관심을 보이고 사업을 진행하고 있다. 또한 예컨대 네이버의 금융 자회사인 네이버파이낸셜의 경우 후불 결제 서비스 BNPL(Buy now, pay later)을 제공하고 있는데, 신용카드와 비슷하지만 금융위원회로부터 혁신금융 서비스로 지정받아 신용카드업 인허가 조건을 갖추지 않아도 된다.[23]

빅테크와 기존 금융 회사 간 긴장이 높아지면서 금융위원회에서는 '동일 기능, 동일 규제' 원칙을 강조하긴 했지만,[24] 디지털 금융이라는 혁신의 필요도 분명하기 때문에 2020년 7월 '디지털 금융 종합 혁신 방안'을 내놓고 적극 추진하고 있는 금융 당국 입장에서는 딜레마가 될 수 있는 상황이다. 이 시점에서 금융 당국이 발생 가능한 위험을 차단하는 데 조금만 무게 추를 옮겨도 금융 산업의 혁신은 동력을 잃기 쉽다.

동일한 기능의 금융 서비스에 동일한 규제를 적용한다는 원칙은 그 자체로는 흠잡을 데가 없다. 다만 기존의 금융 규제가 과도하지 않았나를 점검하고, 전체적으로 규제 수위를 조절하여 혁신 경쟁을 격려하는 것이 바람직하다고 본다.

6) 정책 방향 제언

이상에서 금융 산업의 현황을 성장 가능성의 관점에서 자금 수요 및 자금 공급 측면과 금융의 디지털화 차원으로 살펴봤다. 이하에서는 현황 파악으로부터 도출된 문제 상황과 이를 타계할 정책 방향을 제언해본다.

① 유연한 노무 환경의 조성

앞서 외국계 금융 회사 유치의 걸림돌 중 하나가 우리나라의 노무 환경이라고 지적했다. 금융 산업 발전에 노동시장 문제를 끌고 들어오는 것이 과하게 보일 수도 있다. 그러나 노동시장 유연성 제고가 금융 산업 발전을 위해 보기보다 그렇게 돌아가는 길이 아닐 수 있다. 예를 들어보자. 2021년 4월, 은행권에서 발생한 많은 사건 중에 노무 문제와 관련해서 주목할 만한 일들이 연이어 발생했다. 바로 국민은행의 알뜰폰 사업 연장 논쟁과 한국씨티은행의 소매 금융 사업 철수 공식화이다.

국민은행의 알뜰폰 사업은 2019년에 금융위원회로부터 '혁신 금융 서비스 1호' 가운데 하나로 2년간 특례를 인정받아 금융권 최초로 이동통신 업계에 진출한 사례이다. 이 알뜰폰에 가입하면 복잡한 절차 없이 은행 서비스와 통신 서비스를 한꺼번에 이용하면서, 은행 이용 실적에 따라 통신 요금 할인 혜택을 받을 수 있다. 은행 입장에서는 금융과 통신으로부터의 결합 정보로 더 정교하고 경쟁력 있는 금융 상품을 제공할 가능성이 생긴다. 국민은행은 사업 시작과 함께 광고 모델로 세계적 톱 가수가 된 방탄소년단(BTS)을 기용할 정도로 이 사업에 공을 들였다.

그러나 2년의 규제 특례 기간이 만료되기 전 국민은행이 기간 연장을 신청하자 국민은행 노조가 반대하고 나섰다. 노조는 알뜰폰 가입에 대해 회사가 실적 압박과 과당 경쟁을 부추겨 근로자의 업무 부담이 가중되었다는 이유를 들었다. 금융위원회가 국민은행 알뜰폰 가입자 대부분이 온라인으로 가입했고 영업점을 통한 가입이 1%대에 불과한 사실 등을 근거로 결국 사업 연장 결정을 내리기는 했지만, 대립적 노사 관계는 금융 산업에도 무거운 문제임을 드러냈다.

한국씨티은행의 경우, 2021년 4월에 일반 소비자 대상 소매 금융 사업에서 철수한다는 공식 입장을 내놓았다. 한국에서 영위하던 개인 대출, 예금, 신용카드 업무를 접겠다는 것이다. 이에 한국씨티은행 노조는 즉각 "뉴욕 본사의 졸속적이고 일방적인 발표를 인정할 수 없다"라며 반발하는 성명을 냈다. 노조는 약 3500명의 직원 중 소매 금융 소속이 약 2500명인데, 소매 금융 사업을 매각 또는 철수할 경우 대규모 실업 사태가 발생하기 때문에 안 된다는 것이다.

이후 사측의 '부분 매각' 움직임에 노조는 고용 승계를 전제한 '통 매각'을 주장했다. 2020년 사업 보고서에 따르면 한국씨티은행의 직원 평균 연봉은 1억 1,200만 원으로 국민은행(1억 400만 원), 신한은행(9,600만 원) 등보다 높다. 그러나 직원 1인당 생산성은 1억 4,600만 원으로 국민은행(2억 800만 원), 신한은행(2억 1,900만 원) 등에 못 미친다. 게다가 시중은행 대부분이 노사 합의로 폐기한 퇴직금 누진제를 한국씨티은행은 유지하고 있어, 임직원에게 지급해야 할 퇴직금 규모가 1조 원에 육박할 것으로 예상되는 등[25] 노무 문제가 매각에 여러 가지로 걸림돌이 될 수밖에 없는 상황이다.

국민은행과 한국씨티은행의 사례는 은행을 중심으로 관료 조직화된 금융 산업이 경직적이고 세세한 규제 환경과 맞물려 진퇴가 모두 어려운 현실임을 보여준다. 금융 중심지로의 성장은 더 말할 것도 없다. 노동 개혁은 다른 장에서 본격적으로 다뤄지겠지만, 금융 산업 발전을 위해서도 중요한 과제이다.

② 운용 능력 제고를 자극할 푸쉬 알림 정보의 필요성

금융 산업 발전의 기반으로 금융 자산 축적이 중요한데, 운용 능력의 제고는 금융 자산 증가의 유인이자 그 자체로 금융 산업 발전의 지표가 된다. 금융 자산 축적의 중요한 통로이자 운용 능력 제고가 절실한 영역을 예로 살펴보자. 바로 연금이다.

급격한 고령화로 인해 연금은 그 중요성이 더해지고 있다. 하지만 우리나라의 경우 대표적인 공적 연금인 국민연금의 소득 대체율(생애 평균 소득 대비 받을 수 있는 연금)이 노후 생활을 영위하기에 충분하지 않은 수준이다. 현재 소득 대체율은 2008년 50%였던 것이 이후 매년 0.5%씩 낮춰지다가 2028년 40%에 도달하면 유지될 예정이다. 이 때문에 정부는 세제 혜택을 통해 사적 연금의 가입을 유도하고 노후 대비를 보완할 수 있도록 해왔다.

개인이 사적 연금으로 세제 혜택을 받을 수 있는 대표적인 수단으로는 2021년 현재 연금저축계좌, 퇴직연금, 개인형 퇴직연금

(IRP, Individual Retirement Pension) 등이 있는데, 이들 연금에의 납입 금액을 합쳐서 연간 700만 원까지에 대해 세액공제를 받을 수 있다. 그러나 아직 이러한 사적 연금은 매년 세액을 환급받을 수 있는 수단 정도로만 인식될 뿐 적극적으로 가입할 만한 금융 상품으로 받아들여지지는 않는 것 같다. 가장 큰 원인은 역시 수익률일 것이다.

개인이 가입할 수 있는 가장 오래된 사적 연금인 연금저축은 1994년에 '개인연금저축'이란 이름으로 처음 등장했고 조건이나 혜택이 변경되면서 2001년 1월~2013년 2월 판매된 것은 '연금저축', 이후 현재까지 판매되는 것은 '연금저축계좌'로 불리며 이어지고 있다.[26] 연금저축계좌에 포함될 수 있는 상품에는 은행의 연금저축신탁, 자산운용사의 연금저축펀드, 보험사의 연금저축보험이 있다.

이 중 연금저축신탁은 2018년부터 신규 판매가 중단되었다. 저조한 수익률이 가장 큰 이유였다. 2017년까지 10년간 평균 수익률이 연금저축신탁은 3.9%에 불과하고, 보험은 4.3%, 펀드는 8.9%였다.[27] 연금저축에 대해 현황을 파악하는 금융감독원에서조차 매년 발표하는 '연금저축 운용 현황 분석 결과'에 수익률 현황을 담은 것이 2019년부터이다.

최근 연간 수익률 현황을 보면 신탁과 보험은 대부분 2% 미만이고, 펀드 수익률은 변동성이 매우 큰 것을 확인할 수 있다(〈표 6-3〉). 보험의 경우 수익률이 저조하지만, 연금저축 전체 적립금에

<표 6-3> 연금저축 수익률 현황

(단위: %)

| 구분 | 신탁 | 펀드 | 보험 | | 전체 |
			생보	손보	
2018년	1.83	-13.86	1.79	1.36	-0.44
2019년	2.34	10.50	1.84	1.50	3.05
2020년	1.72	17.25	1.77	1.65	4.18

출처: 금융감독원 보도자료, 연금저축 현황 분석(2019, 2020)

서 차지하는 비중은 2020년 말 기준 71.9%나 된다. 이는 세제 혜택을 받는 연금저축 중에 유일하게 원금이 보장되는 상품이라는 특색이 반영된 결과일 수 있다. 신탁은 신규 판매 없이 유지되는 계약의 적립금 비중이 11.5%나 된다. 펀드의 경우 2019년과 2020년에 수익률 개선에 힘입어 적립금 증가율이 각각 19.1%, 30.5%일 정도로 늘어났지만, 연금저축 전체 적립금 중 비중은 12.4%에 불과하다.

결국 연금저축 가입자 대부분은 매년 받는 세액공제 혜택 때문에 저조한 수익률을 참고 있다고 볼 수 있다. 2017년부터는 개선된 개인형 퇴직연금 제도 도입으로[28] 세제 혜택이 있는 사적 연금이 확대되었다. 개인형 퇴직연금은 계좌 형태로 되어 있어, 가입자들이 자신의 선호와 투자 전략에 따라 다양한 금융 상품을 계좌 안에 편입해서 운용할 수 있다. 원리금 보장형 보험, 상장 지수 펀드(ETF), 상장 리츠(REITs, 부동산 투자신탁) 등을 계좌에 넣을 수 있어 보완적 기능을 할 수 있다.

그러나 세제 혜택이 있는 사적 연금에 대한 대중적 인식, 즉 이러한 사적 연금은 수익률이 저조하고, 더 나아가 우리나라 펀드의 운용 능력이 뛰어나지 않다는 인식이 바뀌려면 실적 개선과 정보 전달의 선순환이 필요하다. 정보 전달이 실적 개선을 압박할 수 있을 정도가 되려면 연금저축 및 개인형 퇴직연금의 수익률이 쉽게 정리되는 한편, 다른 펀드 등과 비교하여 실적이 어떠한지, 가입 대상을 바꾸려면 어떻게 해야 하는지, 그런 경우 세제 혜택과 관련하여 문제가 없는지 등이 정기적으로 푸쉬 알림(push notification) 형태로 통지되는 것이 바람직하다.

물론 자산 운용의 궁극적 책임은 개인이 지는 것이고 필요한 정부 수집의 임무도 개인에게 있는 것이지만, 부동산 자산에 편중된 자산 구조 전환을 위해서 정부가 할 수 있는 일은 이제는 큰 제도 변화보다 운영 효율의 제고일 것 같다. 사적 연금에 대해 운용 능력이 개선된다면 세제 혜택과 더불어 금융 자산 확대로 이어질 수 있고, 펀드 전반을 끌어올리는 마중물이 될 수 있을 것이다.

③ 포괄주의 방식으로의 규제 접근 변환

금융 산업은 규제 산업으로 당연시된다. 그도 그럴 것이 금융업은 업에 진출하는 것부터 업을 영위하고 심지어 접을 때까지도 촘촘하게 규제를 받게 되어 있다. 2021년 중반인 현재 금융 관련 법률은 57개나 된다.[29] 사전적으로 명시되어 있는 법령을 따라야 할 뿐만 아니라 영업 과정에서나 사후적으로도 감독을 받아야 한다. 따라서 금융 산업의 발전을 논의하자면 필연적으로 규제와 감독의 역할을 고찰해야 한다. 당연한 말이겠지만, 금융 업계에 종사하는 사람들은 규제가 너무 많아 옴짝달싹하기 어렵고 감독이 과해 이에 대응하는 비용이 부담스럽다고 주장한다.

반면 우리나라 금융 산업이 우물 안 개구리 수준에 머무르고 있는 것은 크지 않은 시장 규모 안에서 고만고만한 경쟁력에 안주하고 있기 때문이라는 지적도 많다. 딱히 규제가 문제인 것은 아니라는 뜻이다. 진실은 이 중간 어디엔가 있을 것이다. 그러나 고착된 것으로 보이는 한국 금융 산업의 현 발전 단계를 넘어서려면 분명 정책 차원으로 접근해야 할 부분이 적지 않다.

빅테크 플랫폼이 기존 금융 회사들에 위협적인 것은 플랫폼이 제공하는 금융 서비스가 소비자에게 매력적이기 때문이다. 다양한 핀테크 기업의 성장도 기존에 없던 서비스를 제공함으로써 가능한 것이다. 그렇다면 빅테크든 핀테크든 그러한 서비스를 제공하는 것이 기존 금융 회사들에 불공정하게 느껴지지 않도록 규제를 조정할 필요가 있다.

가장 핵심적인 과제는 금융 규제를 열거주의에서 포괄주의로 전환하는 것이다. 열거주의와 포괄주의는 각각 포지티브 체계와 네거티브 체계라 불리기도 한다. 열거주의는 허용되는 것들을 나열하고 이외의 것은 하지 못하도록 하는 규제 방식이다. 반면 포괄주의는 하지 말아야 하는 금지 사항들을 제외하고는 허용되는 규제 방식이다. 우리나라의 법 체계는 기본적으로 열거주의여서, 특히 금융 산업의 발전에 걸림돌이 된다는 지적이 오래전부터 있었다. 급변하는 기술 환경에서 과거에 정해진 법에 나열된 일만 할 수 있어서는 결코 혁신할 수 없다.

분권화된 블록체인 네트워크에서 금융 상품들이 거래되는 시스템인 탈중앙화 금융(decentralized finance, DeFi)이 등장한 세상이다. 국경도 정부도 없는 금융이 공존하게 된 현실에서 금융 산업을 완벽하게 규제·감독하려 하다가는 기존의 회사들은 더 경쟁력을 잃고, 정작 금융 환경의 위험은 커지는 결과를 낳게 될 것이다. 열거주의에서 포괄주의로의 전환, 이것만이 디지털 금융조차 정부가 허용하는 범위 안에 벌어지는 현실을 타개할 방법이다.

제6장의 정책 제안 요약

유연한 노무 환경의 조성

- 자본 시장 발달에 중추적인 역할을 하는 투자은행의 역량을 단기간에 끌어올리려면 외국계 투자은행의 적극적 유치·활용 필요.
- 외국계 금융 회사 유치나 국내 금융 회사 성장에 노무 환경

이 걸림돌이 되는 현실이므로, 합리적인 노사 관계를 구축하고 노동시장의 유연성을 제고하는 것이 시급한 과제.

운용 능력 제고를 자극할 푸쉬 알림 정보의 필요성

- 가계 자산에서 금융 자산 비중을 늘리려면 안정적이고 수익률이 양호한 금융 투자 상품의 증가가 절실하기 때문에 자산 운용 능력의 제고가 핵심적인 과제.

- 우선 사적 연금 분야의 수익률 향상이 시급하므로, 연금저축 및 개인형 퇴직연금의 수익률 등에 대한 정기적인 푸쉬 알림 형태 정보 전달과 같은 연금 제도 운영 효율의 제고 필요.

포괄주의 방식으로의 규제 접근 변환

- 금융 규제를 열거주의에서 포괄주의로 전환함으로써 빅테크 플랫폼이나 핀테크의 성장을 통해 금융 포용성을 확장하는 한편 기존 금융 회사의 운신의 폭을 넓히는 것이 중요.

07

공정거래 정책의 역할은
어디까지여야 하는가?

권남훈(건국대)

1) 공정거래 정책과 경쟁 촉진 정책

이번 장에서 논의할 주제는 공정거래 정책이다. 이를 위해서는
원론적이긴 하지만 먼저 '공정한 거래'가 의미하는 바를 생각해볼
필요가 있다. 공정이란 단어는 최근 우리 사회에서 큰 화두가 되었
다. 공정은 보편적인 가치이지만 구체적으로 어떤 것이 공정한지에
대한 의견은 사람마다 다르다. 능력 있는 이가 그에 따라 더 많은
보상을 받을수록 공정하다고 보는 사람이 있는가 하면 출발점에서
동등한 기회를 제공하는 것이 제일 중요하다고 보는 사람도 있다.
반면에 경제적 약자에 대한 보호가 충분히 이루어져야 공정한 사

회라고 믿는 이들도 있다.

공정거래법 제1조에 의하면 법의 목적은 '공정하고 자유로운 경쟁'을 촉진하는 것이다.[1] 그런데 공정의 의미를 모두가 동일하게 받아들이지 않는 것처럼 공정한 경쟁이 어떤 식의 경쟁을 말하는지도 사람마다 의견이 다를 수 있다. 대신에 '경쟁 정책'이라고 말하면 시장에서의 경쟁을 촉진한다는 분명한 의미가 전달된다는 점과 대조된다.

자유 시장 질서 하에서의 경쟁을 촉진하는 역할은 1890년 최초의 독점 규제법인 미국의 셔먼(Sherman)법이 제정된 이래 정부가 해야 하는 기본 기능으로 간주되어 왔다. 보통 '경쟁 당국'이라고 부르는 정부 기관은 시장에서 정당하지 않은 경쟁 수단을 통해 독과점을 심화시키거나, 시장 지배력을 남용하는 행위를 규제함으로써 경쟁을 보호하는 것을 기본 책무로 삼는다. 여기에는 크게 세 가지 축이 있는데 사업자들 간의 담합을 막는 부당한 공동 행위 규제, 정당하지 않은 수단으로 시장 지배력을 획득하거나 남용하는 행위를 규제하는 시장 지배적 지위 남용 규제, 독점력을 획득하기 위한 목적으로 인수·합병(M&A)을 하는 것을 방지하는 기업결합 규제 등이다.

하지만 국가에 따라서는 경쟁 당국이 기본적인 수준을 넘어서 더 많은 역할을 하는 경우도 있는데 우리나라도 이에 해당한다. 공정거래위원회가 수행하는 역할 중에서는 경쟁의 촉진과 직접 상관이 없거나 오히려 상충할 수 있는 것들도 있다. 명칭이 실질에 영향을 주는 것인지 그 반대인지는 모르겠으나 '경쟁' 대신에 '공정'이라는 명칭이 법률과 기관명에 사용되는 것부터가 이러한 한국의 상황과 잘 부합하는 것이라 하겠다.[2]

실제로 공정거래법 제정 초기에는 경쟁의 촉진보다도 물가 상승의 억제, 불공정거래 행위의 규제, 재벌의 경제력 집중 해소 등의 역할이 더 부각되었다. 1984년에는 공정거래법을 모법으로 하여 중소 하도급 기업의 보호를 위한 '하도급 거래 공정화에 관한 법률'이 제정되었고, 1986년에는 지주회사 및 상호 출자 금지, 출자 총액 제한 등 재벌의 구조를 제한하는 조항이 대거 삽입되었다. 중소기업과 소비자를 보호하고 재벌의 확장을 억제하는 등의 역할은 우리 사회의 많은 이들이 공정한 경제의 달성을 위해 필요하다고 믿는 바일 수는 있으나 그 자체로 경쟁을 촉진하는 것은 아니다.

공정위의 경쟁 활성화 기능이 부각된 것은 1997년 외환위기를 계기로 시장경제 질서의 중요성에 대한 인식이 크게 확대된 이후의 일이다. 예를 들어 1999년의 '카르텔 일괄 정리법'은 기존에 법률로 인정되던 20개의 카르텔을 일괄적으로 폐지 또는 축소하였다. 2000년대 이후에는 경쟁 정책 기능이 더욱 확대되어 국제적 사건이나 글로벌 기업을 대상으로 한 법 집행이 활발히 이루어졌고, 경제 분석을 확대하는 등 경쟁 정책 집행의 선진화가 이루어졌다. 그 결과 우리의 공정위는 영국의 《Global Competition Review》가 평가하는 세계 경쟁 당국 순위에서 2000년대 후반 이후 줄곧 상위권을 차지하게 되었다.

하지만 공정위의 역할 중 상당 부분은 여전히 경제력 집중의 억제와 갑을 관계 개선 등으로 분산되어 있으며, 정권에 따라서는 이러한 역할이 오히려 더 강조되기도 했다. 경쟁제한 행위의 규제보다 이런 역할이 공정위의 주된 책무라고 인식하는 국민도 많을 것이다. 이러한 상태가 지속되는 것이 선진화된 우리 경제 구조를 뒷받침하는 경쟁 당국의 역할로서 바람직할까? 생각해볼 필요가 있는 문제다.

2) 경쟁 촉진과 다른 목표와의 상충 가능성

보통 독과점이라고 하면 개별 상품이나 서비스가 거래되는 시장 안에서 벌어지는 집중 현상을 나타낸다. 예를 들어 우리나라에 밀가루를 판매하는 사업자가 단 하나뿐이고 달리 수입할 방법도 마땅치 않다면 그 사업자의 힘은 상당할 것이다. 지나치게 비싼 가격을 매기더라도 소비자들은 어쩔 수 없이 받아들일 수밖에 없게 된다. 이러한 형태의 경제력 집중은 '시장 집중'이라고 부르고 경쟁 당국이 그 원인과 결과에 대해 집중적으로 감시해야 하는 대상이다.

하지만 우리나라에서 경제력 집중이라고 하면 시장 집중뿐 아니라 '일반 집중'과 '소유 집중'의 의미도 포함된다. 일반 집중은 국민 경제 전체에서 소수의 기업이나 기업 집단이 큰 영향력이나 비중을 가지는 경우를 뜻하는데, 바로 대형 재벌들을 겨냥한 내용이다. 지난 수십 년간 공정위는 기업 집단 공시 제도, 출자 총액 제한 제도 등을 통해 대기업 집단의 투자 및 기업 활동을 규제해왔다. 그런데 일반 집중이 높다고 해서 개별 상품 시장의 경쟁이 꼭 약화되는 것은 아니다. 재벌 기업들이 참여하고 있는 시장이 그렇지 않은 경우보다 반드시 덜 경쟁적이거나 소비자 피해가 발생하고 있다고 보기도 어렵다. 과거 재벌 기업의 후손들이 고급형 제과점 사업 등에 뛰어들었다가 "동네 빵집까지 장악하려 하느냐"는 여론의 뭇매를 맞고 접은 적이 있었다. 경제력 집중의 심화 가능성을 차단했다고 볼 수도 있겠지만 해당 시장에서는 새로운 경쟁기업의 진입이 막히는 효과가 있는 것도 사실이다.

공정위의 일반 집중 억제 기능은 과거에 비해 성격이 상당히 변화했다는 점도 주목할 만하다. 과거 출자 총액 제한 제도는 일정 규모 이상의 대규모 기업 집단이 다른 회사에 출자할 수 있는 한도를 제한한 것으로 가장 직접적인 일반 집중 규제였다. 하지만 획일적 규제로 인해 많은 문제를 야기하였고 수많은 예외가 도입된 끝에 2009년 결국 폐지되었다. 대신에 신규 순환 출자 금지, 지주회사 제도, 금융·보험 회사 의결권 제한 등의 제도로 초점이 이동하였는데 이들 제도는 집중 그 자체를 막기보다는 의사결정을 하는

기업의 지배 구조에 개입하는 간접적인 방식을 취하고 있다.[3]

이때 생기는 의문은 지배 구조만 깔끔하면 일반 집중은 심화되더라도 상관이 없느냐는 것이다. 예를 들어 지주회사의 경우 과거에는 일반 집중을 심화시키는 경향이 있다는 이유로 금지된 적도 있었다. 하지만 순환 출자 구조에서 총수 일가가 적은 지분으로도 높은 지배력을 향유하는 것이 문제가 되면서 지배 구조의 '투명성'을 높이기 위해 도입된 측면이 있다. 대기업 집단의 규모나 그들이 경제에서 차지하는 비중 자체를 문제시하는 경향은 적어도 21세기에 들어서는 많이 줄어들었다. 반면 총수 일가에 의한 기업의 사유화나 대물림의 문제는 여전히 부각되고 있는데 이는 기본적으로 일반 집중의 이슈는 아니다.

이와 관련하여 '소유 집중'은 특정 기업이나 기업 집단에서 총수 일가의 지분율이나 영향력이 커지는 현상 그 자체를 의미한다. 이는 시장이 아니라 기업 내부의 지배 구조와 관계되는 내용이라서 상품 시장에서의 경쟁의 정도와는 전혀 무관한 사안이다. 그럼에도 불구하고 공정거래법에서는 부당 지원 행위나 사익 편취 금지 조항 등을 도입하여 총수 일가의 지분과 관련된 의사결정 행위를 직접 견제하는 경향이 늘고 있다. 흥미로운 것은 이러한 견제가 지분율이나 영향력의 증가 자체보다 다른 주주에게 피해를 입히는 방식으로 부를 축적하거나 대물림하는 행위를 겨냥하고 있다는 것이다. 그러한 면에서 소유 집중의 억제라고 보기도 어렵고 주주가 해야 할 경영 감시 역할을 대행했다고 보는 편이 맞을 것이다.

다음으로 갑을 관계 규제에 대해 살펴보자. '불공정거래 행위'에 대한 광범위한 규율은 우리 공정거래법의 특징이다. 특히 공정거래법에 근거를 두고 하도급법, 대규모 유통업법, 대리점법 등의 특별법들이 생겨났고, 최근에는 '온라인 플랫폼 공정화에 관한 법률'(이하 '온플법')이 입법 추진되고 있다. 이들 법률이 규율하고자 하는 '불공정'한 거래 행위는 주로 사업자들 간의 거래에 있어서 '을'에 대한 '갑'의 횡포, 또는 거래상 지위 남용 행위라고 간주되는 것들이 많다.

그런데 사업자들 간의 거래 조건이 어떻게 형성되느냐는 최종적인 상품이나 서비스가 판매되는 시장의 경쟁과는 직접적 관련이 없다. 오히려 우리가 갑질이라고 부르는 행위 중 상당수는 치열한 경쟁에서 살아남기 위해 비용을 절감하는 과정에서 발생하는 경우도 많다. 물량 공세나 판촉 행사 등에서 발생하는 비용을 입점 업체나 대리점 등에 떠넘기면서 갈등 요인이 증폭되는 것이다.

더 근본적으로 두 사업자가 자발적으로 거래를 하기로 했음에도 어느 한쪽이 일방적으로 피해를 본다면 이는 계약대로 이행하지 않았거나 처음부터 계약의 내용에 결함이 있을 가능성이 크다. 법이 억울한 사례가 일어나지 않도록 시스템을 갖춰나갈 필요는 있겠지만 범죄를 찾아내서 벌을 주는 행정적 조치의 대상이라기보다는 민사적 분쟁의 성격이 강한 것이다.

3) 다양한 목표 추진으로 인한 불균형

지금까지의 내용이 우리 사회에 재벌의 경제력 집중이나 갑을 관계로 인한 문제가 존재하지 않는다거나 정부가 손을 떼야 한다는 의미는 전혀 아님을 강조하고 싶다. 오히려 그동안 우리 사회에 이런 문제들이 심각했고 정부라도 나서서 문제를 해결해달라는 요구가 컸기 때문에 경쟁 당국의 역할이 확장되었다고 보는 것이 맞다. 그러나 시장경제가 발전함에 따라 경쟁 당국 본연의 역할이 갈수록 복잡해지고 중요해지고 있는 상황에서 공정위가 이처럼 서로 다른 성격의 역할들을 동시에 수행하는 것이 바람직한 결과를 낳고 있는지는 생각해볼 필요가 있다.

〈표 7-1〉은 공정위가 2001년부터 2019년까지 법 위반으로 조치한 사건의 숫자를 행위 유형별로 분류한 것이다. 이에 따르면 전체 공정위가 조치한 행위 유형 중에서 전통적인 경쟁 촉진 관점의 사건(8.5%) 수에 비해 불공정성 방지나 경제력 집중 억제와 관련된 사건(78.3%)의 비중이 압도적으로 높은 것을 알 수 있다. 물론 사건마다 규모와 중요성이 다른데 처리 사건의 숫자로 비교하는 것은 그 자체로 불공정한 일이 될 것이다. 경쟁 촉진과 관련된 사건들은 규모가 크고 오랜 시간에 걸쳐 조사가 이루어지며, 심사 보고서만 해도 수백 장에 이르는 것들이 흔하기 때문이다. 그럼에도 공정위의 역량 중 상당 부분이 경쟁 정책 본연의 역할이라고 보기 어려운

<표 7-1> 공정거래위원회 행위 유형별 시정 실적 분류

구분	2001~2019년 시정 실적(건)		비중
① 경쟁 촉진	시장지배적 지위 남용 행위	72	8.5%
	기업 결합 규정 위반	615	
	부당한 공동 행위	1,161	
	사업자 단체 금지 행위	1,274	
혼합적 성격	불공정거래 행위*	4,857	13.2%
② 불공정성 방지	불공정거래 행위 관련 특별법**	27,630	74.9%
③ 경제력 집중 억제	경제력 집중 위반	1,269	3.4%
합계		36,878	100.0%

* 공정거래법상 불공정거래 행위 규제는 경쟁 보호, 거래의 불공정성 방지, 경제력 집중 억제에 이르기까지 다양한 성격이 포함됨.
** 하도급법, 가맹 사업법, 대규모 유통업법, 대리점법.
출처: 공정거래위원회(2020). 공정거래백서. 저자가 재가공함.

부분들에 분산되어 있다는 점도 분명히 드러난다. 사건의 숫자가 이처럼 차이가 나는 것 자체가 법 집행의 성격이 그만큼 다르다는 점을 반영하는 것이기도 하다.

한편 공정위의 행정 규제 기관적 역할이 강화되는 추세의 문제점도 지적하고 싶다. 경쟁 당국의 역할은 경제활동을 최대한 제약하지 않으면서도 경쟁제한적 행위의 가능성이 적발되면 이를 입증하고 제재하는 사후 규제의 형태로 수행되는 것이 일반적이다. 공정위가 다루는 경제 범죄 행위의 입증은 대부분 행위의 의도나 목적, 결과 등을 객관적 기준에 따라 검증하도록 되어 있다. 이는 엄정한 증거 입증과 절차를 거쳐서 유죄로 확정되어야 비로소 제재를 가하는 사법 기관의 역할과도 유사하다. 공정위를 준사법적 심판 기능을 지니는 합의제 행정 기관으로 만든 것도 그 때문이다.

그런데 불공정성의 방지나 경제력 집중 억제 규제의 경우에는 이런저런 행위를 하라거나 하지 말라는 식으로 세부적으로 명시해 놓고 이를 위반하면 바로 벌칙의 대상으로 삼는 경우가 많다. 예를 들어 대리점과의 관계에서는 특정한 항목들을 갖춘 계약서를 작성해야 하고 구입 강제나 판매 목표 강제를 하면 안 된다든가, 어떤 회사가 지주회사로 인정받기 위해서는 특정한 형태의 소유 및 지분 구조를 갖춰야 한다든가 하는 식이다. 그리고 이러한 규제의 내용과 범위는 대개 시간이 갈수록 확대되는 방향으로 변화해왔다.

이런 구조가 나타난 이유는 공정거래법을 이용한 규제의 목적이 현실의 공백을 빨리 메우는 데 맞춰져 있기 때문으로 판단된다. 을의 권리를 계약법이 충분히 보호하지 못한다거나 재벌의 문어발 식 확장과 총수의 기업 사유화를 주주들이 견제하지 못하는 상황에서 사회적인 요구와의 격차로 생기는 공백을 막으려 한 것이다. 행정 규제를 이용하여 빠르게 효과를 보고자 하는 것이 목적이기 때문에 금지할 내용을 열거식으로 규정하는 형태가 나타나게 되고, 가시적 성과가 드러나지 않는다고 느낄 때마다 규제의 내용이 빈번히 강화됐다.

문제는 공정위가 이러한 접근을 적극적으로 사용하면 할수록 일반 행정 규제 기관적 성격이 강화되면서 자유롭고 창의적인 경쟁을 뒷받침하는 경쟁 당국의 본질적 역할이 위협받는다는 것이다.

금융이나 통신 등 개별 산업을 담당해온 부처들은 흔히 규제 권한을 이용하여 산업의 경쟁 양상을 관리하려 드는 경향이 있다는 비판을 받는다. 더구나 공정위는 개별 산업 부처와는 달리 산업을 진흥시키는 역할은 없는 상태에서 규제 권한만을 갖는다. 공정위의 목표가 경쟁 촉진뿐일 때는 규제가 가지는 산업 활동을 위축시키는 속성이 스스로 제어되는 측면이 있기 때문에 큰 문제가 되지 않는다. 하지만 경쟁 촉진이 아닌 다른 역할까지 추구할 경우 그러한 균형이 언제든 깨질 가능성이 있다.

4) 최근의 공정거래법 전면 개정과 지속되는 문제점들

공정거래법은 그동안 수차례 개정되었지만 기본 틀은 큰 변화가 없었다. 2020년 말에 국회를 통과하고 시행을 앞둔 공정거래법 전면 개정안은 모처럼의 큰 변화이고 그동안 누적된 개선의 필요 사항을 다수 반영하기는 하였지만, 여전히 근본적 변화로 보기는 어렵다. 〈표 7-2〉는 이번에 개정된 주요 내용이다. 전체적으로 법조문의 체계가 정비되었고, 개인이 법원에 직접 불공정한 행위를 중지해달라고 요청할 수 있게 한다든가(사인의 금지 청구제), 법 집행의 절차를 개선한다든가 하는 긍정적인 변화들도 포함되어 있다. 하지만 경쟁 정책의 관점에서 보면 정보 교환 담합 행위에 대한 규

〈표 7-2〉 공정거래법 전면 개정(2020년 12월)의 주요 내용

구분	개정 내용
기업 집단 규제	• 사익 편취 규율 대상 확대(+) • 지주회사 자·손자회사 의무 지분율 요건 강화(+) • 공익 법인 의결권 제한(+) • 금융·보험사 의결권 제한 강화(+) • 기존 순환 출자에 대한 의결권 제한(+) • 기업형 벤처캐피탈(CVC) 제한적 보유 허용(−) • 벤처 지주회사 규제 완화(−)
경쟁 정책	• 정보 교환 담합 행위 규율(+) • 거래 금액 기반 기업 결합 신고 기준 도입(+) • 과징금 부과 수준 상향(+) • 형벌 규정 정비(−)
법 집행 체계	• 사인의 금지 청구제 도입 • 분쟁 조정 신청 대상 확대

주: 규제 강화로 간주 가능한 내용은 (+), 완화는 (−)로 표시함.
출처: 공정거래위원회(2020). 보도자료. 2020. 12. 9. 저자가 재정리함.

율이 추가된 것을 제외하고는 이전과 크게 변화된 것이 없다. 가장 주요한 변화는 대기업 집단에 대한 각종 규율이 종전보다 강화된 것이었다.

한편 특별법 입법을 통한 갑을 관계 규제가 강화되는 추세도 지속되고 있는데 이에 대해서도 근본적인 검토가 필요하다. 1984년 하도급법이 제정된 이래 2002년에는 가맹 사업법, 2011년에는 대규모 유통업법이 제정되었고, 2015년에는 대리점법이 제정된 바 있다. 그리고 2020년부터는 온플법을 제정하려는 움직임이 활발하다. 이들 특별법은 모두 특정한 형태의 갑을 관계에서 나타나는 불공정성을 공정거래법에 제시된 일반적 불공정거래 행위 규

제보다 더 강력하게 규율하려는 목적으로 생긴 것들이다. 그리고 특정한 형태의 금지 행위들을 나열함으로써 사업 방식을 사전적으로 규제하는 형태를 띠고 있다.

온플법의 경우 흥미로운 것은 온라인 플랫폼은 비즈니스 모델이면서 동시에 인터넷망을 이용하는 사업이기도 하기에 지금까지 부가통신 사업으로 분류되어왔다는 것이다. 이에 따라 통신 규제를 담당하는 방송통신위원회와 공정위 중에서 규제 관할권을 누가 가져야 하느냐를 두고 논란이 일어났다. 이런 현상은 공정위의 규제범위가 확대되면서 산업별 행정 규제 기관과 역할이 겹치는 문제가 나타나고 있음을 보여준다. 온라인 플랫폼은 이른바 4차 산업혁명 시대에 가장 성장이 빠른 분야임을 고려할 때 어떠한 접근 방식이 적절한지에 대해서는 더욱 고민이 필요하다고 생각된다.

지금까지 공정거래 정책 중 전통적인 경쟁 정책이라고 보기 어려운 부분들에 대해 검토가 필요한 이유에 대해 살펴보았다. 한 가지 더 추가할 사항은 공정위의 독립성과 중립성에 대한 강화 필요성이다. 사실이든 아니든 공정위의 법 집행이 정치 권력에 영향을 받으며, 기업을 통제·압박하는 수단으로 활용되어왔다는 믿음이 존재한다. 반대로는 공정위의 막강한 권한을 무마하기 위한 기업의 로비가 활발하고 유착 관계로 인한 봐주기가 빈번하다는 시각도 있다. 2020년 법 전면 개정 시에 입법 통과 직전까지 갔던 공정위의 전속 고발권 폐지를 둘러싼 논란도 이러한 관점에서 볼 수 있다. 뒤에서 자세히 살펴보겠지만 공정위의 고발이 있어야만 형사적 징벌 절차가 이루어지는 전속 고발권 제도가 기업 봐주기 수단으로 활용된다는 세간의 의심이 배경이 되었다고도 볼 수 있다. 이러한 점을 보더라도 공정위의 독립성과 중립성을 강화하는 것은 매우 시급한 과제다.

5) 세부적인 정책적 이슈 및 대안들

① 공정거래법과 상법에 대한 통합적 접근의 필요성

공정거래법상 경제력 집중의 억제 역할이 시장 집중을 넘어 일반 집중이나 소유 집중까지 포함해야 하는지는 논란의 여지가 있다. 더구나 최근의 공정거래법은 경제력 집중 그 자체보다도 총수의 기업 사유화나 대물림 문제와 관련하여 기업 내부의 의사결정이나 지배 구조 문제까지 직접 개입하는 경향을 보이고 있다. 대부분의 국가에서는 기업 지배 구조에 대한 견제는 상법이나 회사법을 통해 이루어진다. 기업의 경영진이 주주의 이해를 제대로 대변하지 못하고 내부적 통제로는 이를 교정하기 어렵다면 주주 대표 소송이나 다중 대표 소송과 같은 법적 장치를 이용하여 견제에 나서게 된다.

그럼에도 공정거래법이 대신 나서게 된 이유에 대하여 우리나라의 상법이 주주에게 충분한 견제 수단을 부여하지 않고 있기 때문이라는 지적이 있었다.[4] 주주 권한 행사가 활발하고 기업의 내부적 통제 장치가 확립될 수 있다면 기업 지배 구조에 대한 국가 기관의 행정적 개입은 없거나 최소화되는 것이 바람직한 방향일 것이다. 즉 상법이 충분한 역할을 하지 못하는 것이 문제라면 상법의 개정에 나서거나 적어도 충분한 개정을 조건으로 공정거래법을 통한 규율은 한시적으로만 운용하는 접근이 필요하다. 이에 대해 상법상 통제 장치가 있더라도 주주가 행사하지 않으면 소용이 없다는 반론도 있을 수 있으나 주주가 자신의 이익을 침해받더라도 이를 알지 못하거나 행동에는 나서지 않을 거라고 믿는 것은 지나치게 가부장적인 우려일 것이다.

물론 상법의 개정이 쉬운 일은 아니다. 그동안 우리나라 상법에는 개별 기업이 아닌 기업 집단에 특유한 문제들을 해결하는 내용이 없고, 이사회의 공식 직함이 없이도 사실상의 지배력을 행사하는 총수들을 견제할 수단이 없으며, 주주 대표 소송 등의 요건은 지나치게 엄격하다는 등의 문제 제기가 있었다.[5] 한편으로는 소액 주주의 권리를 향상시켜서 지배주주를 견제하도록 하는 시도가 계속 있었는데 예를 들어 2020년 상법 개정에서는 다중 대표 소송 도입, 감사위원의 분리 선임 및 3% 의결권 제한 등의 제도들이 도입되었다. 하지만 이러한 변화가 기업의 경영권 방어를 어렵게 함으로써 지배 구조의 취약성을 높이고 주주 지분의 대표성을 오히려 약화시키고 있다는 반론도 적지 않다.

필자가 보기에 더 중요한 문제는 공정거래법이나 상법 모두에 있어 재벌 총수의 지배력을 견제하려는 방향의 공격수와 이를 방어하는 수비수 간의 공방의 형태로만 이 사안이 접근되어왔다는 것이다. 그러나 재벌 총수의 지배력을 억제하거나 용인하는 것이 법 개정의 목표가 되는 듯한 현상은 바람직하지 않다.

우선 상법에 대해서는 현행법이 주주의 권리와 역할을 명확화하고, 대기업 집단을 포함하여 회사의 운영을 최적화하는 데 도움을 주는지를 따져봐야 할 것이다. 이를 바탕으로 상법 개정의 로드맵을 구성할 필요가 있다. 다음으로 공정거래법에서는 '경제력 억제' 목표의 의미를 좀 더 확실히 할 필요가 있으며, 그 후에 상법과 별도로 경제력 억제를 위한 수단 마련이 필요한지, 또는 상법의 미비로 인한 공백을 한시적으로라도 메꿀 필요가 있는지 등을 고민하는 순서의 접근이 필요하다. 이런 과정을 통해 법 개정이 이루어지면 그동안 논란이 되어 왔던 공정거래법상의 총수의 일감 몰아주기나 사익 편취 규제 조항 등도 제 자리를 찾을 수 있을 것으로 기대된다.

관련하여 공정거래법과 상법을 아우르는 중장기 개선 TF가 구성되어야 할 필요가 있다. 공정거래위원회와 법무부로 나누어져 있는 관할 주체들과 서로 다른 분야의 전문가 집단들이 머리를 맞대고 고민해야만 좀 더 정합적인 개선안이 나올 수 있을 것이다. 그

과정에서 필요하다면 상법에서 회사법을 별도 분리하는 등의 방법론 등도 검토해볼 수 있을 것이다.[6]

② 불공정거래 행위 규제의 정비 및 조정 제도 활성화

공정거래법상 불공정거래 행위, 특히 갑을 관계를 규제하는 법률 조항 및 이로부터 파생되어 제정된 특별법들이 경쟁 당국의 역할에 대한 정체성의 문제를 제기한다는 점은 이미 지적하였다. 이를 근본적으로 개선하기 위해서는 많은 시간과 노력이 들겠지만 어떤 방향을 추구해야 하는지 정도는 제시해볼 수 있을 것이다.

먼저 공정거래법상 불공정거래 행위 규제를 정비할 필요가 있다. 공정거래법 제23조(신법 제45조)는 9가지 유형의 불공정거래 행위를 제시하고 있고, 시행령에서는 28가지의 세부 유형을 규정하고 있다. 한편 제23조의 2(신법 제47조)에서는 특수 관계인에 대한 부당한 이익 제공(사익 편취)을 금지하면서 대기업 집단의 계열사 간 거래를 세부적으로 규율하고 있는데 이 역시 불공정거래 행위와 함께 묶여 있는 조항이다.

그런데 이처럼 광범위한 불공정거래 행위 규제 제도를 두고 있는 국가는 드물고, 유형도 지나치게 다양할 뿐 아니라 공정거래법상 다른 규제 조항들과도 중복된다는 지적이 제기되어왔다.[7] 이는 불공정거래 행위 조항 자체가 처음부터 명확한 논리에 기반하여 구성된 것이 아니라 공정거래법 제정 과정에서 생긴 역사적 산물[8]인 데다 이후에 여러 항목이 추가됨으로써 다양한 문제점을 내포하게 된 것이라고 볼 수 있다.

구체적으로 불공정거래 행위에 해당하는 항목 중에는 ① 경쟁 제한 행위(거래 거절, 차별 취급, 부당 염매, 끼워 팔기, 배타 조건부 거래, 거래 지역·상대방 제한 등), ② 불공정한 거래 관행(부당한 고객 유인, 거래 강제, 사업 활동 방해, 거래상 지위 남용), ③) 대기업 집단의 규율(부당 지원 행위, 사익 편취 행위) 등 세 가지의 매우 다른 유형이 존재한다. 이 중 ①은 공정거래법상 시장 지배적 지위의 남용 행위(제3조의 2항, 개정법 제5조)를 비롯한 다른 조항들과 중복되고, ③은 경제력 집중 억제에 더 어울리는 내용이며, ②만이 불공정거래 행위로서 독특성을 가진다.

이러한 중복성이나 분류상의 혼란은 법학자들이나 신경 쓸 문제라고 생각하기 쉬운데 그렇지 않다. 우선 불공정거래 행위의 경우 행위자가 시장 지배력을 갖고 있다는 점을 증명할 필요가 없는 등 입증할 요건이 까다롭지 않다. 그렇다 보니 동일한 경쟁제한 행위에 대하여 시장 지배적 지위의 남용과 불공정거래 행위 혐의를 동시에 적용함으로써 사실상 공정위가 입증해야 할 책임을 완화하는 수단으로 삼는 경우가 있다. 그런데 시장 지배적 지위 남용 행위에서 지배력의 존재를 입증하도록 한 것은 그러한 지배력이 없다면 불법적 행위가 일어났을 가능성이 작기 때문이다. 그럼에도 불구하고 동일한 행위를 불공정거래 행위로도 간주하여 입증 책임만 완화해놓은 것은 벌칙의 무겁고 가벼움을 떠나서 모순이며, 부적절한 규제로 이어질 가능성도 있다.

한편 부당한 지원 행위나 사익 편취 행위의 경우 규제 목적이 분명하지 않은 상태에서 불공정거래 행위의 한 유형으로 간주됨으로써 문제를 발생시키고 있다. 부당한 지원 행위는 계열사 간 부당한 자금, 자산 등을 지원하는 행위를 규제하는 조항으로 처음부터 경제력 집중을 억제하기 위한 조항임에 의문이 없었지만, 입법 과정에서 어떤 이유에선지 불공정거래 행위의 유형으로 포함되었다.[9]

그런데 부당한 지원 행위는 입법 취지로 본다면 정당한 경쟁 수단이 아닌 계열사 간 내부 거래를 통해 대기업 집단의 일반 집중이 확대될 가능성이 큰 경우만을 규율해야 한다. 하지만 현실적으로는 그보다 광범위한 규제가 이루어지고 있어 계열사 간 거래 자체를 위축시키는 측면이 있다.[10] 더구나 이 규제는 계열사 간 지원보다는 총수의 경영권 승계 시도를 억제하는 목적으로 사용된 경우가 많으며 이러한 역할을 충분히 달성하기 어렵다는 이유로 이후에 사익 편취 금지 조항이 추가되었다. 그런데 사익 편취 금지 조항에 이르러서는 경제력 집중과는 더욱 관련성이 낮으며 회사법의 이슈에 해당한다는 비판이 제기되어 왔다.[11] 이러한 문제점들은 공정거래법상 불공정거래 행위의 규제 목적과 성격을 분명히 하지 않은 상태에서 편의적으로 운용되어온 점과 무관하지 않을 것이다.

이상을 고려할 때 불공정거래 행위 규정을 확실히 정비할 필요성은 분명하다. 우선 경쟁제한 행위로 분류되고 다른 법 조항들과 중복되는 것들이나 별도 규제의 실익이 없는 조항들은 제외될 필요가 있다. 또한 부당 지원 행위, 사익 편취 행위 등은 상법과의 조화라는 관점에서 재검토할 필요가 있고, 그 결과 남겨지더라도 경제력 집중 억제 조항들과 묶어 재편할 필요가 있다. 이렇게 되면 부당한 고객 유인이나 거래상 지위 남용 등 거래 관행상의 불공정성을 규율하는, 확실히 차별된 조항들만 남게 될 것이다.

다음 단계로, 거래 관행의 불공정성에 대한 규제 조항들과 이를 바탕으로 입법된 특별법들의 역할에 대해서도 포괄적인 검토가 필요하다. 이들 규제의 핵심 역할은 갑을 관계에서 을을 보호하는 것인데 결과적으로 사적 분쟁에 국가가 깊이 개입하는 상황이 되고, 공정위의 사전 규제 의존도 및 일반 행정 규제 기관적 성격이 강화되는 문제가 있음은 이미 지적하였다. 그렇다고 현실의 문제인 갑을 관계 개선 역할을 공정위가 아예 포기하는 것도 적절하지 않다. 경쟁 당국 본연의 역할이든 아니든 계약법 집행의 공백이 실존하고 공정위의 역할을 통해 이를 메꾸는 부분이 확실히 있기 때문이다.

필자의 생각으로는 이런 문제점을 해결하기 위해서는 공정위가 행정 규제보다는 민사적 조정을 지원하는 기능을 확대하는 방향으로 나갈 필요가 있다. 공정위 산하에는 이미 조정 제도를 통해 불공정거래 행위로 인한 분쟁에 대한 합의를 지원하는 공정거래조정원이 있다. 이 기관의 기능을 확대하여 법률적 제재 이전에 조정 및 중재를 통해 갑을 관계에서 발생하는 문제를 해결하고, 나아가

을의 협상력을 높일 수 있는 지원 제도를 확충하는 방향의 노력을 기울임으로써 사법적 보호의 공백을 메꾸는 효과를 거둘 수 있을 것이다.

③ 공정위의 중립성과 독립성 강화

세 번째 과제는 준사법 기관으로서의 공정위의 위상을 강화하는 것이다. 공정위는 사법 기관 수준의 중립성과 독립성을 갖춰야 한다는 기대가 있지만, 현실에서는 그만큼 신뢰를 얻고 있지 못하다. 이는 위원회라는 외형과 달리 정부에 속한 행정 기관으로서의 속성이 강하게 영향을 미치는 조직의 형태와도 무관하지 않다.

현재 공정위는 심판 기능을 담당하는 9인의 위원회와 조사 및 소추 기능을 담당하는 사무처 행정 조직으로 구성되어 있다. 위원회가 판사의 역할을 한다면 사무처 행정 조직은 검찰의 역할을 한다고 볼 수 있다. 당장에 드는 생각은 두 조직이 충분히 독립되어 있는지에 대한 의문일 것이다. 그렇지 않다면 피고에 해당하는 피심인에게 원천적으로 불리한 구조가 될 것이기 때문이다.

공정위의 위원회와 사무처 간에 외형적 독립성은 확보되어 있으나 구조적·현실적으로 충분하지 않다는 지적은 계속 나왔다.[12] 일단 위원회 구성을 살펴보면 9인 중 위원장, 부위원장, 상임위원 3명과 비상임위원 4명이 있는데 이들은 동등한 역할을 하고 있다고 보기 어렵다. 위원장과 부위원장은 행정 부처의 장관과 차관에 해당하고 공정위 사무처를 대표하는 존재이기도 하다. 상임위원 3명은 공정위 내부에서 승진하는데, 심판 과정을 실질적으로 리드하게 된다. 비상임위원들은 생업에 종사하면서 겸직 형태로 심판에 출석하는데, 처리할 사건들의 업무 부담이 과중하여 제대로 된 심리를 하기가 쉽지 않다. 비상임위원들은 전문성과 대표성을 띠기는 하지만 어떤 경로를 거쳐 선정되는지는 불분명하다.

이러한 구조로 인해 원래 의도와 상관없이 위원회도 위원장을 정점으로 하는 상하 조직적 성격이 나타나게 되며, 정권과 정부에 의해 영향을 받기 쉽다. 위원회와 사무처 간에도 직원 교류가 이루어지는 등 명확한 구분이 되어 있지 않아서 심판 과정에서 엄격한 중립성이 유지될 것이라고 기대하기도 힘들다. 특히 최근에는 심의 건수가 증가하고 사건이 점차 복잡화·다양화하면서 상근직도 아닌 비상임위원이 이를 적극적으로 검토·개입하여 중심을 잡아주기는 더욱 어려운 상황이다.

이 문제를 해결하기 위해 현재처럼 공정위의 심판이 1심 효력을 갖고 행정소송은 2심부터 진행되는 절차를 완전한 3심제로 바꾸자든가 공정위의 사무처 기능을 별도의 행정부처로 완전히 독립시키자든가 하는 방안들도 제기되었다. 그러나 그 정도의 큰 변화는 아니라 하더라도 현재보다 중립성과 독립성을 강화할 수 있는 조치들이 있을 것이다. 예를 들어 2018년 공정거래법 전면 개편 추진 과정에서 절차법제위원장을 맡은 고려대학교 이황 교수는 비상임위원을 모두 없애고 대통령 지명이나 국회·대법원 추천, 학술·직능 단체 추천으로 임명하는 5~7명의 차관급 상임위원 체제로 갈 것을 주장하였다. 위원장의 국무회의 및 관계 부처 협의체 참석을 중단하고 국무총리의 행정 감독권에서 배제하는 등의 조치를 통해 독립성을 보장해야 한다고도 지적하였다. 위원회와 사무처 간의 독립을 위해서는 교차 인사나 예산 편성을 금지하고 사무처 내부 승진을 통한 상임위원 임명도 제한해야 한다고 보았다.[13] 충분히 검토해볼 만한 아이디어라고 생각된다.

④ 전속 고발권 제도의 개선

공정거래 정책과 관련하여 최근 특히 이슈가 된 것들 가운데 전속 고발권 제도가 있다. 전속 고발제는 행정 기관의 고발 없이는 검찰이 기소할 수 없는 제도로서 주로 전문적 판단이 필요한 분야에 적용된다. 우리나라에서는 조세, 출입국 관리, 항공과 함께 공정거래 분야에 적용된다.

그런데 이 제도가 공정위에 지나치게 많은 권한을 부여한 것이고 기업 봐주기로 이어질 것이라는 비판이 시민단체 등으로부터 지속해서 제기되었다. 따라서 2014년부터는 의무 고발 요청제가 도입되었는데 검찰, 감사원, 중소기업청, 조달청 등이 고발을 요청할 경우는 공정위가 반드시 이를 이행하도록 하는 제도다. 하지만 이 제도 역시 충분히 이용되지 않는다는 지적이 계속되면서 2017년 문재인 당시 여당 후보가 대선 공약으로 공정위의 전속 고발권 폐지를 제시하기에 이르렀다. 이에 따라 2020년 공정거래법 전면 개정 시 일부 폐지하기로 법 통과 직전까지 갔지만 마지막 순간에 유예된 상태다.

전속 고발제 폐지 여론이 커진 것은 공정위에 대한 신뢰가 부족한 것이 근본 원인이지만 이는 단순히 접근할 사안은 아니다. 민간 시장과 달리 공공 정책 기능은 여러 기관에서 경쟁적으로 제공한다고 효율성이 올라가는 것은 아니기 때문이다. 그런 식이라면 평소에 정부 부처의 기능을 엄밀히 나누거나 중복행정에 대해 비판을 제기할 필요도 없을 것이다. 공정위 스스로 왜곡된 기능 수행을 하고 있다면 이의 원인을 분석하고 대책을 마련해야 하겠지만 그 답이 반드시 공정위의 권한을 여러 기관이 나눠 가지는 것일 필요는 없다.

첫 번째로 고려해야 할 사항은 형사 고발이 필요한 경우가 그렇게 많으냐는 것이다. 외국은 경쟁법 위반의 경우 위법 여부나 고의성 판단이 쉽지 않은 경제 행위의 특성상 과징금이나 시정 조치에 의한 제재가 많고 형사 처벌은 없거나 최소화하는 것이 일반적이다. 그런데 우리는 사실상 모든 행위에 대해 형벌 규정이 존재한다. 〈표 7-3〉은 OECD 국가의 경쟁법 위반 행위에 대한 형벌 규정을 조사한 것인데 16개 국가에는 그런 규정이 없다. 형사 고발을 할

〈표 7-3〉 OECD 국가의 경쟁법 위반 행위에 대한 형벌 규정

분류		국가명
형벌 규정 없음(16개)*		독일, 스페인, 이탈리아, 오스트리아, 벨기에, 터키, 폴란드, 헝가리, 네덜란드, 스웨덴, 스위스, 포르투갈, 핀란드, 뉴질랜드, 룩셈부르크, 라트비아
형벌 규정 존재	담합 (10개)	영국, 캐나다, 호주, 노르웨이, 아이슬란드, 멕시코, 칠레, 에스토니아, 슬로바키아, 체코
	담합, 시지 남용 (8개국)	미국**, 일본, 프랑스, 덴마크, 이스라엘, 아일랜드, 그리스, 슬로베니아
	담합, 시지 남용, 기업 결합 불공정거래 행위 등 (1개국)	한국***

* 단, 8개국(독일·이탈리아·벨기에·터키·헝가리·오스트리아·폴란드·스페인)은 입찰 방해죄(입찰 담합)에 한해 형법에 형벌 규정 존재.
** 서면법상 시지 남용·담합이 형벌 대상이나, 실제 집행은 가격 담합 등 경성 카르텔에 국한되며, 시지 남용은 원칙적으로 기소 대상이 되지 않음(미국 법무부 가이드라인).
*** 2020년 전면 개정으로 기업 결합 등 일부 행위의 경우 형벌 규정이 폐지됨.
출처: 공정거래위원회. (2018). 자료 업데이트.

이유가 아예 없는 것이다. 나머지 국가는 대부분 담합 행위에 대해서만 형벌 규정이 존재하고 미국, 일본 등 8개국은 시장 지배적 지위 남용 행위 중 일부에 대해 형벌 규정이 추가로 있다. 그에 반해 한국은 거의 모든 행위에 대해 형벌 규정이 존재하다가 2020년 전면 개정 과정에서 일부만 폐지되었다.

둘째, 형벌 규정이 있는 국가들도 전속 고발제로 운영하는 것이 일반적이라는 점도 고려해야 한다. OECD 국가 중에서는 미국 정도만이 예외라고 할 수 있다. 미국은 법무부(DOJ)가 경성(hard core) 담합에 한해 독자적인 수사와 기소를 하는데, 이는 역사적으로 미국의 경쟁법 집행이 FTC와 법무부로 이원화되어 발달했기 때문이다. 이러한 이원적 법 집행 체계는 의도적인 설계라기보다는 역사의 과정에서 형성된 구조에 적응한 것이라 봐야 하고, 미국 안에서도 세계적 표준과 벗어난다는 점에 대한 비판이 있다.[14]

한편 2014년부터 시행되어온 의무 고발제가 큰 효과가 없었다는 비판에 대해서도 생각해볼 필요가 있다. 실질적으로는 고발주체가 다양화된 것이나 마찬가지인데도 고발이 급증하지 않은 것은 사안 자체로만 보면 고발 필요성이 제기되는 경우가 많지 않다는 것을 방증한다고 볼 수 있다.[15] 고발 주체의 다양화보다는 심층적인 조사를 거쳐 수집하는 증거 및 분석 결과가 뒷받침되는 것이 중요하다는 의미다.

이와 관련하여 가장 고려할 필요가 있는 부분은 담합 행위에 대한 자진 신고자 감면 제도(리니언시)의 적용으로 보인다. 리니언시는 일종의 형량 협상(plea bargaining) 제도로서 담합에 가담한 자라하더라도 최초 신고나 조사 협조를 통해 범죄 입증에 공헌하면 과징금이나 형사 고발을 면하게 해주는 제도다. 2005년 관련 제도의 개편 이래 공정위의 담합 적발 실적을 높인 데 가장 크게 공헌한 제도라고 볼 수 있다. 그런데 이 제도가 의미가 있으려면 과징금 부과는 물론 형사 고발 여부에 대해서도 집행 당국이 결정할 수 있어야 한다. 따라서 전속 고발권 제도를 폐지하게 되면 리니언시 제도를 어떻게 운용할지에 대한 세밀한 조정이 반드시 진행되어야 한다.

이러한 요소들을 종합해보면 전속 고발권의 폐지에 대해 신중한 접근이 필요하다는 점은 분명하다. 물론 공정위가 전속 고발권을 제대로 사용하고 있느냐에 대한 문제 제기는 여전히 유효할 수 있다. 예를 들어 전속 고발제가 유지되더라도 담합 등 중대 범죄에 대해서는 이를 공정위가 아닌 검찰이 행사하는 것이 더 낫다는 주장도 있을 수 있다. 다만 그 경우 공정위의 조사 및 사건 분석 기능까지 이관될 필요가 있는데 사실상 공정위를 분할하는 셈이어서 적절한 방향일지는 의문이다.

그보다는 전속 고발제는 현행대로 유지하되, 공정위의 중립성과 신뢰성을 높이는 조치를 추가하고, 검찰과의 협력 체제를 강화하는 방향이 낫다고 생각된다. 예를 들어 리니언시 등에 대한 사후적 평가 제도를 만들어서 중립적·독립적으로 결정 과정을 평가하도록 한다든가 공정위에 상근 파견 검사를 두어 초기부터 수사 및 기소 여부 결정에 참여하도록 하는 제도 등을 고려해볼 수 있을 것이다.

제7장의 정책 제안 요약

공정거래법과 상법에 대한 통합적 접근 도입

- 경쟁 촉진 정책과 기업 집단의 거버넌스에 대한 규제 정책 간에 이질성이 존재하고 상법과 역할이 부딪치는 문제가

상존함.

- '공정거래법-상법 현대화 위원회'를 구성하여 통합적인 규율 체계의 모색 및 이행 과정을 수립할 필요가 있음.

불공정거래 행위 규제의 정비 및 민사적 조정 기능 강화

- 중복 규제와 규제 목적 불명확성 등의 문제점을 안고 있는 불공정거래 행위 규정을 차별성이 확실한 행위의 유형들 중심으로 정비.
- 갑을 관계 규율 성격의 경우 행정적 제재보다는 민사적 조정 기능을 활성화하는 방향을 추진.

공정위의 중립성·독립성 강화 조치 추진

- 공정위 구성을 전원 상임위원제로 전환하고 다수를 독립적 외부 상임위원으로 구성하며, 위원회와 사무처 간의 독립성 강화조치를 확대.

전속 고발권 제도의 개선

- 효율적 경쟁법 집행을 위해서 전속 고발권의 폐지는 바람직하지 않으며, 다만 경성 담합 등의 조치에 대한 독립적 사후 평가, 상근 파견 검사의 활용 등의 실질적 보완을 추진.

제4부

일자리와 저출산의 문제는
어떻게 해결해야 하는가?
노동, 저출산

선진적 노동시장으로 가는 길: 걸림돌과 과제는?

김용성(한국기술교육대)

1) 우리나라 노동시장이 당면한 문제들

노동시장은 과거 어느 때보다 심각한 도전에 직면해 있다. 급속한 기술의 발전으로 많은 일자리는 사라지고 새로운 일자리가 출현하는 등 노동시장의 불확실성이 높아지고 있다. 또한 코로나19는 일하는 방식과 노동시장 규범에 새로운 기준(new normal)을 제시하면서 그에 걸맞은 변화를 요구하고 있다.

더 늦기 전에 다가올 노동시장의 변화에 대비해야 할 시점이다. 노동시장 이중구조와 경직성이 노동시장의 환경 변화에 걸림돌이 되지 않도록 새로운 시각에서 해결의 실마리를 모색해야 한다.

한편, 2019년부터 시작된 생산가능인구의 감소가 가속화되는 상황에서 노동력의 절대 부족을 피하기 위해 고령층 일자리의 유지·활용은 선택이 아닌 숙제이다. 특히 50세 전후에 비자발적으로 일자리를 떠나는 현재의 노동시장 모습은 바뀌어야 한다. 안타깝게도 저출산·고령화로 인해 한 사람의 노동력이 아쉬운 현실에서 청년 취업난은 해결의 실마리를 찾지 못하고 있다. 특히 고학력 청년과 같은 귀중한 인적자원이 제대로 활용되지 못하는 것은 개인의 불행뿐만 아니라 국민 경제의 낭비이다.

본 장에서는 우리나라 노동시장의 고질적인 문제인 청년 일자리난, 고령층 근로자의 활용 문제, 노동시장 이중구조를 살펴보고 미래를 위한 노동시장 정책 방향에 대해 논의하고자 한다.

2) 청년층 일자리의 어려움

최근 몇 년간 노동 현안에서 빠짐없이 등장하는 이슈가 청년 일자리 문제이다. 2000년 이후 현재까지 역대 정부에서 범부처 합동으로 발표한 굵직굵직한 청년 대책만 14회 정도다. 그 밖에 정부의 '계획', '방안'까지 더하면 44회에 이르러 매년 1~2개의 정책이 발표되고 시행되었다. 하지만 정부의 부단한 노력에도 불구하고 청년들의 일자리 문제는 좀처럼 해결의 실마리를 찾지 못하고 있다.

<그림 8-1> OECD 국가의 청년 고용률 비교(2019년)

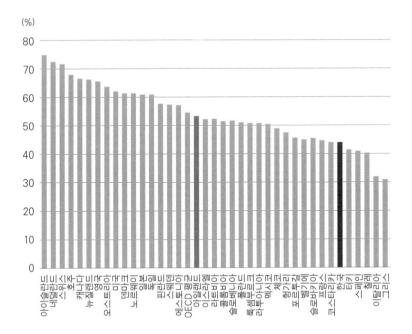

OECD Labour Force Statistics

2017년 9.8%이던 청년실업률은 2020년에 9%로 떨어졌지만, 구직을 단념한 청년까지 포함한 체감 실업률은 같은 기간 22.7%에서 25.1%로 오히려 높아졌고, 2019년 청년(15~29세) 10명 중 취업자 수는 4.3명으로 OECD 평균 5.4명에 미치지 못하는 것으로 나타났다 (〈그림 8-1〉).

우리나라 청년 취업난의 심각성은 미취업 청년, 흔히 '니트(NEET: Not in Education, Employment or Training)'라 불리는 이들의 규모로 짐작해볼 수 있다. 구직 활동을 하지 않아 실업자로 간주되지 않으며, 일할 능력과 일할 수 있는 상태에도 불구하고 비경제활동으로 분류되는 청년 니트를 눈여겨봐야 하는 이유는 다음과 같다.

첫째, 전체 우리나라 청년 니트 중 대졸(전문대 포함) 이상 고학력 청년이 차지하는 비율은 약 40%로 OECD 국가의 경우 평균(약 10% 초반)보다 월등히 높은 특징을 보인다. 많은 청년 니트의 원인이 계속된 취업 실패로 인한 의욕 상실이라는 점에서, 고학력 청년 취업난은 개인과 가족은 물론 국가적으로 고급 인재가 활용되지 못하는 큰 손실일 수밖에 없다.

둘째, 최근 청년 니트의 수가 빠르게 증가하는 우려스러운 모습이 관찰된다. 코로나19 이전 2018년에 약 30만 명 수준이었던 청년 니트는 2021년(1~4월)에 약 43만 명까지 급증하였다. 코로나19 이전과 비교할 때, 청년 취업자 수의 감소(약 15만 명)와 청년 니트의 증가(약 13만 명)가 비슷한 규모라는 점에서 상당수 청년 취업자가 니트화 되었을 것으로 짐작된다.

왜 청년들이 취업에 어려움을 겪을까? 우선 청년층 노동시장의 각종 불일치가 청년 취업난의 원인 중 하나이다. 〈표 8-1〉은 청년층 노동시장의 공급과 수요의 불일치를 보여준다. 청년층 고학력화가 진행되면서, 청년들은 첫 직장으로 고임금의 안정적인 공기업 또는 대기업의 일자리를 원하는 반면, 기업은 고용 조정이 쉬운 비정규직이나 능력이 검증된 경력직 채용을 선호하면서 엇박자가 생

<표 8-1> 청년층 노동시장 공급과 수요의 불일치

청년층 노동 공급	청년층 노동 수요
졸업 연기, 학교에서 노동시장 이행 기간 증가 (학력·스펙 쌓기)	신규직보다 능력이 검증된 경력직 선호
전문직·관리직·사무직 선호	사무·관리직 수요 감소
공기업·대기업 선호	대기업 고용 축소
고임금의 안정적 일자리(정규직)	낮은 생산성·저임금의 고용 조정이 쉬운 일자리(비정규직)

기고 있다. 임금과 근로 조건의 불일치로 인해 고학력화에도 불구하고 청년들의 일자리는 고용의 안정성이 떨어지는 비정규직, 저임금 서비스업 일자리에 치우쳐서 분포하고 있다. 노동시장 불일치는 청년들이 졸업 후 첫 직장에 취업하는 데까지 걸리는 시간을 늘리고, 첫 일자리의 평균 근속 기간을 짧게 만들며, 첫 일자리를 그만둔 청년 비율이 증가하는 바람직하지 못한 결과를 가져오고 있다.[1]

경제성장률 하락과 일자리 창출 능력의 저하는 청년들이 취업하기 힘들게 만드는 또 다른 원인이다. 일자리 수를 결정하는 가장 중요한 요인은 경제성장률과 그러한 성장이 얼마나 일자리 창출로 이어지는지를 보여주는 고용 탄력성으로 나누어볼 수 있다. 성장률이 높을수록, 또 고용 탄력성이 클수록 일자리는 크게 늘어난다. 일자리의 창출이 청년들에게 중요한 이유는 얼마나 새로운 일자리가 생기는가에 따라 청년의 취업 기회가 좌우되기 때문이다.

하지만 2000년대 초반 약 5%였던 경제성장률은 이후 5년마다 약 1%씩 낮아지면서 최근 약 2%까지 하락하였고, 고용 탄력성도 1970~1980년대 '성장과 고용의 선순환' 속에서 0.4였던 것이 2000년대 들어 0.2 중후반 수준까지 하락하였다.[2] 결국 경제성장률과 고용 탄력성의 동시 하락은 과거와는 달리 경제가 청년들을 위한 일자리를 많이 창출하지 못하는 체질로 변했음을 뜻한다.

　　최근 들어 노동시장의 역동성이 떨어지는 것도 청년층 고용 부진에 큰 영향을 미치는 중요한 요인이다. 기업이 등장하고 퇴출당하는 과정에서 일자리는 창출 또는 소멸하는데, 사라지는 일자리를 갈음하는 새로운 일자리는 구직 청년들에게 좋은 기회가 된다. 따라서 청년의 입장에서는 경쟁력을 잃은 기업이 시장에서 사라지고 그 자리를 새로운 기업이 메꾸면서 일자리의 순환이 활발히 이루어지는 노동시장이 가장 바람직하다. 노동시장의 역동성의 지표인 일자리 재배치율(일자리 창출률+일자리 소멸률)을 보면 2012년 13.5%였던 것이 창출률과 소멸률 모두 하락하면서 2018년에는 11.3%로 떨어졌다. 이는 기존의 일자리도 과거에 비해 잘 사라지지 않으며, 새로운 일자리도 잘 생겨나지 않게 되었음을 뜻한다.

3) 고령층 노동력 활용의 어려움

생활 수준의 향상과 의료 기술의 발전으로 대부분의 선진국은 고령화를 거쳐 고령사회로 옮겨갔다. 우리나라도 선진국이 되면서 필연적으로 겪게 되는 '성장통'과 같은 것이라 여길 수 있다. 하지만 우리나라 고령화를 자연스러운 과정으로 받아들이기 힘든 이유는 그 과정이 외국과 비교할 수 없을 정도로 너무 빠르게 진행되고 있기 때문이다. 대부분 유럽 국가는 고령화 사회(65세 이상 인구가 전체의 7% 이상인 경우)에서 고령 사회(65세 이상 인구가 전체의 14% 이상인 경우)로 가는 데 평균 70년, 영미권 국가는 약 60년이 걸렸다. 반면 우리나라는 2000년 고령화 사회였던 것이 2018년 고령 사회가 되기까지 불과 18년이 걸렸다. 외국보다 3~4배 빠른 속도로 일어나는 고령화에 충분한 대비를 하지 못한다면 현재는 물론 미래에는 사회·경제적으로 더욱 심각한 부정적 영향을 가져올 것이 틀림없다.

인구구조의 고령화는 어떤 문제를 가져올까? 개인이 늙어가면서 자신의 노후 생활을 걱정하듯이, 국가의 입장에서도 고령층의 경제적 형편은 중요한 정책적 관심사가 된다. 노후 준비를 제대로 못 한 고령자는 빈곤층으로 추락하게 되고, 국가는 이들을 위한 사회 안전망 제공에 많은 재정을 투입할 수밖에 없다. 고령화가 초래할 과도한 재정 부담이 먼 나라의 이야기로 들리지 않는 이유는 2018년 기준 우리나라 고령자 10명 중 약 5명은 빈곤한 것으로 나타났기 때문이다. 고령 빈곤율은 OECD가 조사한 23개 회원국 중 라트비아에 이어 두 번째로 높은 수치를 보였다. 만약 빈곤한 고령화가 빠른 속도로 계속 진행된다면 재정 부담은 감당하기 힘든 수준으로 치달을 것이 분명하다. 미래 전망은 현재의 고령화와 저출산 추세가 이어진다면 2050년이 되면 취업자 1명이 고령자 1명을 부양해야 하는 암울한 상황이 올 수 있음을 경고하고 있다.

노동시장의 측면에서 보면 고령화는 생산 활동을 담당하는 인적자원이 줄어듦을 의미한다. 고령 노동자의 은퇴로 노동력은 양적(quantitative)으로 감소하고 고령 노동자의 생산성 하락으로 노동력은 질적(qualitative)으로도 하락하게 된다. 이러한 상황은 우리나라와 같이 고령 노동자가 스스로 생산성을 업그레이드할 마땅한 교육훈련 기회가 드물고 많은 경우 임금 체계가 근로자의 생산성과 관계없이 결정되는 연공서열형 제도 하에서는 더욱 심각한 노동시장 문제를 일으킨다. 기업이 생산성이 낮은 고령 노동자의 고용을 높은 임금을 부담하면서 굳이 유지할 이유가 없기 때문이다.

2000년대 중반 이후 정부는 고령층의 고용 촉진을 위한 정책들을 수립하였다. 2011년에 정부는 기업이 임금 삭감을 조건으로 일정 연령 이상 고령층 근로자의 정년을 연장하거나 재고용할 경우 삭감된 임금의 일부를 보전해주는 임금 피크제를 본격적으로 추진하였다. 그리고 50세 전후가 되면 주된 일자리에서 조기 퇴직하는 노동시장의 관행을 바꾸고 고령층 노동자의 일자리 안정성을 높이기 위해 2016년~2017년에 걸쳐서 법정 정년제(60세)를 도입·시행하였다.

〈그림 8-2〉는 전체 퇴직자 중 법에 따라 정년퇴직한 근로자

<그림 8-2> 법정 정년제 도입과 퇴직 유형별 비율

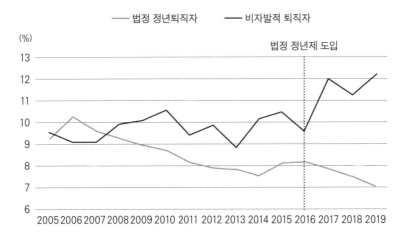

주: 비자발적 퇴직자는 권고사직에 의한 퇴직자임.
출처: 통계청. 경제활동인구조사. 각 연도.

와 비자발적(권고사직) 퇴직자 비율을 보여주고 있다. 그림에서 주목
할 점은 2016~2017년 법정 정년제가 도입된 이후에 법에서 정한
정년에 퇴직한 근로자의 비율은 꾸준히 감소했으며, 권고사직에 의
한 비자발적 퇴직자의 비율은 가파른 증가세를 보였다는 사실이다.
60세까지의 정년을 법으로 보장함으로써 정년퇴직자가 많아질 것
이라는 예상과는 정반대의 결과이다. 그 이유는 무엇일까? 노동 생
산성을 제대로 반영하지 못하는 임금 체계 아래에서, 60세까지 근
로자의 정년을 보장해야 하는 법적 의무를 지게 된 기업이 권고사
직 등 비자발적인 방법을 통해 조기 퇴직을 유도한 것으로밖에 달
리 설명할 수 없다.[3] 법정 정년제는 본래의 취지와 달리 고령 노동

자의 조기 퇴직을 유도하는 결과를 낳게 되었다.

4) 노동시장의 이중구조

2000년대 들어 우리나라 노동시장의 두드러진 현상 중 하나는 이중노동시장, 특히 비정규직 근로자의 증가다. 2020년 기준 전체 임금 근로자(2045만 명)의 약 36.3%를 차지하는 비정규직은 외환 위기 직후인 2000년대 초 노동시장 유연성 제고의 기치 아래 한때 일자리 증가에 견인차 역할을 했다. 하지만 정규직과 비정규직의 임금과 복리후생, 교육 훈련에서의 차별이 부각되고, 비정규직이 임금과 소득 불평등의 확대 원인이며 정규직으로 가는 사다리가 아니라 함정이라는 인식이 점차 힘을 얻으면서 현재는 사회 통합의 걸림돌이 되고 있다.

왜 비정규직이 증가했는가? 원인은 비교적 명확하다. 첫째, 기업 입장에서 비정규직은 고용 조정이 쉽기 때문이다. 정규직은 엄격한 법적 요건과 까다로운 절차를 거쳐야만 고용 관계를 해소할 수 있지만, 비정규직은 단순히 계약의 만료와 함께 고용 관계가 사라진다. 둘째, 비정규직이 정규직보다 인건비 부담이 낮기 때문이다. 비정규직 임금은 정규직 임금은 65~70% 수준으로 알려져 있으며, 사회보험 가입률도 정규직과 비교해 현저히 낮아서 고용주는

비정규직을 채용하는 것이 노동 비용 절감 차원에서 유리하다.[4]

정부는 2007년 '비정규직(기간제 및 단시간 근로자와 파견 근로자) 보호법' 제정을 비롯하여 '비정규직 종합 대책'(2011년), '공공 부문 비정규직 근로자 정규직 전환 가이드라인'(2017년)에 이르기까지 비정규직 남용과 불합리한 차별을 바로잡기 위해 노력하였다. 과연 이런 정책들은 효과가 있었을까? 불행히도 비정규직 문제 해결에 별다른 성과를 거두지 못했다. 통계상 비정규직 비중이 약간 줄어들었지만, 비정규직만 놓고 보면 상대적으로 괜찮은 한시적 일자리는 줄고 비정규직 중에서도 열악한 비전형과 시간제 일자리가 늘었다. 또한 비정규직법 도입 이전에 정규직 대비 66~67%였던 비정규직 임금은 제도 도입 이후에도 큰 변화가 없었다. 결국 비정규직

〈그림 8-3〉 기업 규모별 정규직과 비정규직 임금

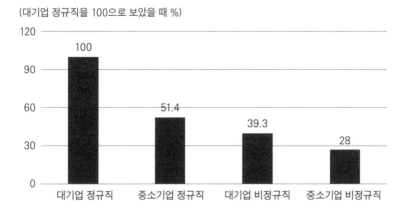

(대기업 정규직을 100으로 보았을 때 %)

출처: 고용노동부(2015). 고용 형태별 근로 실태 조사

일자리의 질이 높아졌다거나 임금 격차가 줄었다고 보기 어려운 이유다.

비정규직 문제의 해법이 어려운 이유는 우리나라 노동시장의 이중구조가 정규직과 비정규직의 단순한 근로 형태의 차원를 넘어 기업의 규모에 따라 나뉘는 복잡한 구조로 되어 있기 때문이다.

〈그림 8-3〉은 대기업 정규직 임금을 100으로 했을 때, 각 기업 규모와 근로 형태별 임금 수준을 보여주는데, 같은 정규직이더라도 대기업과 중소기업에 따라 임금에 큰 차이가 있음을 알 수 있다. 크게 보면 노동시장의 이중구조는 대기업 정규직과 그 밖의 근로자로 구분될 수도 있다. 실제 기업 규모에 따른 이중구조가 존재하기 때문에 같은 비정규직이더라도 이를 사용하는 이유를 보면 대기업은 '고용 조정의 용이함'을, 중소기업은 '노동 비용의 절감'을 꼽

〈표 8-2〉 노동시장의 유연성과 안정성

구분	유연성		안정성	
	노동 투입 조정 가능성	작업 간 전환 배치 가능성	고용 보호	사회 안전망
제조업 혹은 대기업 정규직	매우 낮은 유연성	매우 낮음	높음	대부분 범위 내
서비스 부문 혹은 중소기업 비정규직	높은 노동 이동성, 낮은 일자리 안정성	없음	낮음	상당수 범위 밖

주: 저자 번역.
출처: Korea Development Institute(2010). The Korean Economy: Six Decades of Growth and Development, edited by Sakong, I. and Koh, Y., ISBN 978-89-8063-457-6. Table 6-6.

고 있으며, 일자리 안정성과 유연성에서도 기업 규모에 따라 확연한 차이를 보인다(《표 8-2》). 결과적으로 우리나라 노동시장 이중구조를 정규직과 비정규직의 단순한 구도로 접근해서는 문제 해결에 큰 도움이 되지 않는다.

5) 미래를 위한 노동시장 정책 방향

(경제 원리에 충실한 노동시장 정책)

노동 정책이 성공하려면 경제가 작동하는 원리와 조화를 이뤄야 한다. 문제의 원인과 이를 둘러싼 이해관계를 파악하고 시장 원리에 맞춰 대응할 때 정책이 의도한 효과가 실현된다. 예를 들어 고령층의 고용을 활성화하고 비자발적인 조기 퇴직을 줄기 위해서는 생산성을 반영하는 임금 체계의 확산과 함께 고령층의 생산성을 높이기 위한 교육 및 훈련 기회 확대가 이뤄져야 한다. 생산성을 초과하는 노동 비용은 기업이 고령층의 고용을 꺼리게 하고 조기 퇴직의 원인이 된다는 점에서, 단순히 법정 정년을 연장하는 것은 문제의 원인에 대한 근본적인 대책이 될 수 없다.

비정규직 대책도 다시 살펴볼 필요가 있다. 현재 비정규직법은 '동일 노동 동일 임금'의 원칙에 따라 임금이나 근무 환경 및 처우에 있어 비정규직에 대한 불합리한 차별을 금지하고 있다. 어떠한 형태이든 차별 금지는 보편적 상식과 사회 통합을 위해 당연히 지켜야 할 원칙이지만, 현실에서는 오히려 대기업의 정규직과 그 밖의 근로자 사이에서 임금 격차가 더욱 뚜렷이 나타난다. 대기업과 중소기업의 생산성 격차를 완화하고 불공정한 거래 관행을 고치려는 노력 없이, 임금 차별 문제를 단순히 정규직과 비정규직 차원에서 접근하는 데는 한계가 있을 수밖에 없다.

건전한 노동시장을 위해 역동성을 높이는 정책이 필요하다. 노동시장 성과로서 취업자 수 증가보다 더욱 중요한 지표는 일자리의 창출과 소멸이다. 가령 100개의 일자리가 창출되고 80개가 사라지는 것과 50개가 생기고 30개가 없어진 경우 모두 20개의 일자리가 증가한다. 하지만 많은 신규 일자리가 생겨 청년층 취업의 문이 넓어지고 경쟁력을 잃은 기존의 일자리가 사라지는 과정이 손쉽게 일어날 때 노동시장은 건강해진다. 기업의 진입과 퇴출을 막아 일자리의 창출과 소멸을 낮추어 노동시장의 역동성을 떨어뜨리는 중요한 원인 중 하나가 시장의 불합리한 규제이다. 새로운 기술 혁신에 바탕을 둔 스타트업이 규제의 벽을 넘지 못해 시장 진입이 좌절되는 것은 일자리 창출에서 볼 때 큰 손실일 수밖에 없다.[5]

유연하고 포용적인 노동시장 정책

미래에는 '일자리(job)의 안정성'보다 일자리는 바뀌더라도 계속해서 일할 수 있는 '고용(employment)의 안정성'이 더욱 중요하다. 그 이유는 급격하게 변화하는 생산기술과 혁신으로 인해 앞으로 개인은 오랜 기간 한 직장에서 일하기보다 그때그때 필요에 따라 다양한 일자리를 가지게 될 것이기 때문이다. 지금 일자리를 그만두더라도 다음 일자리에서 계속 일할 수 있는 고용의 안정성이 이루어지려면 일자리 간 이동이 손쉬운 유연한 노동시장이 전제되어야 한다. 현재 유연한 노동시장을 가로막는 장애물 중 하나는 노동시장의 이중구조이다. 노동시장 이중구조가 만든 벽은 학교에서 첫 일자리로 이행과 비정규직에서 정규직으로 전환, 나아가 국민 경제 차원의 사양 산업에서 성장 산업으로 인력 조정까지 노동시장 곳곳에서 이동을 어렵게 하고 있다.

노동시장 이중구조에 대해서는 노동시장의 유연성을 높이는 큰 테두리 안에서 이를 낮추는 방향을 모색해야 한다. 정규직과 비정규직의 격차를 줄이기 위해 비정규직 보호를 강화하는 방안 대신 정규직의 고용 보호 수준을 낮추는 방법도 생각해볼 수 있다. 비정규직의 보호를 강화하고자 하는 법이 정규직과의 격차를 줄이기보다는 오히려 법적 보호의 테두리 밖에 있는 더욱 열악한 비정규직의 사용을 부추기는 부작용을 초래하였다. 만약 정규직에 대한 고용 보호 수준을 낮추면 고용 관계의 경직성이 완화되면서 비정규직이 좀 더 안정된 일자리로 전환하는 데 도움이 될 것으로 기대해볼 수 있다.[6]

유연한 노동시장은 반드시 그에 걸맞은 사회 안전망에 의해 뒷받침돼야 한다. 노동시장의 변화로 일자리의 안정성이 낮아지고 일자리 간 이동이 활발해지면, 현재의 직장을 떠나 일자리로 옮길 때 많은 근로자가 실직과 새로운 업무 적응에 어려움을 겪게 된다. 만약 유연한 노동시장으로 가는 과정에서 겪게 되는 두려움과 무거운 부담을 온전히 개인의 몫으로 남겨둔다면 노동시장 유연화를 반대하는 저항은 거세질 수밖에 없다. 결국 노동시장 유연성과 사회 안전망은 수레의 두 바퀴와 같아서 삐긋거림 없이 균형 있게 나아가야 한다.

미래 지향적 노동시장 정책

급속하게 진행되는 기술 혁신과 새로운 경제 시스템은 노동시장의 유연성과 함께 일자리에 큰 변화를 가져올 것으로 예상된다. 디지털 혁신으로 시간과 장소에 얽매이지 않는 플랫폼 일자리, 다수의 근로자가 작은 범위의 업무를 단시간 협업하는 크라우드워크(crowdwork), 프로젝트의 필요에 따라 모였다가 흩어지는 할리우드(Hollywood) 스타일의 일자리가 점차 많아질 것으로 예상된다. 다양한 모습으로 나타날 미래 일자리의 공통점은 현재의 안정적인 고용 관계 속에서 비교적 장시간 근로하는 일자리와는 거리가 멀다는 것이다. 실제 OECD 국가의 추세를 보면 연평균 근로시간이 1990년 1860시간에서 2020년에는 1687시간까지 꾸준히 감소하였으며, 기술 혁신 분야를 중심으로 타인에게 고용되지 않은 독립적 근로자

(independent worker)도 증가하고 있다.

따라서 현재의 일자리 형태를 기초로 설계된 각종 제도를 미래 일자리에 친화적인 방향으로 정비해야 한다. 우선 '짧은 노동 시간, 높은 생산성'으로 나아가는 일자리의 흐름 속에서 개인의 역량은 매우 중요해질 것이다. 미래의 역량은 기관이나 일정한 장소에서 형식을 갖춘 특정한 작업의 숙련을 익히는 시스템에서 장소와 시간에 구애 없이 자유롭게, 형식에 얽매이지 않으며, 다양한 역량을 키울 수 있는 교육 훈련으로 키워져야 한다. 이를 위해 개인이 원하는 바를 언제 어디서나 배우고 역량을 유지하기 위한 평생 학습 체계가 갖추어져야 한다. 또한 넓고 두터운 고용 안전망과 사회 안전망이 필요하다. 고용 안전망과 사회 안전망 밖에 근로자가 남아 있으면 기업에 사회 기여금과 세금의 부담이 없는 이들을 고용할 유인이 커지면서 열악한 일자리가 확대된다. 실제 4대 사회보험에 있어 고용 형태에 따른 가입률의 격차는 더욱 열악한 일자리가 증가하는 원인이 되었다.

안전망의 확충에 있어 중요한 것은 고용 안전망과 사회 안전망의 균형과 조화이다. 미래의 노동시장에서 일자리의 개념이 모호해지면 사회 안전망의 역할이 점차 중요해질 것이다. 이때 사회 안전망으로 편입되는 영역에서 고용 안전망의 역할은 줄이고, 반대로 사회 안전망에서 다루지 못하는 영역에서 고용 안전망의 역할을 강화함으로써 두 안전망이 보완적인 관계 속에서 균형을 잡아나갈 필요가 있다.

한편 노동시장 유연화로 일자리를 잃었을 때 빈곤층으로 추락하는 것을 방지하기 위해 실질적 도움이 되는 소득 보전형 사회 안전망을 확충해야 한다. 다만 이때 자칫 '퍼주기식'이 되지 않도록 지원과 함께 개인의 책무가 명확히 전제되어야 한다.

다가올 새로운 일자리의 형태에 맞춰 노동시장 법과 제도에 대한 논의와 합의도 서둘러야 한다. 자영업자에게 고용보험 적용을 확대하는 문제, 시간과 공간의 경계가 모호한 일자리에 최저임금을 어떻게 적용하는가의 문제, 특별히 고용되어 있지 않은 일자리의 노사 관계를 어떻게 설정하는가에 대한 문제에 이르기까지 많은 과제가 기다리고 있다. 향후 노동시장 정책과 고용 및 사회 안전망을 재설계할 때 북유럽 국가가 표방한 "일자리가 아닌 사람을 보호한다(Protect people, not jobs)"라는 원칙을 염두에 둘 필요가 있다.

실효성 있는 노동시장 정책

2000년 이후 역대 정부가 가장 역점을 두고 해결하고자 추진했던 사업은 '저출산·고령화 대책'과 '일자리 대책'이라 할 수 있다. 정부는 2006년 이후 저출산·고령화 대책으로 약 380.2조 원을 지출하였고,[7] 2021년 저출산·고령화 관련 예산 72.6조 원 중에서 기초연금, 노인 일자리, 고령자 취업 지원 등 고령층 대책으로 약 26조 원을 투입할 계획을 밝혔다(저출산·고령사회위원회, 2021).[8] 한편 일자리 대책으로 2017년 현 정부가 출범한 당시 15.9조 원이던 관련 예산(중앙부처 본예산 기준)은 2021년에는 30.6조 원으로 2배 가까이 증가하였으며(고용노동부, 2020), 청년 관련 예산은 2021년 약 20조 원에서 2022년(예산안 기준) 약 23.5조 원에 이를 것으로 알려졌다.[9]

　　정책 추진에 필요한 재원을 마련하고 투입하기에 앞서 재정의 부담을 최소화하는 방안은 없는지 고민해봐야 한다. 예를 들어 연공서열형에서 생산성을 반영하는 임금 체계로의 전환이나 점진적 은퇴 제도를 정착시킴으로써 고령층 일자리에 친화적인 환경을 조성한다면 고령자 취업 지원금 규모를 줄일 수 있다. 정규직과 비정규직 문제도 정규직의 고용 보호 완화를 통해 기업이 스스로 비정규직 근로자의 정규직 전환을 유도한다면 정부의 전환 지원금을 절감할 수 있을 것이다. 최근까지 최저임금 인상에 따른 고용위축을 막기 위해 정부는 '일자리 안정 자금'을 지원하고 있다. 하지만 최저임금의 충격을 한정된 재원으로 무한정 대응할 수 없다는 점에서, 차라리 시장에서 스스로 일자리가 조정되도록 한다면 가능한 짧은 기간에 고용에 미치는 부정적 영향을 최소화하고 재원을 절약할 가능성도 있다.

　　일자리 대책과 같은 당면한 국정 과제의 해결을 위해 재정을 집중적으로 지출하는 것은 어쩔 수 없지만, 그런 경우에도 지출은 목표를 위해 가장 효과적인 방법으로 사용되어야 한다. 모든 정책의 성패는 얼마를 투입했느냐가 아니라 그로부터 얻어지는 성과에 따라 결정되기 때문이다. 일자리 정책을 흔히 '적극적 노동시장 정책(ALMP: Active Labor Market Policies)'이라 하는데, 정책의 성격에 따라 고용 서비스, 교육 및 훈련, 고용·취업 지원금, 장애인 고용 및 재활 프로그램, 직접적 일자리 창출, 창업 지원 등 6개의 유형으로 구분된다.

ALMP 지출 구성비를 비교한 〈표 8-3〉은 우리나라와 OECD 국가의 평균을 보여주는데, 둘 사이에 상당한 차이가 있음을 알 수 있다. 각국이 처한 노동시장의 상황이 다르므로 정책의 비중에 차이가 있기 마련이지만, 우리나라의 ALMP 구성은 많은 연구에서 정책 효과가 의문시되고 있는 직접적 일자리 분야의 비중이 지나치게 높고,[10] 중·장기적 효과와 미래의 노동시장을 위한 대비로서 주목받는 고용 서비스와 교육 및 훈련 분야의 비중이 매우 낮다는 점

〈표 8-3〉 일자리를 위한 노동시장 정책(ALMP) 지출 구성 비교: 우리나라 vs. OECD 평균

(단위: %)

적극적 노동시장 정책 유형	한국	OECD 평균
고용 서비스	8.2	25.8
교육 및 훈련	11.0	25.9
고용·취업 지원금	10.4	18.0
장애인 고용 및 재활 지원	5.5	13.8
직접적 일자리 창출	60.2	12.5
창업 지원	4.3	2.4

주: 한국은 2010~2017년 평균이며, OECD는 2010~2018년 평균임.
출처: OECD. Labour market programmes. URL: https://stats.oecd.org

에서 ALMP의 재검토와 조정이 필요하다. 특히 우리나라 고용 서비스 인력 한 사람이 담당하는 구직자 수가 약 600명으로 선진국에 비해 약 3~6배나 높은 상황에서는 제대로 된 고용 서비스가 이루어지기 힘들다는 점에서, 고용 서비스 인프라 확충은 시급한 당면 과제로 보인다.

정부의 일자리 대책이 의도한 성과를 내려면 정책 대상자가 원하는 바를 살펴야 하고, 다양한 정책 실행으로부터 얻어진 경험도 참고해야 한다. 대표적인 청년 일자리 대책인 기업이 청년을 고용할 때 인건비의 일부를 지원하는 장려금 정책과 구직 청년들의 구직 활동 비용을 지원하는 사업의 예를 들어보자. 장려금으로 지원하는 청년 일자리는 임금과 근로 조건에 있어서 청년들이 원하는 바와 거리가 멀어 취업한 지 얼마 되지 않아 이직하는 비율이 높은 것으로 알려져 있다. 결과적으로 청년 취업을 위한 보조금이 청년들을 위해서 쓰이지 않고 기업의 인건비를 절감하는 수단으로만 활용되는 것이다.

한편 2021년 1월부터 월 50만 원 최대 6개월간 구직 청년을 지원하는 '청년 구직 촉진 수당'은 국내외의 다양한 정책 경험을 반영하여 개선될 필요가 있다. 현재 수당은 '월 2회 구직 활동'이라는 수급 요건 이외에 별다른 조건이 없어서 '퍼주기식 낭비'와 '도덕적 해이'를 우려하는 목소리가 있다.[11] 다수의 국가에서 시행된 일자리 사업을 살펴본 연구에 따르면 금전적 지원은 많은 경우 재정 손실을 초래하였으며, 특히 구직 활동을 하는 청년에게는 지원 효과가 크지 않은 것으로 알려져 있다. 따라서 현금성 지원은 청년 구직자의 취업 성공에 실질적 도움이 돼야 하지만, 동시에 청년도 성실한 구직 노력 의무를 다하도록 재설계되어야 한다.

제8장의 정책 제안 요약

경제 원리에 충실한 노동시장 정책

- 고령층 고용 활성화를 위해 생산성을 반영하는 임금 체계의 확산과 함께 고령층의 생산성을 높이기 위한 교육 및 훈련 기회 확대.
- 노동시장 이중구조 문제는 고용 형태(정규직 vs. 비정규직)와 기업 규모(대기업 vs. 중소기업)의 종합적인 차원에서 접근.
- 활발한 기업의 진입과 퇴출을 통한 노동시장의 역동성(일자리 창출과 소멸)을 높이기 위해 시장의 불합리한 규제를 개선.

유연하고 포용적인 노동시장 정책

- 정규직의 고용 보호 수준 완화를 통한 정규직과 비정규직의 격차 축소.
- 유연한 노동시장의 추구와 함께 넓고 두터운 사회 안전망의 확보.

미래 지향적 노동시장 정책

- 현재의 일자리를 기초로 설계된 각종 제도를 미래 일자리에 친화적인 방향으로 정비.
    - 장소와 시간에 구애 없이 다양한 역량을 키울 수 있는 교육 훈련 기회 제공과 평생 학습 시스템 확충.
    - '퍼주기식 지원'이 되지 않도록 상호 의무(mutual obligations)를 명확히 설정.
- 사회 안전망으로 편입되는 영역에서 고용 안전망의 역할은 줄이고 사회 안전망이 다루지 못하는 부분에서 고용 안전망의 역할은 강화함으로써 두 안전망의 보완적 균형과 조화를 달성.

실효성 있는 노동시장 정책

- 정책에 필요한 재원을 투입하기에 앞서, 재정의 부담을 최소화하는 방안은 없는지를 고민.
    - 고령화 대책으로 재정 부담이 거의 없는 생산성을 반영하는 임금 체계로의 전환이나 점진적 은퇴 제도 정착.
- 지출은 목표를 위해 가장 효과적인 방법으로 사용.
    - 적극적 노동시장 정책 중 효과성이 의문시되는 사업유형과 중요성이 인정되는 분야 간 지출 비중 재조정.
- 정책 수요자의 니즈(needs)에 부합하는 지원.

'초'저출산 사회의 도전과 과제[1]

김영철(서강대)

최근 우리나라의 합계출산율은 0.8명대에 그치며 인류 역사
상 그 선례를 찾기 힘든 초저출산국으로 자리매김하였다. 2020년
에는 출생자 수가 사망자 수를 밑도는 '인구 데드 크로스' 역시 시
작했다. 바야흐로 대한민국 인구의 자연 감소가 시작된 것이다. 일
제강점기의 통계 연보에 따르면 1917년경 국내 총인구(조선인)는 약
1,697만 명이었다. 이로부터 100년 뒤, 대한민국의 인구는 5,132만
명(2017년)이다. 최근 감사원이 통계청과 협조하여 추계한 바에 따
르면, 향후 100년 뒤인 2117년의 인구는 1,510만 명으로 추정된다.
100년 전 일제 강점기 때보다도 한참 못한 인구 규모이다.

'역호리병' 형태의 기형적인 인구 피라미드 양상은 앞으로 더
욱 악화되어갈 전망이다. 〈그림 9-1〉에서 보듯, 단 한 세대 후인
2047년의 추계에서 미성년 인구는 미미한 수준으로 전락한다. 부

〈그림 9-1〉 향후 100년간의 인구 피라미드 변화: 2017~2117년

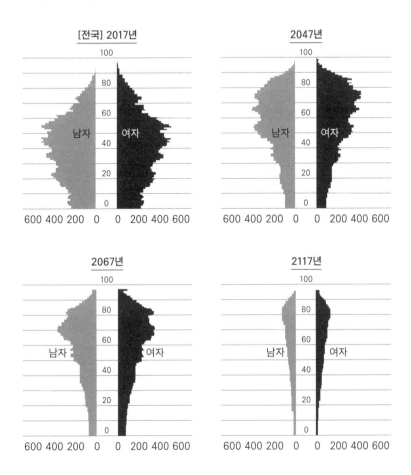

출처: 감사원. 인구 구조 변화 대응 실태.

정하고 싶지만, 예정된 현실이 이러하다. 초저출산 추세가 지속된

다면, 한민족은 장기적 소멸의 길로 들어설 수밖에 없다. 그 빈자리

를 외국인과 이민자들이 채울 테지만, 5,000년 역사의 한민족으로

서의 유구한 전통과 자긍심은 그 빛을 바랄 것이다. 오늘날 우리가 누리는 대한민국의 역동성과 경제적 번영 역시 후세의 비평가들에게는 찬란했던 과거이자 뼈아픈 변곡점으로 기록될 것이다.

1) 초저출산 사회의 도래

지난 십수 년째 온 나라가 출산율 회복을 부르짖어 왔으나, 공교롭게 그 하향 추세는 멈출 길이 없어 보인다. 다급한 정부는 최근 '제4차 저출산고령사회 기본 계획'을 발표하며. 주거 비용 보조, 영아 수당 지급, 돌봄 체제 강화, 대학 등록금 지원, 육아 휴직 장려 등이 망라된 '종합 선물 세트'를 내놓았다. 하지만 과연 현재의 하향 추세를 돌려놓을 수 있을지는 의문이다. 지난 16년간 무려 200조 원가량의 저출산 예산이 집행되었으나, 출산율은 도리어 1.3명에서 0.8명대로 추락하지 않았나.

최근 국책 연구 기관 KDI는 저출산 대책 종합 연구의 일환으로 미혼남녀를 대상으로 한 출산 의향 조사를 실시한 바 있다.[2] '향후 출산 의향이 있는가'에 대한 물음에 미혼 여성(만 35세 이하)의 무려 62.5%가 '출산 의향이 없다'고 답하여 필자를 비롯한 전체 연구진이 어리둥절하였다. 연구진을 더욱 곤혹스럽게 만든 것은 미혼 남성(만 35세 이하)의 응답이다. 미혼 여성과는 조금 다르리라 기대하였으나, 이들 역시 부정적 응답(52.4%)이 절반을 넘어섰다. 이런 행태는 사실 필자가 매일 마주하는 대학가에서 흔히 목격된다. 남녀를 불문하고 미래의 출산에 적극적인 학생을 만나기란 쉽지 않다. 지금의 청년들에게는 아마도 무자녀가 '대세'가 되어버린 듯하다.

대체 요즘의 청년들이 출산에 소극적이게 된 이유는 무엇일까? 연구진들은 주거 비용, 보육 문제, 사교육비, 일·가정 양립 등을 예상하며 관련 질문을 준비하였으나, 이 역시 보기 좋게 빗나갔다. '출산 계획이 없는 이유가 무엇인가'를 묻는 항목에 남성의 42.0%와 여성의 무려 52.8%가 '결혼할 생각이 아예 없기 때문'이라고 답한 것이다. 우선 결혼을 접었으니, 출산은 고려 대상조차 아닌 셈이다.

다음으로 높은 응답은 '(결혼할 계획은 있어도) 미래가 불안정하기 때문에'였다. 미혼 남성의 39.5%, 여성의 25.6%가 이같이 답했다. 자신의 미래도 불안한데, 자식까지 챙길 엄두가 나지 않는다는 것이다. 해당 연구는 비혼 선택과 미래 불안이 청년층 출산 포기의 약 80%를 설명한다는 점을 밝혔으나, 이에 대해 어떠한 정부 대책이 필요할지에 대해서는 끝내 답을 내지 못하였다.

기성세대가 청년층의 '무자녀' 세태를 제대로 가늠하지 못하는 데는 인식의 한계가 큰 몫을 차지한다. 인류학자들에게는 고대인의 생활을 연구하는 데 있어 하나의 기본 원칙이 있다. '고대인은 멸종했다'라는 것이다. 오늘의 윤리 의식, 경제 관념, 도덕심 등을 가지고 고대인의 생활상을 이해하고자 하면, 한 발치도 나아갈 수 없다는 것이다. 차라리 멸종된 인종이라 여기고, 역사적·문화적으로 현대의 우리와 아무런 연결성이 없다고 치부할 때 조금이나마 그 실체에 다가설 수 있다는 뜻이다.

실제로 여러 면에서 오늘날 한국의 청년들은 1980~1990년대 당시의 청춘들과는 완전히 다른 세대이다. 기존의 상식과 제도, 관습의 잣대를 들이댄다면 '그들'이 왜 '우리'와 다른 삶을 택하는가를 도무지 이해할 수 없다. 〈그림 9-2〉에 정리된 30대 미혼율의 최근 추이가 이를 적나라하게 보여준다. 1980년대까지만 해도 우리나라 30대 남성의 미혼율은 5% 안팎이었다. 30년이 지난 2015년에는 무

〈그림 9-2〉 우리나라 30대 인구의 미혼율 추이: 1985~2015년

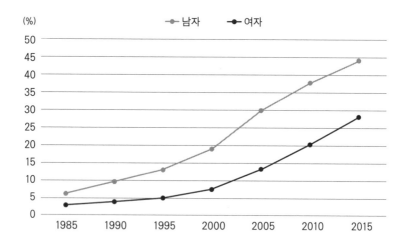

출처: 통계청. 국민 인구 주택 총조사. 각 연도.

려 44.2%에 다다랐다. 2015년에 30대 여성의 미혼율도 28.1%에 이르렀다.

완만히 증가해오던 미혼율 상승세는 2000년대 들어 급격히 가팔라졌다. 특히 30대 여성들의 미혼율 상승세는 가히 어지러울 지경이다. 현재의 성장세를 거듭한다면 앞으로 대체 어디까지 솟구칠지 가늠하기 어렵다. 30대 미혼율의 증가는 초혼 연령의 상승, 초산 연령의 상승을 동반하며, 영구적 미혼 인구의 증가를 초래한다. 출산율에 부정적 영향을 미칠 것은 명약관화하다.

게다가 요즘은 결혼이 곧장 출산으로 직결되는 것도 아니다. 오랜 기간 무자녀 상태인 가정이 점차 많아지고 있다. 2019년도 통계청 집계에 따르면, 결혼 5년차 부부의 무자녀 비중이 18.3%에 이른다. 2015년의 12.9%에서 단 몇 년 새 일어난 변화다. 딩크(Double Income No Kid)족이라 불리던 무자녀 맞벌이 가정도 이제는 일상적으로 목격된다. 늦어진 결혼과 더 늦어진 출산, 그리고 무자녀 가구의 증가는 우리나라 초저출산 사태에 비관적 전망을 더한다.

2) 청년들의 경제활동 변화와 비혼 인구 증가

오늘의 청년 세대가 기성세대와 다른 점은 무엇보다 그들의 경제활동 관념에서 찾아볼 수 있다. 2000년대 이후 젊은 여성들의 경제활동은 비약적으로 상승했다. 〈그림 9-3〉에 요약된 바와 같이, 만 25~29세 여성들의 고용률은 지난 20년 사이 무려 15%p나 올랐다. 2000년 53.7%에 그치던 고용률이 2020년 68.6%에 이른 것이다. 동일 기간 해당 연령대 남성들의 고용률은 78.3%에서 66.5%로 크게 하락하였다. 여성 고용률 15%p 상승과 남성 고용률 12%p의 하락은 서로 크게 대비된다.

특히 주목할 부분은, 2017년을 기점으로 20대 후반 여성의 고용률이 남성을 압도하기 시작했다는 것이다. 이는 가부장제를 근

〈그림 9-3〉 청년층 남성과 여성의 고용률 변화: 2000~2020년

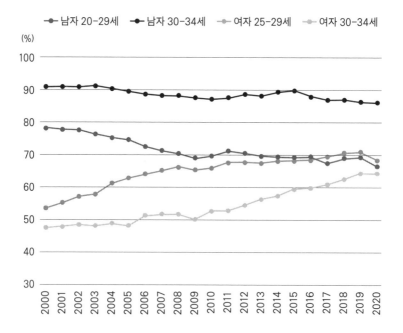

자료: 통계청. 경제활동인구조사, 각 연도.

간으로 한 우리 가족 문화에 근본적 균열을 야기한다. 소위 유능하고 책임감 있는 '바깥양반'이 가정의 생계를 책임지고, 알뜰하고 자애로운 '안주인'이 살림을 도맡던 지난 수 세기의 이상적 가족상이 더는 무의미해져 버린 것이다. 기성세대가 향유해온 전통적인 결혼 제도와 가족 관계가 지금의 신세대와 어울리지 않는 것은 어찌 보면 당연한 결론이다. '시집간다'와 '시월드'로 대표되는 혼인 이후의 세상은 아름다운 전통이라기보다 불편하고 어색하고 거추장스러운 존재로 자리 잡기 시작했다.

　이러한 변화 속에 최근 국내 비혼 인구에 대한 관심이 크게 증대하고 있지만, 사실 비혼 인구의 증가는 대부분의 산업 국가에서 일반화된 현상이다. 경제활동에 있어 남녀의 차별이 사라지며, 자연스레 직장인 남편과 가정주부 아내로 나뉘던 성 역할 또한 무색해졌다. 가족과 가족 간 결합이라는 전통적 혼인관에 대한 거부, 남편 혹은 아내로서의 특정 역할 강요에 대한 거부, 일을 통한 자아실현 욕구의 증대 및 자유로운 여가에 대한 선호 등이 복합적으로 작용한 결과물이다.

　결혼을 거부하는 이들은 늘었지만, 흥미로운 점은 이들 비혼 인구가 남녀 간의 공동 생활 자체를 거부해온 것은 아니라는 점이다. 일례로 OECD 주요국에서는 비혼 독신뿐만 아니라 소위 '비혼 가정' 역시 급격히 증가해왔다. 어느새 비혼 상태의 출산은 전체 OECD 출산의 40%를 넘어섰다. 프랑스, 스웨덴 등 비혼 출산이 전체의 절반을 넘는 국가도 등장했을 정도다. 결혼이 줄었는데, 어떻게 OECD 내 출산율은 거의 그대로 유지되나 하는 의문이 바로 이 '비혼 출산'에서 자연스레 풀린다. 혼인 가정 내 출산이 사라진 자리를 비혼 출산이 상당 부분 메꾼 셈이다.

우리 사회 역시 향후 비혼 인구의 증가세를 돌이키기는 어려울 듯하다. 기성세대가 강요해 온 유교적 가부장제 문화에서는 더욱 그러하다. 아마도 서구의 경험과 큰 차이가 있다면, 우리 사회의 비혼 인구는 감히 '비혼 출산'을 꿈꾸지 못한다는 점일 것이다. 혼인은 하지 않고 출산만 하겠다는 태도는 철없는 이들의 무책임과 이기주의 정도로 낙인이 찍힌다. 2020년 방송인 사유리 씨의 비혼 출산이 가져온 논란은 우리 사회의 현주소를 여실히 보여주었다.

그러나 여기서 잠깐 되돌아볼 지점이 있다. 과연 비혼자들의 자발적 출산까지 질타할 만큼 작금의 우리 사정이 여유로운가? 오히려 비혼자들도 용기 있게 '가정'을 꾸리고 '출산'에 나설 수 있도록 이들을 위한 대안적인 제도적 장치를 모색하는 게 당면한 과제가 아닐까? 항간에 널리 퍼진 혼인과 비혼 간의 이분법 역시 경계할 대상이다. 서구의 경우 많은 비혼 가정이 상호 신뢰의 시간을 쌓아간 뒤, 이후 법률혼 가정으로 '진화'한 경우를 흔히 볼 수 있다. 비혼 가정의 확산이 혼인을 몰아낸 게 아니라, 오히려 혼인을 늘려 왔음을 비혼화를 일찍 경험한 국가들이 증언한다.

3) 가족에 대한 가치관 및 인식 변화

통계청 인구 총조사에 따르면, 우리나라의 전체 가구 중 1인 가구가 차지하는 비중이 30%를 넘어선다. 2005년 20%, 2010년 23.9%, 2015년 27.2%에 다다랐고, 지난 2020년 조사에서 31.7%를 기록하였다. '나 혼자 산다'라는 게 정상을 벗어난 호기처럼 여겨지던 시절이 있었지만, 단 십수 년 새 이들이 대한민국의 대표 가구로 등장한 것이다. 1인 가구, 맞벌이 가정 및 고령 인구의 증가와 함께 만혼화, 비혼화 등 인구학적인 변화를 통합적으로 고려하지 아니하고서는 현실성 있는 가족 정책의 수립이 불가한 상황이다.

최근 정부에서 실시한 가족실태조사를 토대로 다양한 가족 양태에 대한 우리나라 국민들의 인식 변화를 살펴보기로 하자.[3] 비혼 독신(결혼하지 않고 독신으로 사는 것), 비혼 동거(결혼하지 않고 남녀가 함께 사는 것), 혼인 후 무자녀(결혼하고 아이를 낳지 않는 것), 비혼 출산(결혼하지 않고 아이를 낳는 것) 각각에 대해 동의하는 비율을 2015년과 2020년에 대해 비교한 결과가 〈그림 9-4〉에 정리되어 있다.

소위 '정상 가정'의 범주를 벗어난 이들 네 가족 양태에 대한 국민적 수용성이 5년 새 크게 개선되었음을 확인할 수 있다. 전반적인 동의 비율이 모두 증가하였으나, 가장 눈에 띄는 부분은 출산과 관련된 영역이다. 혼인 후 무자녀에 대한 동의 비율이 5년 새 무려 7%p나 증가하였다. 결혼과 출산 간의 연결 고리가 점차 약화되어

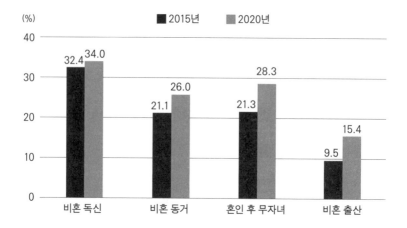

〈그림 9-4〉 다양한 가족 양태에 대한 수용성(동의 비율) 변화

주: 2015년 조사 항목은 '~해도 괜찮다' 등 좀 더 허용적인 문항이었으며, 2020년 조사 항목은 '~에 대해 동의한다' 등 보다 객관적인 의견 조사 형태였음을 고려할 필요가 있음.
출처: 여성가족부(2021). 2020년 가족실태조사(보도 자료). 2021. 5. 27.

감이 여실히 드러나는 대목이다. 비혼 출산에 대한 동의 비율 역시 빠른 증가세를 보였다. 9.5%의 동의 비율이 지난 5년 새 15.4%로 올라선 것이다. 비도덕적 혹은 비정상적으로만 치부되던 비혼 상태의 출산이 점차 국민이 수용 가능한 범주로 진입하고 있는 것이다.

10년 전인 지난 2010년의 조사와 비교해보면, 비혼 독신과 비혼 동거에 대한 동의 비율 역시 큰 폭의 증가세를 보였다. 2010년 23.4%에 그치던 비혼 독신 동의율은 무려 10%p나 증가하여 2015년 32.4%, 2020년 34.0%에 이르렀다. 특히 비혼 독신에 대한 여성의 동의 비율 증가세가 눈에 띈다. 2010년 26.6%에서 2020년 39.0%로 크게 상승한 것이다. 특히 20대 여성으로 한정할 경우에는 2020년 동의율이 무려 60%에 다다랐다. 비혼에 대한 인식이 빠르게 달라지고 있고, 특히 젊은 여성들 사이에서의 인식 전환이 상당함을 드러낸다. 비혼 동거에 대한 인식도, 2010년 조사에서는 동의율이 16.9%에 그쳤으나, 2015년 21.1%를 거쳐 2020년에는 약 10%p 늘어난 26.0%로 집계된다. 세대 간 차이가 커 20대로 한정할 경우, 비혼 동거에 대한 동의율이 46.6%로 올라선다.

이들 새로운 형태의 삶의 방식은 사실 현재의 기성세대에게 있어서는 이해가 안 되거나 쉽게 인정하기 어려운 영역이다. 세대 간 뚜렷한 차이는 현재의 20대와 70대 이상의 노령층 응답을 상호 비교해봄으로써 평가해볼 수 있다. 〈그림 9-5〉에서 확인되듯, 70대

〈그림 9-5〉 가족 양태에 대한 20대와 70대 이상 간의 수용성 비교

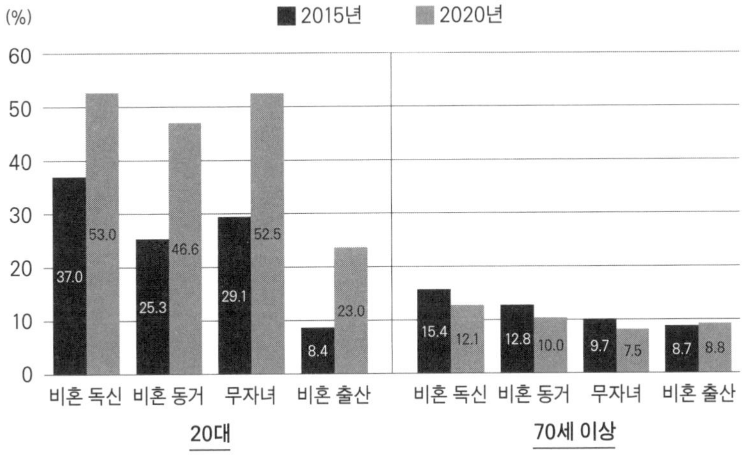

출처: 여성가족부(2021). 2020년 가족실태조사(보도 자료). 2021. 5. 27.

이상의 노령층에서는 비혼 독신, 비혼 동거, 혼인 후 무자녀, 비혼 출산 모두 단 10% 내외의 동의 비율을 보였다. 지난 5년 새의 변동 역시 크지 않다.

그러나 20대의 동의 비율에서는 단기간에 엄청난 변화가 몰아닥친 것을 확인할 수 있다. 비혼 독신은 약 16%p, 비혼 동거는 약 21%p, 혼인 후 무자녀는 약 23%p, 비혼 출산 역시 약 15%p가 상승했다. 대부분의 지표가 단 5년 새 거의 두배 수준으로 상승한 것이다. 가히 혁명적인 변화이다. 절대적인 수준에서도 거의 과반에 이르고 있어 향후 수 년 내 젊은 층 사이의 수용성이 일반화될 것으로 예측된다.

아울러 이들 네 가족 양태에 대한 동의율에 있어 남녀 간의 차이가 뚜렷한 영역과 그렇지 않은 영역이 구별됨을 유념할 필요가 있다. 비혼 동거와 비혼 출산에 있어서는 남녀 간의 차이가 거의 드러나지 않고 있다. 2020년 조사를 기준으로, 비혼 동거 동의율은 남성 26.8%, 여성 25.1%이고, 비혼 출산 동의율은 남성 15.7%, 여성 15.1%로 집계된다.

한편 비혼 독신과 혼인 후 무자녀에 대한 동의율에 있어서는 상당한 성별 격차가 목격된다. 비혼 독신에 대한 동의율이 남성은 29%인 반면 여성은 무려 39%이다. 혼인 후 무자녀에 대한 동의율 역시 남성 25.3%, 여성 31.4%로 격차가 뚜렷하다. 또한 이상의 격차는 거의 모든 연령대에서 일관되게 관찰되었다. 대체로 여성이 독신과 무자녀에 더 우호적임을 알 수 있다.

왜 여러 가족 양태 중 특히 비혼 독신과 혼인 후 무자녀에 있어 여성들의 수용성이 두드러지는 걸까? 아마도 결혼 및 출산 이후의 가사 분담과 크게 연관되어 있으리라 추정된다. 이들 가사 분담에 있어 남녀 간의 차이가 크지 않다면, 특별히 여성이 독신과 무자녀에 크게 관대할 이유가 없기 때문이다.

이와 관련하여 가족실태조사에서는 가사 수행에 대한 부부간 분담 현황을 조사한 바 있다. 가사 노동(시장 보기, 식사 준비, 청소 등)', '자녀 양육과 교육', '본인 부모 혹은 친척들과의 교제', '배우자 부모 혹은 친척들과의 교제', '가족 생활 유지를 위한 계획과 준비'로 나누어 이들 각각에 대해 주로 담당하는 쪽이 남편인지 아내인지, 혹은 부부가 공평하게 분담하는지를 물었다. 이에 대한 설문 결과는 〈그림 9-6〉에 요약되어 있다.

양가 부모 혹은 친척들과의 교제에 있어서는 부부가 공평하게 분담한다는 응답이 과반을 차지하였다. 하지만 남편이 주로 분담한다는 응답이 8% 내외인 데 반해 아내가 주로 분담한다는 응답은 약 28%에 이르러, 남녀 간의 격차가 여전히 상당함을 드러낸다. '가족 생활 유지를 위한 계획과 준비'에 대한 응답 역시 비슷한 패턴을 보였다. 부부의 공평한 분담이 약 66%에 다다랐지만, 아내가 주로 분담한다는 응답도 약 24%에 이르렀다.

한편 가사 노동(시장 보기, 식사 준비, 청소 등), 자녀 양육 및 교육

<그림 9-6> 항목별 부부의 가사 분담 현황

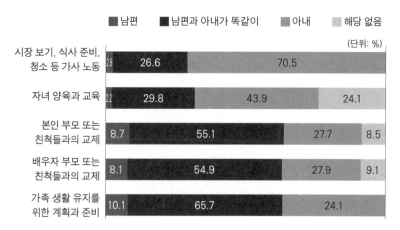

■남편 ■남편과 아내가 똑같이 ■아내 □해당 없음

(단위: %)

항목	남편	남편과 아내가 똑같이	아내	해당 없음
시장 보기, 식사 준비, 청소 등 가사 노동	2.8	26.6	70.5	
자녀 양육과 교육	2.2	29.8	43.9	24.1
본인 부모 또는 친척들과의 교제	8.7	55.1	27.7	8.5
배우자 부모 또는 친척들과의 교제	8.1	54.9	27.9	9.1
가족 생활 유지를 위한 계획과 준비	10.1	65.7	24.1	

출처: 여성가족부(2021). 2020년 가족실태조사(보도 자료). 2021. 5. 27.

과 관련하여서는 부부가 공평하게 분담한다는 응답이 극히 적었다. 대신 아내가 주로 분담한다는 응답은 가사 노동에서는 무려 70.5%, 자녀 양육과 교육에서는 무려 43.9%에 다다랐다. 각각에 대해 남편이 주로 분담한다는 응답은 단 2.8%와 2.2%에 그쳤다.

남편이 직장인이고 아내가 가정주부여서 이러한 비대칭적인 분담 결과가 나타날 것이라고 예단할 수 있다. 이에 자녀가 있는 맞벌이 부부에 한정하여 이상의 결과를 재정리해보았다. 놀랍게도 큰 차이를 보이지 않았다. 맞벌이 부부인 경우에도 남녀가 공평하게 분담한다는 응답은 크지 않았고, 아내가 가사 노동 및 자녀 양육을 주로 분담한다는 응답이 주를 이루었다. 흥미로운 지점은 자녀가 없는 맞벌이인 경우에는 가사를 공평하게 분담한다는 응답이 상당히 높았다는 점이다. 약 50~60%의 자녀 없는 맞벌이 가정이 가사를 공평하게 분담한다고 답하였다.

맞벌이 부부가 일상화되어 가는 세태에도 불구하고 남녀 간의 가사 분담이 여전히 여성에게 집중되고 있음이 확연히 드러난 설문 결과이다. 무자녀일 경우에는 그나마 공평한 가사 분담이 어느 정도 현실화되었다. 이러한 상황은 '비혼 독신'에 대한 남녀 간의 수용성 차이를 상당 부분 설명한다. 결혼을 통해 가사 노동이 늘어나는 쪽과 도리어 줄어드는 쪽이 있다면, 결혼에 대한 태도가 갈리는 것은 지극히 상식적이다. 요즘처럼 맞벌이 부부가 대세가 되어가는 상황에서는 더더욱 이러한 비대칭적인 가사 분담을 용납하기 어려울 것이다. 한편, 이러한 비대칭성이 자녀의 출산 이후에 더욱 극명해진다는 점은 여성의 '혼인 후 무자녀' 수용성이 상대적으로 높다는 점과 일맥상통한다.

끝으로, 가족 문화에 대한 남녀 간의 인식 차를 확인할 수 있는 좋은 사례로서 '가족 호칭에 대한 인식 조사'를 소개하고자 한다. 한국리서치의 해당 조사(2019년)에 따르면, 전체 응답자(1,000명)의 37%가 호칭 문제로 불쾌함 혹은 곤란함을 느낀 적이 있다고 답하였다. 흥미로운 점은 모든 연령대에서 여성의 긍정 응답('있다')이 남성의 응답을 크게 앞섰다는 점이다. 〈그림 9-7〉에 요약된 바와 같이, 평균적으로 2~3배에 달하는 큰 격차이다.

이러한 불쾌감 및 곤란함의 경험은 젊은 여성일수록 더욱 격

〈그림 9-7〉 가족 및 친척 호칭에 대한 불쾌감 혹은 곤란함의 경험 유무

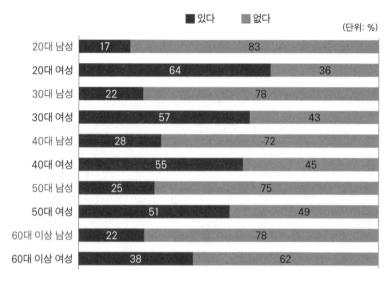

주: '여러 가족·친척 간의 호칭을 사용하면서 불쾌감을 느끼거나 곤란함을 느낀 적이 있으십니까?'에 대한 응답 비율임.
출처: 한국리서치(2019). 가족 호칭에 대한 인식 조사. 주간 리포트 여론 속의 여론. vol.46. 2019. 10. 4.

해진다. 20대와 30대 여성의 경우, 각각 64%와 57%에 다다랐고, 동일 연령대의 남성은 단 20% 안팎에 그쳤다. 즉 신세대 여성들에게 현재의 가족 질서와 가족 문화에 대한 불편함 및 이질감이 크다는 것이 여실히 드러난다. 전통적 가족 문화 및 가치관에 대한 젊은 남녀 간의 인식 격차는 꾸준히 하락하는 혼인율과 '비혼 독신'에 여성의 높은 동의율을 일정 부분 설명한다.[4]

4) OECD 주요국의 비혼 출산 실태와 합계출산율

OECD 통계에 따르면, 2019년을 기준으로 OECD 국가들의 평균 합계출산율은 1.61명으로 집계되었다. 같은 해 한국은 0.92명으로 꼴찌를 기록하였다.[5] 전체 OECD 국가 중 유일하게 1.0 미만의 출산율을 기록한 국가로 각인된 것이다. 우리나라가 꼴찌를 면치 못하는 영역이 하나 더 있는데, 바로 비혼 출산(혼외 출산)의 영역이다. OECD 국가들의 평균 혼외 출생 비율은 41.5%인데 반해 한국은 단 2.2%에 그쳤다(2018년 기준).

OECD 국가들에서 혼외 출생을 통해 신생아 인구의 약 40%를 보충한다고 할 때, 우리나라는 이를 온전히 포기한 셈이다. 만약 한국이 OECD 평균 수준의 혼외 출생률을 보인다면, 한국의 합계출산율이 얼마나 상승할까? 추가적인 혼외 출생만큼 출생아 수가 늘어난다고 단순 가정하면, 약식의 계산을 통해 합계출산율 1.55명을 도출할 수 있다. 이는 OECD 평균인 1.61명에 매우 근접한 값이다.

혼외 출생이 빈번한 유럽 등 서구의 국가들과 혼외 출생이 금기시되어온 한국의 상황을 직접 비교하는 게 무슨 의미가 있냐고 반문할 수 있다. 하지만 서구의 혼외 출산이 애초에 그렇게 높은 수준이 아니었음을 상기할 필요가 있다. 반세기 전인 1970년의 혼외 출생률을 살펴보면 대부분의 유럽 국가가 2~8% 수준에 그쳤

다. 여권의 신장과 여성의 사회 진출이 본격화된 1980년대를 거치
며 유럽 내 비혼 인구가 증가하였고, 자녀 출산 역시 혼인의 테두리
를 벗어나기 시작했다.

〈그림 9-8〉에 요약된 바와 같이, 2000년대에 들어서며 이러한
혼인과 출산의 디커플링(Decoupling) 양상이 유럽 전역으로 확산되
었다. 특히 문화적으로 보수적인 가톨릭 전통의 이탈리아, 스페인
등 남유럽 국가들의 혼외 출생 확대가 크게 눈에 띈다. 이들 국가
의 혼외 출생 비중은 2000년대 들어 2~3배가량 급증하였다.

〈그림 9-8〉 OECD 주요국의 혼외 출생률 추이

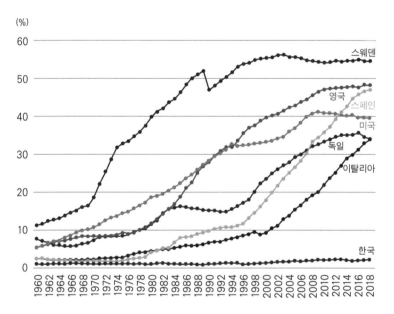

출처: OECD(2020). Family Database에 수록된 출산 자료 재가공.

서구의 대다수 국가가 우리보다 일찍 만혼화 및 비혼화를 경험했다. 여성의 학력 상승과 활발한 경제활동 참여에 발을 맞추어 젊은이들의 가정 양태와 생활 양식에 있어서도 근본적인 변화가 발생한 것이다. 전통적인 결혼이 아닌 동거 형태의 가정이 확산되었고, 가정 내에서의 남녀 간의 성 역할이 재정립되었다. 주요 통계에 따르면, 유럽 주요국에서의 성인 만 25~45세 인구 중 단 절반가량만이 혼인 상태이고, 나머지의 절반(전체의 약 25%)은 동거(Cohabitation) 상태인 것으로 확인된다(Ostner and Schmitt, 2008). 혼인이 사라진 자리에 동거 형태의 비혼 가정이 자리를 잡은 셈이다.

앞서 언급한 바와 같이, 비혼 가정의 등장은 유럽을 비롯한 OECD 주요 선진국의 출산율 유지에 결정적 역할을 하였다. 〈그림 9-9〉는 2018년을 기준으로 OECD 국가들의 혼외 출산 비중(가로축) 및 합계출산율(세로축)의 관계를 그림으로 표시한 것이다. 그림에서 혼외 출산 비중이 매우 낮은 두 국가가 한국과 일본이다. 혼외 출산 비중이 70%를 넘어서는 세 국가는 칠레, 코스타리카, 아이슬란드이다. 이들 두 집단 간의 뚜렷한 합계출산율 차이를 확인할 수 있다.

OECD 평균 혼외 출산 비중인 40.7%(2018년)를 기준으로 구분해보면, 평균을 넘어서는 국가들의 합계출산율은 1.63명으로 집계되나, 이를 하회하는 국가들의 합계출산율은 1.49명에 그친다. 혼외 출산 비중과 합계출산율 간의 양의 상관관계를 부정하기 어렵

<그림 9-9> OECD 주요국의 혼외 출산 비중과 합계출산율 관계(2018년)

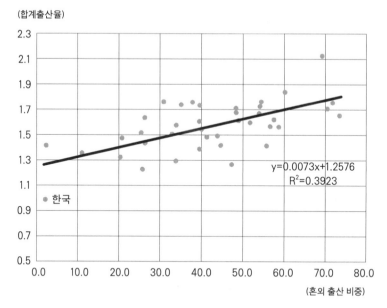

(합계출산율)

y=0.0073x+1.2576
R²=0.3923

(혼외 출산 비중)

주: 그래프 내의 직선은 단순선형회귀(OLS) 추정 결과를 나타냄.
출처: OECD(2020). Family Database에 수록된 통계치를 활용하여 작성함. 단, 종교적 특수성이 강한 이스라엘과 터키는 제외함.

다. 게다가 단순 회귀분석 결과 혼외 출산 비중의 차이가 합계출산율 차이의 약 40%를 설명하고 있음이 확인되었다(R²=0.3923).

공교롭게 우리나라의 경우, 뒤늦게 비혼화와 만혼화를 경험하고 있으나, 동거 형태의 비혼 가정의 확산은 좀처럼 눈에 띄지 않는다. 일부 연예인들의 사담 정도로 읽히고 있다. 이에 늘어난 비혼자(만혼자)들의 대부분은 실질적 독신 상태(1인 가구)에 놓여 있다. 앞서 소개한 바와 같이, 비혼 동거에 대한 70대 이상 노령층의 수용성은 단 10%로 대단히 낮다. 비혼 출산에 대한 수용성은 이보다 더 열악하다. 젊은 청춘들 사이에서 비혼 가정에 대한 의지가 있더라도 부모 세대와의 충돌 및 갈등의 벽을 넘어서기는 어려운 지경이다. 또한, '캥거루족'으로 일컬어진 한국의 특수한 가족 문화는 혼인하지 아니한 30대 이상 자녀와의 동거를 흔쾌히 받아들이고 있다.

5) 초저출산에 대응한 정부 정책 제안

비혼 가정 보호 및 촉진을 위한 '동반 가정 등록제(가칭)' 도입

비혼자 증가세는 앞으로도 쉬이 꺾이지 않을 것으로 전망된다. 앞서 보여준 30대 미혼율의 급격한 증가세가 이를 방증한다(〈그림 9-2〉 참조). 여성의 경제활동과 사회적 진출이 활발해지는 가운데, 현재의 가부장적 가족 문화가 지속되는 한 비혼 인구의 증가는 명약관화하다. 여성뿐만 아니라, 남성의 경우도 자발적 혹은 비자발적 비혼 선택이 늘어가고 있다. KDI 출산 의향 조사(2020년)에 따르면, '혼인하지 않은 이유가 무엇인가'라는 질문에 미혼 남성의 약 50%가 실업이나 고용 불안 등의 경제적 이유라고 답했고, 약 20%는 주거 문제를 꼽았다. 미혼을 선호한다는 응답은 약 10%에 그쳤다. 미혼을 선호한다는 응답이 30%에 달했던 미혼 여성의 응답과는 큰 차이를 둔다. 그만큼 미혼 남성에게 혼인의 장벽이 크고 비자발적 비혼 선택의 가능성도 크다 하겠다.

문제는 이들 자발적 혹은 비자발적 비혼 인구가 OECD 주요 선진국에서와 같은 비혼 가정의 형성으로는 연결되지 않는다는 사실이다. 한국여성정책연구원은 「2020년 가족실태조사」의 부가 조사로서 '비혼 동거 실태 조사'를 실시한 바 있다. 만 19~69세 일반 국민 중 동거 중이거나 동거 경험이 있는 성인 3,007명이 온라인 설문 조사에 응하였다. 이들은 동거 경험의 긍정적인 면으로 '정서적 유대감과 안정감'(88.4%), '상대방의 생활 습관을 파악하여 결혼 결정에 도움이 됨'(84.9%)을 우선적으로 꼽았다.

반면 동거로 인한 불편함이나 어려움으로는 '주택 청약, 주거비 대출 등 주거 지원 제도 이용 어려움'(50.5%)과 '부정적 시선'(50.0%)의 응답이 가장 많았다. 동거가 정서적 안정 및 혼인의 예비 단계로 긍정적으로 작용하지만, 법적인 보호 및 지원의 사각지대에 놓여 있고 주변의 시선 또한 그다지 우호적이지 않음을 드러낸다.

이에 정부는 혼인 가능 연령대 국민의 적극적인 가정 구성 및 안정적인 가정환경 조성을 위해 그에 걸맞은 제도적 지원책 마련에 고심할 필요가 있다. 이를 통해 자발적 혹은 비자발적 비혼자들의 이성 간 공동 생활을 촉진하고 이들의 가정 구성을 옹호할 수 있을 것이다. 기성세대는 혼인 아니면 독신이라는 이제까지의 이분법적 사고 체계에서 우선 탈피해야 한다. 남녀 평등 사회라는 변화된 사회상에 기반하여 오늘의 신세대에 적합한 가족 지원 체계를 갖추어

가는 게 위정자들에게 놓인 당면 과제이다.

　구체적으로는 혼인을 거부 혹은 뒤로 연기한 비혼 커플들을 위한 제도적 선택지를 넓혀주어야 한다. 대안적인 가정 구성 방식으로서의 비혼 동거가 제도적 보호막 아래 놓일 때, 이에 대한 사회의 부정적 시선 역시 사그라들 것이다. 법적 보호 장치와 각종 사회적 안전망 제공을 통해 이들 비혼 인구의 안정적인 가정환경을 지원할 수도 있다. 특히 우리나라의 비혼 동거는 혼인의 예비 단계로 기능할 가능성이 커, 비혼 가정의 증가는 장기적으로 국내 혼인율 개선에도 긍정적으로 작용할 수 있다. 앞선 실태 조사에서도 현재 동거 커플의 64.4%는 향후 법률혼으로 변경할 의향이 있음을 밝힌 바 있다.

　비혼 가정에 사회적 지원 체계 마련은 유럽 및 영미권 국가들이 2000년대 들어 앞다퉈 도입하고 있다. 국가마다 운영하는 제도의 명칭과 세부적인 지원 내역에는 차이가 큰 편이나, 재산에 있어 별산제가 원칙이고, 파트너 당사자 외에는 인척 관계가 형성되지 않으며, 친자 관계가 모에게만 자동 부여되는 등의 공통점을 지닌다. 〈별첨〉에는 네덜란드, 프랑스, 스웨덴, 벨기에 등 비교적 오랜 관련 제도 구축의 역사를 지닌 유럽의 국가와 영국, 미국 등 최근 관련 제도를 정비 중인 영미권 국가들의 사례를 소개하니 참고하기 바란다.

　우리나라 역시 우리의 실정에 걸맞은 비혼 동거 커플에 대한 법적 보호 체계를 갖춰가야 한다. 서구 국가들의 비혼 동거 관련 제도가 대체로 동성애 커플에 대한 지원 체계를 이성 커플로 확장하는 방식으로 발전해왔다는 점에 유념할 필요가 있다. 우리나라의 경우, 여전히 동성애 커플에 대한 수용성이 높지 않아 동성혼, 동성 동거 지원 등을 논의하기에는 사회적 분위기가 충분히 무르익지 않은 것으로 판단된다. 되려 비혼 동거 지원 제도에 대한 종교계 일각의 반발심을 불러올 공산이 있다. 이에 우리 사회의 실정에 맞게 이성 커플에 한정한 지원 제도 마련이 현실적 대안이다.

또한 아시아 문화권에서는 '동거'라는 표현 역시 혼인 밖의 성적인 관계를 연상하는 경향이 크다. 이에 법적인 용어로 '동거'를 사용하는 게 다소 부적합할 수 있다. 이를 종합적으로 고려하여, 비혼 동거 혹은 동거 커플 지원 제도 대신 '동반 가정 등록제'와 같은 일상적인 표현을 채택할 필요가 있다. 다음 논의에서는 국내 동반 가정 등록제(가칭)의 도입 시 고려할 주요 사항을 점검해 보도록 한다.

앞서 소개한 「비혼 동거 실태 조사」에 따르면, 자녀를 양육하는 동거 가족이 어려움을 겪는 상황을 다음과 같이 열거하고 있다. 곤란을 겪는다는 응답률이 '출생 신고 시'가 52.3%, '의료 기관에서 보호자 필요시'가 47.3%, '보육 시설이나 학교에서 가족관계 증명 요구 시'가 42.9%로 나타났다. 즉 대략 절반가량이 이상의 행정적인 절차 가운데 곤란함을 겪는 것으로 확인된다.

자녀 양육상의 곤란함이 크다면, 동거 가족이 임신을 하더라도 부득이 낙태를 택하는 경우가 많을 것이다. 동거 상황 가운데도 곤혹스럽지 않게 출산의 과정을 거쳐 갈 수 있도록 제도적 기반을 정비해줄 필요가 있다. 특히 출산한 자녀에 대해 당당히 부모와 보호자로서의 제 역할을 감당할 수 있도록 법적인 근거 및 지원 체계를 마련해주어야 한다.

다음으로 해당 조사에서 비혼 동거 가족에게 가장 필요한 정책을 설문한 결과, ① 수술 동의서 등과 같이 의료적 결정 시 동거인을 법적인 배우자와 동일하게 인정하도록 법 제도 개선(65.4%), ② 동거 관계에서 출생한 자녀에 대한 부모 지위 인정(61.6%), ③ 공적 가족 복지 서비스 수혜 시 동등한 인정(51.9%), ④ 사망 혹은 장례 시 법적 배우자와 동일하게 인정(50.2%) 순으로 높은 지지를 보였다.

동반 가정 등록제가 도입될 경우, 이러한 당사자들의 요구와 필요를 우선적으로 경청할 필요가 있다. 특히 수술 동의서 등의 의료적 처치에 있어 동거인이 보호자로서 역할을 하는 것은 동거 가족의 안정적 상호 지지 기반 형성의 중요한 잣대가 될 수 있다. 진단서 교부 및 의료 기록 열람 등에 대한 권한 역시 등록된 동거인에게 부여될 필요가 있다. 아울러 자녀를 출산한 경우 부모로서의 양육권 행사가 저해되어서는 곤란하다. '동반 가정'으로 등록한 경우라면, 반려자의 국민건강보험 피부양자 등록 역시 가능해야 할 것이다. 한편, 사망 혹은 장례 시의 수혜 부분(사망 보상금, 상속, 유족 연금 등)은 여타 법률상 가족과의 이해 상충의 가능성이 열려 있어 신중한 입법이 요구된다 하겠다.

　기본적으로 혼인 가정과의 형평성 측면에서, 이들 '동반 가정'이 다양한 가족 복지 서비스의 기회를 폭넓게 인정받아야 할 것이다. 특히 동거 가족의 자녀 양육 및 의료 행위와 관련한 불편 해소가 동반 가정 등록제의 입법에 구체적으로 반영될 필요가 있다. 아울러 세금 납부 시 인적공제 및 교육비 혜택을 누릴 수 있도록 하여 자녀 양육에 따른 금전적 인센티브를 보장해 주어야 한다.

　이외에 ① 별산제(각자 고유의 재산을 관리 및 처분), ② 자녀 성(性) 선택 시 부모의 합의로 결정, ③ 파트너 가족과는 인척 관계 불형성, ④ 일방의 의사에 따른 동반 가정 관계 해소 등의 요소를 추가함으로써 혼인 가정과의 차별적인 지위를 보장해야 할 것이다.

　이러한 노력을 거쳐, 우리 사회에서 비혼 가정의 증가 및 이들의 출산 참여가 늘어난다면 현재의 급격한 비혼화 및 만혼화 추세에도 불구하고 어느 정도의 출산율 회복을 기대해볼 수 있을 것이다. 물론 유교적 가부장 문화가 존속하는 한 제도 도입의 효과가 기대보다 크지 않을 수 있다. 그러나 동반 가정 등록제의 도입은 변화하는 세태에 맞추어 사회 복지 서비스 및 가정 행정 체계를 선진화함으로써 장기적으로 우리 사회의 안정성을 지키는 데 일조할 수 있으리라 판단된다.

기혼 가정의 출산 장려를 위한 교육 부문 개혁 과제

대부분의 나라에서 교육은 국가 사회적으로 적극적으로 증진해야 할 덕목으로 여겨진다. 하지만 우리나라의 경우 경쟁적인 교육 풍토가 아동과 학부모 모두의 삶의 질을 저하시키는 주요 요인으로 지목되어 왔다. 무엇보다 이는 우리나라의 초저출산 위기와도 맞닿아 있다. KDI 출산 의향 조사에 따르면,[6] 기혼자의 73.2%가 향후 (추가) 출산의 의향이 없다고 응답하였다.[7]

그 이유로는 〈그림 9-10〉에 정리된 바와 같이, '자녀를 키우는

〈그림 9-10〉 기혼 가정의 추가 출산 중단 이유

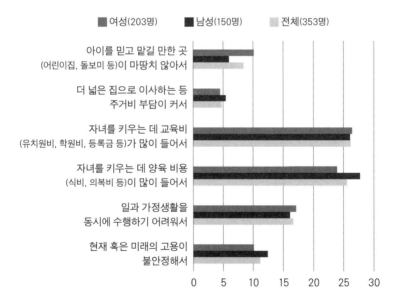

주: (기혼자 대상 설문) 귀하의 가정이 추가 출산을 중단하고자 하는 이유는 무엇인가요?
출처: KDI(2020). 출산 의향 조사.

데 교육비(유치원비, 학원비, 등록금 등)가 많이 들어서'라는 응답이 전체의 26.2%로 가장 많았다.[8] '자녀를 키우는 데 양육 비용(식비, 의복비 등)이 많이 들어서'라는 응답은 25.5%에 그쳤다. 아울러 같은 조사에서 '우리나라에서 자녀를 키우는 데 따르는 비용 중 무엇이 가장 부담스럽다고 생각하는가'라고 추가 설문한 결과, 전체 응답자의 27.0%가 '중고등학생 사교육비(학원비, 방과후학교 등)'라고 답했으며, 대학생 등록금(22.3%) 및 영유아 보육비(15.2%)가 그 뒤를 이었다.

자녀 양육비 지원, 학교 환경 개선 등 저출산 해소를 위한 다양한 정책적 노력과 예산 집행에도 불구하고 사교육비 지출로 인한 각 가구의 경제적 부담은 국민의 저출산 관련 정책 체감도를 크게 하락시킨다. 우리나라의 사교육비 추이를 살펴보면, 2015년까지는 학생 1인당 사교육비가 월평균 24만 원 안팎으로 안정세를 유지한 바 있으나, 이후 빠른 증가세를 보여 2018년에는 29.1만 원에 다다랐다(통계청, 2018).[9]

20조 원을 상회하던 우리나라의 총사교육비 지출액도 정부의 다각적 노력으로 2015년에 17.8조 원까지 감소하였으나, 이후 다시 반등하여 (학령인구 감소에도 불구하고) 2018년에는 19.5조 원에 이르렀다. 가히 세계 최고 수준으로, 일본과 프랑스에서 가계 소비 중 교육비가 차지하는 비중이 각각 2.2%와 0.5% 수준인 반면, 우리나라는 이를 크게 넘어서는 7.4%에 이른다.

경쟁적 입시 체제와 이로 인해 야기되는 과도한 경비 지출 및 심리적 부담이 출산에 따르는 기혼 가정의 사적 비용을 급격히 증대시켜온 것으로 이해된다. KDI 출산 의향 조사에서도 '우리나라의 교육 현안 중 저출산의 극복을 위해 우선적으로 해결되어야 하는 부분'을 설문한 결과, '과도한 사교육비 절감'이 전체 응답의 28.4%를 차지하였다. '경쟁적인 입시 문화의 개선' 역시 16.7%로 그 뒤를 따랐다. '한국의 사교육 시장이 지금처럼 확장된 배경이 무엇이라 생각하는가'라는 질문에는, '과도한 경쟁 구조와 불안감'(27.0%), '양극화가 심해지면서 뒤처지면 안 된다는 생각'(24.1%) 등이 주요한 응답이었다.

정부의 제3차 저출산·고령사회 기본 계획(2016~2020)에서는 '교육 개혁'을 저출산 대책의 하나로 채택함으로써 보육 지원 중심(1·2차 기본 계획)이었던 정책의 범위를 '교육' 범위까지 확장한 바 있다. 당시 '사교육비 부담'을 핵심 성과 지표로 채택하고, 매해 지속적으로 이를 감축해간다는 구체적 목표 역시 설정하였다. 특히 공교육 정상화와 학교 교육 내실화를 통해 적성과 능력 중심의 교육-고용 연계를 강화하고자 하였다.

하지만 정부의 의도와는 달리, 공교육 강화 전략은 고교 내신 위주의 대입 전형 확대로 이어지며 도리어 선행 학습과 내신 준비 교과 학원의 확산을 촉발하였다. 자사고 확대 등의 고교 다양화 정책 역시 의도치 않게 중학교 내신 경쟁과 고교 입시 과열을 초래한 바 있다.

전반적으로 이제까지의 정부 정책은 사교육을 유발하는 근본적 원인을 적극적으로 해소하는 데는 이르지 못한 것으로 평가된다. 경직된 대학 서열 체제와 학벌·스펙 중심의 채용 문화가 입시 사교육 과열의 본질에 해당하나 이에 대한 대책 마련에는 지극히 소극적이었다고 평가된다. 지나친 학벌 경쟁은 출산에 악영향을 미칠 뿐만 아니라 교육을 수단화하고 공교육의 기능을 마비시키며 사회 통합을 저해하는 주요 요인임을 환기할 필요가 있다.

근간의 '수저 계급론' 확산에서 보듯, '계층 상승 가능성' 및 '노력에 대한 믿음' 등에 대해 비관적으로 인식하는 청년층 비율이 나날이 증가하고 있다. 교육의 '출발선 평등' 및 '계층 사다리' 기능의 회복이 절실하다. 또한 전인적 시민 양성과 유능한 인적자원 육성이라는 공교육 본래의 목적을 달성할 수 있도록 교육 관련 제도를 정비해가야 한다.

현재의 비정상적인 입시 체제를 미래 지향적인 방향으로 꾸준히 개혁해감으로써만 이상의 목표 달성이 가능할 것이다. 수시와 정시 비율을 조정하거나 학생부종합전형의 반영 요소를 축소하는 등의 단편적인 조치로는 그 효과를 담보하기 어렵다. 조만간 전면 도입을 앞둔 고교학점제에 발맞추어 우리나라 입시가 각자의 소양과 적성 개발을 증진하되 경쟁적인 평가는 지양하는 방향으로의 대전환이 필요하다.

이를 위해 내신 성취 평가제의 안정적 정착, 수능 총점 위주의 정시 운영 개선, 내신 상대평가(9등급제)에 대한 비판적 반성 등이 수반될 필요가 있다. 교육이 기혼 가정의 출산을 저해하는 부작용을 방지하자면, 궁극적으로는 대학 입시에 대한 미래 세대와 학부모의 경제적·심리적 부담을 낮추는 방향으로의 뚜렷한 목표 설정이 요구된다.

학령인구 감소에 대응한 교육 재정의 개편

아울러 저출산의 장기화는 결국 학령인구의 급격한 감소를 동

〈그림 9-11〉 학령기 학생 수와 유·초·중등 및 고등교육 예산 추이

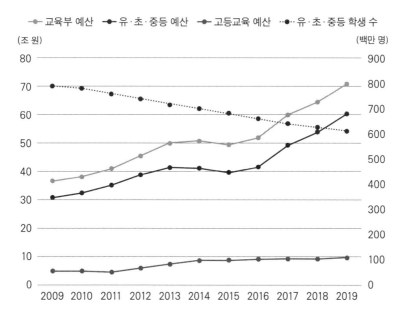

출처: 김영철(2018). 재정학연구. 재인용; 교육통계연보. 각 연도; 나라살림. 각 연도.

반한다. 줄어든 학령인구로 국가적 인적자원의 효과성을 극대화하자면, 교육 재원의 전략적 재배분을 모색할 필요가 있다. 지금의 추세로는 40년 뒤 학령인구가 현재의 절반 수준에 그치리라 예상된다. 당장 교원 수요–공급상의 불균형을 해소하기 위한 교원 양성 제도의 개혁이 불가피하다. 교육 재원의 효과적 운영을 위해서는 경직된 '지방교육재정교부금' 제도의 구조적 개편이 요구된다.

〈그림 9–11〉에서 보듯, 2009년 약 789만 명에 이르던 유·초·중등 학령기 학생 수는 그간 약 180만 명가량 감소하였다. 한편 유·초·중등교육 관련 정부 재원은 2009년 약 31조 원에서 2019년 약 60조 원으로 무려 29조 원이나 증액되었다. 초·중등교육 관련 예산은 대부분 지방 교육 재정 교부금의 형태로 충당되나, 교부금법에는 '내국세의 20.46%+교육세 전액'을 교육 교부금으로 한다는 기계적 산정식이 명시되어 있다. 학령기 학생 수가 꾸준히 줄었지만, 경제 규모 및 세수가 증대함에 따라 교부금이 도리어 증가하는 구조적 불균형이 일상화된 것이다.

반면 그림에서 보듯, 국내 고등교육 관련 정부 예산은 2009년 약 5조 원에서 2019년 약 10조 원으로 단 5조 원이 증가하는 데 그쳤다. 그나마 이 중 약 4조 원가량은 국가 장학금 예산이므로 고등교육의 질적 향상을 위한 실제적인 교육비 지출 증액분은 단 1조 원이다. 충격적이게도 OECD 자료(2016년 기준)에 따르면, 국내 대학생 1인당 순교육비는 8,383달러에 그치지만, 중등교육(중·고등학생)

의 1인당 교육비는 그 1.5배에 달하는 1만 2,370달러로 집계되고
있다.[10]

이러한 왜곡된 재정 구조는 '1인당 GDP 대비 학생 1인당 교육
비'로 비교해보면 더욱 명확해진다. 관련 수치의 OECD 평균이 초
등학생과 중고등학생 각각 21%와 25%인 데 반해 우리나라는 각각
30%와 33%로 집계된다. OECD 국가 중 단연 최고 수준(1위)이다.
한편 우리나라 대학의 경우 해당 수치가 단 29%로 OECD 평균인
38%에 크게 못 미친다(김영철, 2018). 지식 기반 사회로의 전 세계적
인 질주 속에 대학 교육의 중요성은 그 어느 때보다 중시되고 있다.
OECD 평균에도 크게 미치지 못하는 고등교육 투자의 한심한 수
준은 심히 우려되는 대목이다.

학령인구 급감의 추세를 감안하여 지나치게 경직된 현재의 '지
방교육재정교부금' 제도에 대해 대대적인 개편을 단행할 필요가 있
다. 10여 년째 지속되어온 대학 등록금의 동결을 감안하여 고등교
육 재정 지원 확대 방안 역시 적극적으로 마련해가야 한다. 결국
경직된 지방 교육 재정 교부금 책정 방식을 법 개정을 통해 합리적
으로 개선한 뒤, 이를 통해 확보한 추가 재원으로 고등교육 재정의
위기 극복, 평생교육 재원의 확충 등 다급한 교육 재정 수요에 대응
해갈 필요가 있다. 유·초·중등교육과 고등교육 간의 부문별 재원
배분이 현재와 같이 심각하게 왜곡된다면 국가적 교육 재원의 지
속적인 증대에도 불구하고 인적자원 육성의 효과성과 국제적 경쟁

력 확보는 요원할 것이다.

끝으로, 학령인구 급감에 대비한 고등교육 체제의 구조조정 역시 시급한 과제이다. 대학교 학령인구(18~21세)는 2017년 264만 명에서 2030년 181만 명으로 감소할 전망이다. 2017년 대비 단 69% 수준이다. 대학 진학 대상이 되는 만 18세 인구 역시 2017년 61만 명에서 2030년 46만 명으로 감소할 것으로 전망된다. 이미 대학 정원이 고교 졸업자 수를 초과하는 기현상이 2018년 이후 일상화되었다. 이러한 역전 현상은 대학 간 교육 환경 격차 심화, 등록금 등 수입 구조 악화, 고등교육 전반의 질적 저하 등의 우려를 자아내고 있다.

정부는 학령인구 감소와 미충원 확산에 따른 고등교육의 생태계 위기에 선제적으로 대응해가야 한다. 경쟁력 있는 지방 대학의 육성과 함께 사립 대학 청산 절차의 간소화, 교직원 미지급 급여의 해소 방안, 폐교 재학생의 효과적 재배치, 폐교 대학 시설 활용 계획 등 고려할 사항이 다분하다. 사립대학 중심의 고등교육 체제를 유지하고 있는 우리나라의 특수성을 감안할 때, 세심하고 치밀하게 제도적 정비를 단행해두지 않고서는 충격에 효과적으로 대응하기 어려우리라 예상된다.

앞서 강조했듯이, 다시 태어난다는 마음으로 온 사회가 자각하지 않는다면, 아마도 한민족은 장기적 소멸의 길로 들어설 듯하다. 고정관념을 버리고, 근본적 대책에 대한 결단과 용기, 지혜를 모아갈 때다. 저출산에 대한 극복과 함께, 이로 인한 충격을 완화하기 위한 사전적 예방 작업도 소홀해서는 안 된다. 비상한 각오로 변화하는 시대에 적극적으로 대처하고, 필요한 과감한 조치들을 용기 있게 단행해가야만 인구 5,000만 명의 융성한 선진 대국의 위상을 일부나마 후세에 물려줄 수 있으리라.

〈별첨〉 OECD 주요국의 비혼 동거 지원 제도

본 별첨 자료에서는 2000년대 이후 비혼 동거 제도를 본격적으로 도입한 네덜란드, 프랑스, 스웨덴, 벨기에의 사례를 소개하고, 최근 이를 활성화한 영국, 미국, 호주 등 영미권의 사례를 뒤이어 살펴보기로 한다.[11]

네덜란드의 경우, 1998년 '등록 파트너십(Registered Partnership)'을 도입함으로써 비혼 동거 가정에 대한 제도적 기반 마련에 앞장섰다.[12] 사회보장 및 소득세, 이민 규정, 연금 및 상속세 등에 있어서 혼인 관계에 준하는 권리 및 의무 규정을 따로 두었다. 예를 들어 소득세나 상속 등에서 혼인 관계에서와 같은 혜택을 누리기 위해서는 별도의 계약이나 유언이 필요하고 일정 기간의 동거 관계를 증명해야 한다. 아울러 자녀 출생 시 남성 파트너에게 친자 관계가 자동으로 부여되지 않고, 남성 파트너의 인지 신고를 통해서만 친자 관계가 인정된다.

프랑스의 시민 연대 협약(PACS)은 1999년 11월, 「1999년 시민

연대 협약에 관한 법률(1999 relative au pacte civil de solidarité)」을 민법에 신설함으로써 도입되었다. 이는 동거 관계에 시민 간 계약의 성격을 부여한 것으로 풀이된다. 별산제가 원칙이므로 각 당사자는 자기 재산에 대한 관리·소유·처분권을 지닌다. 하지만 능력에 비례하여 물질적으로 서로 부양하고 협조할 것이 요구된다. 과세의 경우 공동으로 소득 신고를 하거나 공동 납세가 가능하고, 상속이나 증여에서도 일정한 세금 공제의 혜택을 누릴 수 있다. 파트너가 사망한 경우, 사회보장 보험 하의 사망 보상금이 일시 지급되지만 유족 연금의 수령권은 없다. 시민 연대 협약은 일방의 의사에 의해 해소되며, 이때 별도의 위자료는 없다.

오랜 동거 전통을 지닌 스웨덴의 경우, 2003년 「동거법(Sambolag)」을 제정함으로써 동거 관계의 법률적 의미, 동거 재산의 정의, 해소 시 재산 분할 등을 명확히 하였다. 「동거법」 제1조에 따르면, 동거인(sambor)이란 "커플 관계로 상시로 함께 거주하고 공동의 주거 관계가 있는 두 사람"으로 정의된다. 별산제가 원칙으로 각자 자신의 재산을 소유 및 관리하고 채무 역시 단독으로 부담한다. 단, 공동의 사용을 위해 취득한 공동의 주택과 가재도구는 '동거 재산(samboegendom)'이라 하여 특별하게 취급된다. 동거 재산에 대한 처분 및 담보 제공은 양자의 서면 동의를 요한다. 최근 육아 휴직법 역시 개정(2019년)됨으로써 동거인도 육아 휴직 급여를 받을 길이 열렸다.[13]

벨기에의 경우, '법적 동거(Cohabitation Légale)'라는 제도를 도입하여 2000년 1월 1일부터 시행 중이다. 법적 동거인은 소득, 경제력, 생활 형편에 따라 공동의 생활 경비를 분담하며, 아동의 부양 및 교육비에 대해 공동의 책임을 진다. 각자가 취득한 재산은 각자 소유이지만, 세제에 있어 공동 납부가 가능하다. 산재보험 등 사회보험 급여는 공증을 받은 동거 계약을 통해 수령이 가능하나, 유족 연금에 대한 수령 권한은 없다. 특이한 바는 법적 동거의 당사자가 커플일 필요가 없다는 점이다. 즉 애정관계 여부를 떠나 공동생활을 하는 두 사람의 법적 동거 신고만으로 효력이 인정된다.

이렇듯 유럽 다수 국가의 비혼 동거 제도화는 2000년대 이후 본격화된 바 있다. 한편 영국과 미국 등 영미권은 이보다 늦게 최근 들어 관련 제도의 도입에 나섰다. 영국의 경우, 2005년 동성 커플을 위한 「2004년 시빌 파트너십 법(Civil Partnership Act 2004)」을 도입한 바 있으나, 2019년 12월이 되어서야 이를 이성 커플에게 확대 적용하기 시작했다. 시빌 파트너십은 거주하는 지역의 지방정부에 신청 가능하며, 반려자의 사망 시 재산 상속 및 연금에 대한 권리가 부여된다.[14]

미국의 경우, '가정 파트너십(Domestic Partnership)'이라는 이름의 비혼 커플 보호 제도를 시행 중이다. 과거 동성 커플에 대한 보호 제도의 일환으로 일부 지역에 도입된 바 있으나, 현재는 샌프란시스코시, 뉴욕시, 클리블랜드시, 콜로라도, 컬럼비아 특별구, 하와이, 메인, 메릴랜드, 네바다, 뉴저지, 오리건, 위스콘신, 워싱턴주 등에서 동성 및 이성 커플을 대상으로 폭넓게 운영 중이다.[15] 파트너 등록에 따른 구체적인 혜택은 주마다 차이를 둔다. 일반적으로 상호 부양 및 생계에 대한 협조 의무를 지며 병원과 감옥 등에 대한 면회권을 갖는다. 고용주는 직원에게 법적 파트너 간병을 위한 특별 휴가를 제공할 수 있고, 해당 파트너에게는 의료보험 가입 등의 가족 혜택을 부여할 수 있다. 파트너가 외국 국적인 경우, 시민권 신청 역시 법적으로 지원할 수 있다. 주 정부에 대한 세금은 공동으로 납부 가능하나 연방 정부에 대한 세금은 개별 납세가 원칙이다.

이외에 호주의 경우, 2019년에 연방 가족법(Family Law Act 1975) 개정을 통해 '사실상 관계(De Factor Relationship)'를 법적으로 보호하는 제도를 채택하였다. 하지만 이보다 앞선 1980년대부터 다수의 주 정부가 동거 중인 생활 공동체에 대한 사회 복지, 보험 등의 보호 규정들을 제정해왔다. 이번 연방 가족법의 개정으로 업무상 재해에 대한 보상, 해소 시 재산 분할, 상속법에 따른 상속까지 법적 보호의 범위가 크게 확대되었다(박복순 외, 2019).

이들 OECD 주요국의 파트너십 제도 정비는 각 사회의 여건과 필요에 기반하고 있다. 우리나라 역시 우리 실정과 여건에 맞는 창의적인 제도의 고안을 위해 노력해야 할 것이다.

제9장의 정책 제안 요약

'동반 가정 등록제(가칭)'의 도입은 비혼 인구의 가정 형성을 지원하고 이들의 안정적인 생활 환경을 조성함으로써 혼인 감소에 대한 적극적인 방어 수단으로 기능함.

• 비혼 가정을 사회의 제도적 틀 내에 포용함으로써 각종 정책적 지원과 복지 혜택 부여.

• 제도적 보호 장치를 마련함으로써 기성세대의 비혼 동거 및 출산에 대한 불안감 해소.

비혼 동거 가정의 자녀 양육 시의 곤란함과 생활상의 고충을 고려하여 '동반 가정 등록제' 내에 다음의 제도적 지원책을 포함할 필요.

• 비혼 동거 가정의 부모가 학교 등의 교육 시설에서 보호자로서 역할을 할 수 있도록 조치.

• 수술 동의서 등의 의료적 처치에 있어 동거인이 보호자로서 역할을 할 수 있도록 조치.

• 동거인에게 국민건강보험 피부양자 자격을 부여하는 등 각종 사회 복지 서비스 제공.

• 세금 납부 시 자녀에 대한 인적 공제 적용 및 혼인 가정과 동일한 교육비 혜택 제공.

한편 기혼 가정의 출산율 하락을 방지하기 위해서는 과도한 교육비 부담을 적극적으로 해소해가야 함.

- 기혼 가정의 추가 출산 중단의 가장 큰 이유가 교육비(유치원비, 학원비, 등록금 등) 부담으로 나타남.
- 과도한 경쟁 구조와 불안감이 우리나라 사교육 시장이 크게 확대된 배경.
- 경직된 대학 서열 체제와 학벌·스펙 중심의 채용 문화를 개선하기 위한 사회적 노력 필요.
- 사교육을 유발하지 않는 입시 체제를 구현하기 위해 경쟁적 입시 문화를 개혁해나가야 함.

아울러 학령인구 변동에 상응한 적극적인 교육 재정 구조 개편에 나서야 함.

- 지난 10년 사이 약 200만 명의 학령인구 감소에도 불구, 유·초·중등교육 관련 정부 재원은 약 30조 원가량 증액됨.
- 이와 달리, 대학 등록금이 동결된 가운데 대학 교육에 대한 정부의 재정 지원은 단 1조 원 증액에 그침.
- 경직된 '지방교육재정교부금' 제도를 적극 개편함으로써 교육 재정의 보다 효과적인 배분과 인적자원 육성의 국제적 경쟁력 확보에 나서야 함.

미 주

| 제1부 | 성장의 엔진을 어떻게 다시 켤 것인가? | 성장과 혁신

01 저성장을 극복하기 위한 길 | 박정수(서강대)

1 본 장은 주요 신문에 실린 저자의 칼럼(2018년 중앙일보, 2019년 한국경제, 2021년 문화일 보) 중 일부의 글과 내용을 담고 있음을 밝힌다.

2 박정수(2019). 한국경제의 노동생산성과 임금, 한국경제포럼 12권 1호. 해당 논문에서 이 착시 현상과 진단의 오류를 지적하였다.

3 한편 취업자 1인당 GDP와 임금 간 비교 자체가 두 변수의 포괄 범위가 다르기 때문에 적절한 비교가 아니라는 점은 박정수(2019)에서 지적한 바 있다.

4 박정수(2020), 자영업부문과 한국경제의 기능적 소득분배, 한국경제포럼 12권 4호. 해당 논문에 상세한 도출이 제시되어 있다.

5 박정수(2019)는 한국은행 「기업 경영 분석」과 통계청 「광업·제조업 조사」 자료를 통해 기업과 사업체의 인건비 비율이 상승 추세에 있음을 보였다.

6 2015년 OECD 자료에 의하면 우리나라 대기업 고용 비중은 15%에 불과한 반면 경제 전체에서 10인 미만 기업의 고용 비중은 44%, 50인 미만은 67%에 달한다. 2015년 경제 총조사에 따르면 제조업에서 20인 이하 사업체 고용 비중은 40.2%, 비제s조업에서 10인 이하 고용 비중은 43.5%이다.

7 고영선(2018)은 Evolution of Wage Inequality in Korea, KDI Policy Study 2018-01에서 고용형태별 근로실태조사 자료를 기초로 임금소득 1분위 대비 5분위 간 배율의 변화에 주목하였다. 박정수(2022), Technological Change and Inequality in Korea, in *Shifting Paradigms: Growth, Finance, Jobs, and Inequality in the Digital Economy*, Brooking Institution Press(출간 예정)에서는 동일한 자료를 기초로 임금 지니계수의 변화를 살펴보았다. 두 연구 모두 근로자의 각 특성이 임금 격차의 변화에 얼마만큼 기여하는가를 분해한 결과 근로자가 종사하는 사업체 규모가 변화에 가장 큰 기여를 한 것을 확인하였다.

8 박정수(2022)는 Lerman and Yitzhaki(1985)의 분해 방법론을 적용하여 가구의 근로 소득, 사업 소득, 재산 소득, 배우자 소득 등이 얼마만큼 소득 불평등(시장 소득

기준) 심화에 기여했는가를 살펴보았다.

9 한국기업데이터(KED) 기업 자료는 우리나라에서 중소기업의 재무 및 거래 관련 자료가 가장 포괄적으로 포함된 기업 데이터베이스다. 여기에서 대기업은 공정거래의 주된 규제 대상이 되는 대규모 기업 집단에 소속된 기업으로 정의하였고 공정거래 관점에서 살펴보기 위해 대기업과의 거래는 동종 산업의 경우로 국한하였다.

10 장우현(2016). 중소기업 정책 금융은 소기의 성과를 거두고 있는가? KDI Focus 4월호.

11 URL: http://reports.weforum.org/global-competitiveness-index-2017-2018/competitiveness-rankings/#series=GCI.A.01.01.04

02 디지털 전환 시대의 혁신역량 강화 | 전현배(서강대)

1 4차 산업혁명은 인공지능과 빅데이터 등 디지털 기술을 기반으로 이루어지는 경제와 사회의 급속한 변화를 의미한다. 특히 디지털 기술이 광범위하게 활용됨에 따라 온라인과 오프라인의 융합, 즉 디지털 전환(digital transformation)이 발생한다. 본 장에서는 4차 산업혁명과 디지털 전환을 구분하지 않고 비슷한 개념으로 사용한다. 4차 산업혁명의 정의는 Schwab(2016)을 참고. Schwab, Klaus. (2016). *The Fourth Industrial Revolution*. World Economic Forum.

2 OECD(2016). Going for Growth.

3 광의의 무형 자산 정의는 Corrado et al.(2006)을 참고할 것. Corrado, Carol, Charles Hulten, and Daniel Sichel (2006). Intangible Capital and Economic Growth. NBER Working Paper. No.11948.

4 Bloom, Nicholas, Raffaella Sadun, and John Van Reenen (2012). Americans Do I.T. Better: US Multinationals and the Productivity Miracle. *American Economic Review*, 102(1), pp. 167-201.

5 시장 부문은 부동산, 공공 행정, 교육, 보건 및 사회복지 등 비시장 부문을 제외함.

6 손녕선·전현배·정현준(2019). 무형 자산 투자와 글로벌 가치사슬 참여. 한국 경제의 분석 패널.

7 서비스업은 도소매, 운수 창고, 음식 숙박, 정보통신, 금융 보험, 전문 과학기술, 사업 지원, 문화, 기타 서비스업 등을 포함한다.

8 OECD의 생산물 시장 규제 지수(PMR: product market regulation indicators)는 생산물 시장에 대한 국제 비교 가능한 규제 지수로 정부 통제 기업 비중, 창업 관련 법 및 행정 규제, 국제 교역과 투자 관련 규제 등을 포함하고 있다.

9 김영철 외(2019). 도전에 직면한 한국 경제. 학현사.

제2부 | 지출 구조를 어떻게 바로잡을 것인가? | 재정과 복지

03 지속 가능한 국가 재정 전략의 수립 | 박형수(K-정책플랫폼)

1 '국민계정' 중에서 '제도 부문별 생산·소득·자본계정'의 '제도 부문별 소득계정(명목, 연간)' 통계.

2 코로나19가 발생하기 직전인 2020년 12월에 국회를 통과했던 2021년 본예산의 재정적자 72조 원과 2021년 제4차 추경예산의 재정적자 119조 원의 차이.

3 OECD (2021). Economic Outlook 109.

4 IMF (2021). Fiscal Monitor Database of Country Fiscal Measures in Response to the COVID-19 Pandemic.

5 2019년 7월 4일 개최된 제20차 사회보장위원회의 안건 1. 제3차 중장기 사회보장 재정 추계.

6 국회예산정책처(2020). 2020 NABO 장기 재정 전망.

7 양입제출(量入制出)은 수입을 헤아려 보고 지출을 계획한다는 의미로, 유가의 경전인 오경(五経)의 하나인 『예기(礼記)』 「왕제(王制)」의 "量入以為出(양입이위출)"에서 유래.

8 (사)K-정책 플랫폼(2021). 창립 기념 웨비나 자료집; K-Policy 브리프 7호 재정 트릴레마 극복을 위한 국가 재정 운용 전략 제안.

9 박형수(2019). 재분배 정책의 효율성 분석. 예산정책연구; 박형수(2019). 소득 재분배 정책 효과의 비교 분석: 정책수단 및 국가 간 비교를 중심으로. 재정학연구.

04 한국 복지국가의 현재, 도전, 그리고 개혁 과제 | 양재진(연세대)

1 이 장은 《재경인 Platform》 287호(2021년). Theme Prism에 실린 원고를 수정 보완한 글이다.

2 이명진·양재진(2013). 복지국가와 국가 경쟁력: 사회 투자 지출을 통한 복지-경제의 선순환 구조 가능성 검증. 한국정책학회보, 제22권 1호.

3 이미 2060년경 국민연금 기금 고갈 후 연금 지급을 위해 필요한 연금 보험료율(소위 부과 방식 보험료율)은 30%가 넘을 것으로 추정되는 상황이다.

4 국민건강보험공단(2020). 2019년 건강보험 주요 통계.

05 주택 시장 정상화, 해법은 무엇인가? | 손재영(건국대), 황세진(KDI)

1 2000년 이후 서울 아파트 공급 물량에서 재건축·재개발이 차지하는 연평균 비중은 62%임.

2 K-정책플랫폼(2021). 대한민국 100년을 향한 Vision 2045, Agenda 2022. pp.62.

3 LTV(Loan To Value ratio, 담보 인정 비율): 주택을 담보로 대출받을 때 담보 가치 대비 대출 금액 비율.

4 DSR(Debt Service Ratio, 총부채 원리금 상환 비율): 대출을 받으려는 사람의 연 소득 대비 전체 금융 부채의 원리금 상환액 비율.

06 금융 산업, 서비스업 경쟁력 제고의 선봉장 될 수 있나? | 민세진(동국대)

1 Sharma, Ruchir (2012). *Breakout Nations: in Pursuit of the Next Economic Miracles*. NY: W. W. Norton & Company, Inc.

2 OECD, Value added by activity (indicator). doi: 10.1787/a8b2bd2b-en (Accessed on 14 August 2021).

3 산업연구원. 산업 통계 분석 시스템.
URL: https://istans.or.kr/su/newSuTab.do?scode=S53

4 한국은행. 경제 통계 시스템.
URL: http://ecos.bok.or.kr
자금순환→2008 SNA 기준→금융거래표(2009~)→원천 중 비금융 민간 기업의 채권, 대출금, 지분 증권 및 투자 펀드 선택.

5 Hackethal, A., and Reinhard H. Schmidt(2004). Financing Patterns: Measurement Concepts and Empirical Results. *Working Paper Series: Finance and Accounting 125*. Department of Finance. Goethe University Frankfurt am Main.

6 주식 시장이나 채권 시장 등을 통한 기업의 자금 조달에 자문을 제공하고 업무를 주관하는 회사를 투자은행(IB: investment bank)이라고 하는데, 우리나라의 경우 증권사에서 금융 투자 상품의 중개 업무와 함께 투자은행 업무를 영위한다. 일반적으로 중개 업무에 비해 투자은행 업무의 수익성이 높다.

7 URL: https://www.thebell.co.kr/free/content/LeagueTable.asp?lcode=03#

8 URL: https://www.longfinance.net/programmes/financial-centre-futures/

global-financial-centres-index/

9 서울특별시는 2020년부터 지옌의 플레티넘 후원기관에 올라 있다. 플레티넘 후원기관은 최소 연간 약 2만 5,000파운드(한화 약 4,000만 원)을 지옌에 후원한다. 부산광역시는 2018년부터 플레티넘 후원 기관이다.

10 제4차 금융 중심지의 조성과 발전에 관한 기본 계획(2017~2019년) 요약. 5쪽.

11 싱가포르와 홍콩의 법인세율은 각각 17%, 16.5%이고, 소득세율은 한화 1억 원의 과세 소득을 기준으로 각각 15%, 17%이다. 한국의 소득세율은 35%이다.
중앙일보(2020). 금융 허브 순위 도쿄 3위, 서울 33위…일에 쏠리는 '탈홍콩'. 2020. 8. 12.

12 OECD.Stat, Financial balance sheets, non-consolidated-SNA2008. (Accessed on 16 August 2021);
한국은행. 국내총생산 통계. 경제 통계 시스템
URL: http://ecos.bok.or.kr
국민계정→주요 지표→연간지표→국내총생산(명목, 원화 표시);
통계청 소비자물가 상승률 통계: 국가지표 체계.
URL: https://www.index.go.kr/unify/idx-info.do?idxCd=4226

13 URL: https://fund.nps.or.kr/jsppage/fund/mpc/mpc_03.jsp

14 연합뉴스(2015). 국민연금 총자산 4천 300억 달러…세계 연기금 3위. 2015. 11. 19.

15 OECD.Stat. Financial balance sheets, non-consolidated-SNA2008. (Accessed on 14 August 2021);
GNI 통계: OECD. (2021), Gross national income (indicator). doi: 10.1787/8a36773a-en. (Accessed on 16 August 2021).

16 금융투자협회(2021). 2021 주요국 가계 금융 자산 비교.

17 삼성자산운용(2018). 부동산과 주식의 장기 수익률 비교.

18 금융투자협회(2021). 2021 주요국 가계 금융 자산 비교.

19 조선일보(2021). 주식은 불안, 펀드는 불편…전 세계 ETF 1경 원 몰렸다. 2021. 7. 28.

20 머니투데이(2021). 올 상반기 국내 펀드 시장 11.2% 성장…2008년 이후 최고. 2021. 6. 18.

21 기술 혁신과 관련해서 자금 수요 측면과 자금 공급 측면 모두에서 금융 산업이 직면한 과제가 있다. 예컨대 상당 기간 위험한 투자를 필요로 하는 스타트업들의 자금 수요에 부응하고 빠르게 성장하는 분야에 적절히 자금을 운용하여 금융 자

산에 대한 투자 매력도를 높이는 것 등이다. 본서에서는 금융 자체의 디지털화에 초점을 맞추기로 한다.

22 European Commission. What is Diginal Finance?
URL: https://ec.europa.eu/info/business-economy-euro/banking-and-finance/digital-finance_en

23 조선일보(2021). 빅테크, 보험 비교·추천 못 한다…금융 당국 첫 제동. 2021. 9. 8.

24 연합뉴스(2021). 빅테크에 동일 기능 동일 규제 적용…위법에 엄정 대응 경고. 2021. 9. 9.

25 매일경제(2020). 평균 연봉 1.1억, 누진제에 특별퇴직금 5년치?…씨티銀, 매각 가닥 잡히나. 2020. 7. 7.

26 금융감독원 통합연금포털→연금 제도→연금저축.
URL: https://100lifeplan.fss.or.kr/pensionSaving/institutionInfo1.do

27 뉴스1(2016). 원금 보장상품을 왜? 연금저축신탁 판매 금지에 은행권 부글부글. 2016. 1. 29.

28 개인형 퇴직연금은 2005년 퇴직연금과 함께 도입됐지만, 퇴직금 수령용 계좌로 주로 쓰이고 가입 대상도 임금 근로자로 한정적이었던 것이 2017년 제도가 개편되면서 자영업자, 공무원 등으로 가입 대상이 확대되었다.

29 금융감독원. 금융감독법규 정보 시스템 현행 법규. 2021년 8월 16일 확인.
URL: https://www.fss.or.kr/fss/lmx/main.jsp

07 공정거래 정책의 역할은 어디까지여야 하는가? | 권남훈(건국대)

1 정확한 표현은 다음과 같다. "공정하고 자유로운 경쟁을 촉진함으로써 창의적인 기업 활동을 조장하고 소비자를 보호함과 아울러 국민 경제의 균형 있는 발전을 도모함을 목적으로 한다."

2 주요국의 경쟁 당국의 명칭 중에서 '공정'이 들어가는 경우는 한국 이외에는 일본(공정취인위원회) 정도가 있다. 미국의 연방거래위원회(Federal Trade Commission), EU의 경쟁총국(DG Competition), 영국의 경쟁시장국(CMA), 독일의 연방카르텔청(FCO), 프랑스의 경쟁당국(Autoritéde la concurrence), 중국의 시장감독관리총국 등에는 '공정'이라는 단어가 사용되지 않는다.

3 일반 집중 억제와 직접적으로 관련된 제도로는 기업 집단 현황 공시 제도가 남아 있으나 규제 수단으로서의 의미는 크지 않다.

4 예를 들어 신영수(2012) 공정거래법상 현저한 규모에 의한 지원 행위(물량 몰아주기)

의 위법성 판단 기준. 고려법학, 제64호. p.410; 김건식(2016). 기업 집단과 관계자 거래. 상사법연구, 제35권 2호. p.35. 한편, 이선희(2018)는 공정거래법의 사익 편취 규제와 관련하여 사익 편취가 과도한 수직 계열화와 내부 거래로 연결되고 이로 인해 일반 집중을 야기하거나 소수 지배 집중의 문제를 발생시키게 되면 공정거래법이 개입할 여지가 있다고 지적한다. 하지만 그러한 연결 관계가 명확히 입증되지 않은 상태에서 간접적인 가능성만으로 규제 대상으로 삼을 수 있을지는 의문이다. 이선희(2018). 공정거래법상 사익 편취 행위 규제의 쟁점 검토. 성균관 법학, 제30권 3호. p.255.

5 예를 들어 김윤정(2018). 대기업 집단 지배 구조 개선 법제 연구. 한국법제연구원, 18-04; 권오승(2019). 경제력 집중의 억제에 관한 연구. 법조, 제68권 제6호.

6 이와는 좀 다른 각도에서 문재인 정부에서 공정거래위원장을 역임한 김상조 교수 등은 대기업 집단과 관련한 모든 법제를 통합하여 '기업 집단법'을 제정할 것을 주장한 바 있다. 한겨레(2021). 오락가락 재벌 개혁, 기업 집단법 제정이 대안이다. 2021. 4. 10. 하지만 서로 이질적인 규제들을 모아서 대기업 집단만을 대상으로 하는 별도의 법을 만드는 것이 바람직한지 여부에 대한 논란도 있기 때문에 면밀한 검토가 필요하다.

7 예를 들어 박세환(2018). EU 차원의 불공정거래 행위 규제 방안에 대한 연구. 경쟁법연구, 제38권. p.192; 정재훈(2019). 공정거래법상 불공정거래 행위 개편 방안에 관한 고찰. 법학논집, 제23권 3호. pp.3-5.

8 미국의 셔먼법과 FTC법을 참고하여 일본에서 공정거래법을 만들면서 FTC법 제5조를 참고하여 셔먼법 제2조로 규정되지 않는 다양한 행위들을 불공정거래 행위로 규정하는 조항을 따로 만들었고, 이것을 우리 공정거래법 제정 시에 이어받았다는 것이 일반적 설명이다.

9 부당한 지원 행위의 금지 조항은 1996년 제6차 법 개정 시에 삽입되었다.

10 계열사 형태의 결합은 그 나름의 효율성을 추구하기 위해 이루어진 것이다. 계열사 관계 자체를 금지하지 않는 것도 그러한 이유인데 통상적인 계열사 간 거래까지 위축시키는 규제는 효율성을 낮추는 결과로 이어질 수 있다.

11 예를 들어 이황(2021). 공정거래법상 경제력 집중 억제 시책과 일반 집중의 문제. 법학연구, 제31권 1호. pp.251-253, 258-259.

12 예를 들어 김하열·이황(2014). 공정거래위원회 법적 성격과 사건처리 및 불복의 절차. 고려법학, 제75호. pp.175-176; 매일경제(2017). 공정 경쟁은 공정위 내부 개혁부터. 2017. 5. 7. URL: https://www.mk.co.kr/news/economy/view/2017/05/305624/

13 연합뉴스(2018). 공정위, 대통령 소속으로…비상임위원 상임으로 바꿔야. 2018. 6. 17. URL: https://www.yna.co.kr/view/AKR20180616028900002

14 예를 들어 O'Connor, K. J. (2002). Federalist Lessons for International Antitrust Convergence. *Antitrust Law Journal*, 70(2). pp.413-441.

15 최근 언론 보도에 따르면 2014년 이후 검찰과 조달청의 고발 요청 건수는 각각 11건, 15건에 불과하다. 다만 중소기업부의 경우 최근 들어 고발 요청이 급증하였지만 실질적인 결과를 얻은 경우는 거의 없다는 지적이 있다. 중앙일보. (2021). 중기부, 기업 부담 늘리는 '고발 요청'남발…3.5배 급증,"2021. 8. 16. URL: https://www.joongang.co.kr/article/24128471

제4부 | 일자리와 저출산의 문제는 어떻게 해결해야 하는가? | 노동, 저출산

08 선진적 노동시장으로 가는 길: 걸림돌과 과제는? | 김용성(한국기술교육대)

1 통계청 경제활동인구조사에 따르면 학교에서 일자리로 이동에 걸리는 시간이 과거 10~12개월에서 최근 14개월로 증가하였으며, 청년 임금 근로자 중 이직 비율도 2015년 63.3%에서 2021년 68.0%로 높아졌다.

2 고용 탄력성이 0.2라는 것은 GDP가 1% 높아질 때 고용은 0.2% 증가한다는 것을 뜻한다.

3 남재량·김주섭, 박우성(2019). 고령 시대에 적합한 새로운 고용 시스템의 모색. 정책연구, 2019-09. 한국노동연구원 연구에 따르면 2016년 이후 현장에서 조기 퇴직자 비율이 가파르게 증가한 것으로 나타났다.

4 참고로 2020년 고용보험 가입률은 정규직 근로자의 경우 89.2%인 반면, 비정규직 근로자는 46.1%이다.

5 플랫폼 또는 공유 경제로 인한 서비스 산업(예: 건강 서비스, 오락 및 여가 관련 서비스 등)의 혁신은 부가가치가 높은 일자리 창출 여력이 크다는 점에서 양질의 일자리를 다수 확보할 수 있는 분야이다.

6 박우람·박윤수(2018). 비정규직 사용 규제가 기업의 고용 결정에 미친 영향. KDI 정책포럼, 제271호, 2018-04는 정규직 근로 조건 변경의 어려움이 비정규직 채용을 하게 되는 요인임을 밝히고 있다.

7 감사원(2021). 저출산·고령화 대책 성과 분석; 「인구 구조 변화 대응 실태 I(지역)·II(노후 소득 보장) 감사 결과. 보도 자료. 2021. 8. 13.

8 저출산·고령화위원회(2021). 저출산·고령화 대응 올해 80조 투입…아동·청년·신
   중년 아우른다. 대한민국 정책브리핑. 2021. 8. 30.

9 고용노동부(2020). 2021년 일자리 사업 예산(안)은 30.6조 원, 전년 대비 5.1조 원
   증가. 보도 참고 자료. 2020. 9. 1.

10 장기간에 걸친 각국의 광범위한 자료를 바탕으로 직접적 일자리 창출 사업은
   중장기적으로 효과가 없거나 부정적인 것으로 나타났으며(Card, D., Kluve, J. and
   Weber, A. (2018). What works? A meta analysis of recent active labor market
   program evaluations. *Journal of the European Economic Association*, 16(3):
   894−931.) 우리나라에 사례를 분석한 연구도 비슷한 결론을 내리고 있다(김용성
   (2014). 고용률 제고를 위한 일자리 사업 방향의 모색. KDI 정책포럼, 2014−03. 한국개발연구원).

11 한국경제(2021). 300만 원 일단 받고 보자…국민 취업 지원 제도 20만 명 몰렸다.
   2021. 2. 7.

09 '초'저출산 사회의 도전과 과제 | 김영철(서강대)

1 본고의 집필에는「초저출산 현상 분석과 정책대응」(한국개발연구원, 2021),「저출산과
   학령인구 급감에 대한 대응 방안」(텔코저널 제8호) 및「'무자녀'가 대세인 2030 세대:
   미혼율의 상승과 경제활동 변화」(경제사회연구원 뉴스레터 제18호)의 내용 일부가 반
   영되었음을 밝힌다.

2 여론 조사업체 엠브레인에 의뢰하여 만 25세~45세 성인 남녀 1,200명을 대상으
   로 조사를 하였다. 2020년 2월에 시행된 조사이며, 응답자의 구성에는 기혼자
   482명과 미혼자 687명 외에 이혼 혹은 사별 중인 이들 16명, 미혼 동거 중인 이
   들 15명이 포함되었다. 본문의 해당 단락 통계는 만 35세 이하 미혼자의 응답만
   을 기초로 작성되었다.

3 정부는「건강가정기본법」제20조에 따라 가족의 삶에 대한 기초 자료를 수집하고
   이에 기초한 정책을 수립하고자 전국 단위의 가족실태조사를 주기적으로 실시해
   오고 있다.

4 가장 불편을 느낀 호칭은 남편의 동생을 '도련님, 아가씨'로 부르는 반면, 아내의
   동생은 '처남, 처제'로 부르는 것이었으며 장인어른, 장모님, 형님 등이 그 뒤를 이
   었다.

5 OECD(2020). Family Database. 2020. 9.

6 2020년 2월에 시행된 조사로, 기혼자 482명, 미혼자 687명, 이혼 혹은 사별인
   16명, 비혼 동거인 15명이 포함되었다.

7 '귀하는 향후 (추가) 출산 의향이 있습니까?'에 대한 응답 결과이다.

8 '귀하의 가정이 추가 출산을 중단하고자 하는 이유는 무엇인가요?'에 대한 응답 결과이다.

9 해당 수치는 사교육을 받지 않은 학생까지 포함하여 집계한 수치이므로, 실제 사교육에 참여하는 이들만을 대상으로 할 경우 1인당 사교육 지출은 이보다 크게 증가한다. 2018년을 기준으로, 우리나라의 교육 과정별 사교육 참여 비중은 초등학교 학생 82.5%, 중학교 학생 69.6%, 고등학교 학생 58.5%이며, 사교육 참여 학생에 한정한 1인당 사교육비 지출액은 각각 31만 9,000원, 44만 8,000원, 54만 9,000원으로 집계된다.

10 김영철(2018). 등록금 동결 정책과 고등교육의 재정 위기. 재정학연구, 제11권 4호.

11 해당 사례의 조사에는 박복순 외(2019), 「여성·가족 관련 법제의 실효성 제고를 위한 연구(Ⅶ): 가족의 다양화에 따른 법적 대응」(한국여성정책연구원)을 주로 참고하였다.

12 '등록 파트너십' 제도는 1989년 덴마크에서 세계 최초로 도입되었으나, 당시 그 대상은 동성 커플에만 한정되었다. 이병화(2020). 국제사법연구, 26(2).

13 자녀가 출생하는 경우, 모에게 단독으로 친권이 부여되며 부는 관청에 인지 신고를 함으로써 공동의 양육권을 행사할 수 있다.

14 서영민(2020). 영국 시민 파트너십(합법적 동거) 제도의 도입 및 과제, 국제사회보장리뷰, 제14권.

15 캘리포니아의 경우, 과거 동성 커플 혹은 만 62세 이상의 이성 커플에게만 허용되던 파트너십 제도를 2020년 1월 1일부터 전 연령대로 확대한 바 있다.